(사)한국소프트웨어감정평가학회 연구총서 1

저작권 소송과 소프트웨어 포렌식

Software Forensic for Copyright Infringement of Software Works

(사)한국소프트웨어감정평가학회 編

출판위원회

총괄 : 김시열

위원 : 김시열, 도경구, 신동명, 유장희
  이규대, 전병태, 조성제

참여저자(가나다순)

강성욱, 강윤수, 고정욱, 김규식, 김도현,
김동진, 김시열, 김현하, 도경구, 모지환,
문정오, 박성우, 백승찬, 신동명, 우진운,
유장희, 이규대, 이예슬, 이제형, 전병태,
정연서, 조성제, 조용준, 최재식, 홍성문

발간사

소프트웨어를 대상으로 한 저작권 분쟁은 일반적인 저작권 분쟁의 경우와 달리 고유의 어려움을 갖고 있습니다. 감각적으로 인식될 수 있는 일반적인 저작물과 달리 전문적인 지식이 없다면 저작물 자체를 인식하기 어려울 뿐만 아니라, 그러한 기술적 요소를 법률적 시각으로 해석하는 것이 상당히 어렵기 때문입니다. 그래서 소프트웨어를 대상으로 한 저작권 소송에서는 주로 감정절차를 통하여 이와 같은 어려움에 대응해오고 있습니다.

(사)한국소프트웨어감정평가학회는 소프트웨어 관련 저작권 분쟁 해결을 위해 활용되고 있는 감정도구 및 감정기법과 같은 제 관련 분야를 연구하고 실무에 기여하기 위하여 2003년 설립되었습니다. 이후 지금까지 소프트웨어의 전문성과 저작권법 중심의 법률적 전문성을 기반으로, 체계적인 소프트웨어 감정을 위한 다양한 방법론과 제도적 고민들에 대한 융합 연구 수행 및 자문을 제공하고 있습니다. 그 결과 소프트웨어 관련 저작권 소송에서의 유의미한 사례 축적을 통하여 국내 저작권 체계의 발전과 이를 기반으로 하는 소프트웨어 산업 발전에 큰 기여를 하고 있다고 평가받고 있습니다.

우리 학회는 그간에 수행된 소프트웨어 감정 실무와 학술활동으로 많은 연구 성과들이 누적되어 있습니다. 최근 소프트웨어 저작권 분쟁이 증가하면서, 현장에서 실질적으로 참고할만한 감정 관련 자료에 대한 요구가 높아지고 있습니다. 이에 우리 학회에서는 일부 연구자들이 공유했던 다양한 연구성과들을 대중이 쉽게 활용할 수 있도록 제공하고자 합니다. 소프트웨어 유사도와 저작권법 중심으로 논문들을 발췌하여, 현장에서 참고자료로 손쉽게 살펴볼 수 있도록 한권의 책으로 발간하게 되었습니다. 이 자료가 소프트웨어 저작권 분쟁 현장에서 조금이나마 도움이 될 수 있기를 바랍니다.

2021년 3월
(사)한국소프트웨어감정평가학회장 김 유 경

차 례

일러두기

○ 본 총서는 한국소프트웨어감정평가학회 논문
   지(KCI등재후보지)에 게재된 최근 몇 년간의
   논문 중 일부를 발췌하여 모아놓은 것입니다.

○ 발췌된 논문은 내용에 대한 이해의 용이성
   확보, 논문 게재일로부터 현재까지의 중요한
   환경 변화 반영 등을 위하여 일부 수정을 하
   였습니다. 다만 수정이 곤란한 부분은 그대로
   제시하였으며 이러한 경우 각 논문 게재일을
   참고하여 주시기 바랍니다.

○ 각 논문의 저자표기는 2명 이내의 경우 전원
   을 표기하였고, 3명 이상인 경우에는 대표저
   자만을 표기하였습니다. 아울러 전체 참여 저
   자를 별도로 표기하였습니다. 각 논문의 저
   자를 세부적으로 확인하고자 할 경우에는 해
   당 논문지를 참고하여 주시기 바랍니다.

제1장

저작권 소송과
소프트웨어 저작권 감정

1. 민사소송법 개정에 따른 저작권 감정 제도의 실무적 대응 방안*

김시열

1. 서론

민사소송 등 사법절차에서 감정의 중요성과 역할이 확대되고 있는데, 그에 비례하여 감정절차에 대한 문제점 역시 지속적으로 제기되고 있다. 법원의 감정결과에 대한 의존도가 높아진 것에 비해 감정절차의 신뢰성이 계속 문제가 되어 왔기 때문이다. 이러한 배경에서 감정절차에 대한 실무적 개선 요구를 반영하여 민사소송법 제333조 내지 제341조의 감정에 관한 규정이 2016년 3월 29일 자로 개정되었다. 그간 실무적으로 법원과의 절차적 이견을 보여 왔던 저작권법 제119조에 따라 수행되는 저작권 감정에도 당연히 민사소송법 개정으로 인한 감정절차의 변화가 영향을 미칠 수 밖에 없다. 이에 개정된 민사소송법에 따른 소송에서의 감정절차 변화가 저작권 감정 제도에 어떠한 논의점을 가져올 것인지, 그리고 어떠한 방법으로의 대응이 요구될 것인지 살펴본다.

---

* 한국소프트웨어감정평가학회 논문지 제16권 제1호, 2020. 6.에 수록된 논문을 일부 보정한 것이다.

2. 감정절차 관련 민사소송법 개정 사항

2.1. 개정의 과정 및 배경

인증(人證)의 일종인 전문 분야에 관한 감정은 그 내용이 전문적이고 복잡할수록 자유심증주의 원칙 적용에 실질적인 한계를 발생시킬 수 밖에 없다[1]. 이는 경우에 따라 높은 감정료, 부실 및 불성실한 감정, 감정결과보고의 지연, 도덕적 해이 등 절차의 공정과 신속 및 경제성을 저해하는 문제를 초래하기도 하여 사법개혁의 차원에서 개선이 필요하다는 논의가 이어져왔다[2]. 특히 건설감정의 경우 어느 분야의 감정보다도 논란의 소지가 많았다. 재판 현실상 감정의 상당부분을 감정인에게 조건없이 위임하고 있는 실정이다 보니 감정인 선정 및 전문성 등에 대한 문제가 종종 발생하였기 때문이다[3].

2015년 3월 10일 발족한 대법원의 '사실심 충실화 사법제도개선위원회'는 감정절차와 감정결과의 공정성, 투명성 및 신뢰성을 회복하기 위하여 감정인의 전문성을 보장하고 당사자의 참여권과 공방권을 확충하는 것을 방향으로 하는 절차개선을 추진하였다. 그 결과 감정인의 자기역량 고지의무, 감정위임 금지의무 등의 명문화, 감정에 필요한 자료의 사적 제공 금지, 아울러 감정결과에 대한 의견진술 기회 부여 및 구술심리 활성화, 감정인신문방식의 개선 등을 건의한 바 있다[4].

2016년 3월 29일 자로 개정된 민사소송법 감정 관련 규정은 사실심 충실화 사법제도개선위원회의 건의를 반영[5]한 전해철 의원 대표발의(의안번호 16056) 및 손해액 입증 완화를 개정 내용으로 하는 김회선 의원 대표발의(의안번호 1917826)의 각 민사소송법 개정안 내용을 통합·조정하여 법제사법위원회 대안으로 제안된 것이다. 다만, 감정절차와 관련한 사항은 전해철 의원 대표발의 민사소송법 개정안에만 포함되어 있었으며, 현행 민사소송법의 관련 규정 역시 그와 거의 동일한 내용으로 개정되었다.

2.2. 주요 개정 내용

첫째, 제335조의2(감정인의 의무)를 신설하여 감정인이 자기역량 고지의무, 감정위임 금지의무 등을 부담하도록 하였다. 감정인은 감정사항이 자신의 전문분야에 속하지 아니하는 경우 또는 그에 속하더라도 다른 감정인과 함께 감정을 하여야 하는 경우에는 곧바로 법원에 감정인의 지정 취소 또는 추가 지정을 요구하여야 하며(제1항), 감정인은 감정을 다른 사람에게 위임하여서는 아니 된다(제2항).

둘째, 제339조(감정진술의 방식) 제3항을 신설하여 법원이 감정결과에 관하여 당사자에게 서면이나 말로써 의견을 진술할 기회를 부여하도록 하였다. 또한 제339조의2(감정인신문의 방식)를 신설하여 감정인은 재판장이 신문하는 것을 원칙으로 하되(제1항), 합의부원은 재판장에게 알리고 신문할 수 있도록 하였다(제2항). 그리고 당사자는 재판장에게 알리고 신문할 수 있으나, 당사자의 신문이 중복되거나 쟁점과 관계가 없는 때, 그 밖에 필요한 사정이 있는 때에는 재판장은 당사자의 신문을 제한할 수 있다(제3항).

셋째, 제339조의3(비디오 등 중계장치 등에 의한 감정인신문)을 신설하여 감정인이 법정에 직접 출석하기 어려운 특별한 사정이 있는 경우 혹은 감정인이 외국에 거주하는 경우 중 어느 하나에 해당하는 경우 법원은 그 상당성이 인정되는 때에 당사자의 의견을 들어 비디오 등 중계장치에 의한 중계시설을 통하여 신문하거나 인터넷 화상장치를 이용하여 신문할 수 있도록 하였다(제1항). 비디오 등 중계장치에 의한 감정인신문에 관하여는 비디오 등 중계장치에 의한 증인신문 규정(제327조의2 제2항, 제3항)을 준용한다. 한편, 이 규정은 감정증인 신문에 대해 준용된다(제340조 단서).

넷째, 제341조(감정의 촉탁) 제3항을 신설하여 법원이 필요하다고 판단하여 공공기관·학교, 그 밖의 단체 또는 외국 공공기관이 지정한 사람으로 하여금 감정서를 설명하게 하는 경우(제2항) 비디오 등 중계장치 등에 의하여 설명할 수 있도록 하였다.

2.3. 개정 사항의 검토

2.3.1. 감정인의 의무

이는 과거 건설감정 등에서 나타난 부실 감정, 통외주(일괄 하도급) 등의 심각한 문제를 고려한 것으로, 그 동안 명시적인 근거 규정 없이 적용되어 오던 감정인의 의무를 법률에 명시적으로 규정함으로써 부실한 감정에 대해 보다 엄격하게 대응하고 감정의 전문성 및 신뢰성을 높이고자 한 것으로 볼 수 있다[6]. 또한 복수감정 제도를 활용하도록 구체화하고 있다. 일반적으로는 전문가 1인이 감정인으로 지정되는 것이 일반적이나 민사소송법 제339조에서 여러 감정인에게 감정을 명하는 경우에 다 함께 의견을 진술할 수 있게 할 수 있도록 규정하고 있는 점 등을 고려할 때 기존 규정 하에서도 복수감정 제도는 인정된다고 할 수 있다[7]. 다만, 다수의 감정인들이 하나의 감정을 수행할 경우 사실상 감정의 위임이 발생할 가능성이 있으므로 이를 방지하기 위하여 복수 감정인이 공동으로 감정을 수행 시 모두 법원의 지정을 받도록 한 것이다.

2.3.2. 감정진술 및 감정인신문의 방식

제출된 감정결과의 내용을 검증하는 과정이 실무상 적절히 이루어지지 않는다는 문제에서 기인한 개정이다. 실무적으로 변론기일 혹은 사실조회 등을 통하여 당사자로 하여금 감정결과에 대한 의견을 진술할 수 있도록 하고 있으나, 이를 보다 명확하게 절차적으로 보장하고자 하는 것이다.

감정인신문은 감정인에게 최초로 출석을 요구하여 선서를 시킨 후 감정 사항을 알리고 감정을 명하는 것과 감정인이 감정결과를 서면으로 제출한 후 법원에 대하여 보충진술을 하는 것으로 의미가 구분된다[8]. 민사소송법 제339조의2에서의 감정인신문은 후자를 대상으로 하는 것으로 볼 수 있다. 감정인신문의 방식을 별도로 규정하지 않았을 때에는 실무적으로 감정인신문과 민사소송법 제340조의 감정증인 신문이 명확히 구별되지 않는 경향도 나타났으나, 양자를 명확히 구분하여 감정인신문의 경우 증인신문과 달리 하였다. 감정인신문과 관련하여서는 교호신문에 따른 당사자 측의 부담을 덜기 위하여 증인신문 방식을 준용하지 않도록 하고, 직권신문을 원칙으로 하되 당사자의 보충신문권을 보장하였다.

2.3.3. 비디오 등 중계장치 등에 의한 감정인신문

이는 공익적 성격으로 인하여 적은 감정료를 감수한 상황에서 본래의 업무 외에 시간을 내야 한다는 점, 당사자 및 대리인을 대면하여 공방하여야 하는 점 등 감정인에 미치는 부담을 고려한 것이다. 부담으로 인하여 감정인 또는 감정증인의 법정 출석이 회피되는 상황에서 이들을 법정에 출석하도록 강제하는 것보다 법정에 출석하지 않더라도 그 진술을 들을 수 있도록 하는 절차를 마련하는 것이 타당하다는 점이 반영된 것이다[9]. 특히 교호신문 방식을 택하고 있는 증인신문과 달리 감정인신문의 경우 직권신문을 원칙으로 하되 당사자의 보충신문권을 보장하는 제339조의2와 관련하여서도 타당성이 인정된다.

감정인의 경우에는 감정결과에 대한 법원 및 당사자의 질의 등이 상당히 부담스럽게 인식되고 있는 것이 보통이다. 그러다 보니 감정인의 감정 기피 현상을 고려하여 감정인신문을 잘 활용하지 않는 경향이 나타나기도 한다[10]. 이는 결국 양질의 감정결과 획득 및 이를 통한 분쟁의 효과적 종식을 저해하는 요인으로 작용한다는 실무에서의 지적도 있다. 이에 감정인신문 과정에서 감정인으로 하여금 지나치게 부담을 갖지 않을 수 있도록 하여 감정 기피 현상을 개선하는 효과를 기대한 것으로 보인다.

2.3.4. 감정의 촉탁

감정촉탁은 개인이 아닌 공공기관 등에 대해 법원의 필요에 의하여 직권으로 하는 것인데, 감정촉탁의 경우에 제출된 감정서가 불명하거나 불비한 점이 있으면 그 촉탁받은 공공기관 등의 구성원 중 감정에 관여한 사람에게 감정서의 보충설명을 요구할 수 있다(제341조 제2항). 이때 이루어지는 촉탁감정기관 신문에 대해 감정인신문에서 중계장치를 이용할 수 있도록 한 것을 준용함으로써 촉탁감정을 수행할 수 있는 전문기관들의 감정 기피 현상 역시 개선할 수 있도록 한 것이다. 저작권법 제119조에 따른 저작권 감정의 경우 실제 감정을 수행한 전문가와 감정촉탁기관 중 누가 신문 등에 대응하여야 할 것인지에 대해 논란이 있었던 것[11]은 감정인신문 등에 대한 부담을 잘 보여주는 사례이다. 이를 통하여 충실하고 효율적인 증거조사를 가능하게 할 수 있을 것을 기대한 것이다.

3. 저작권법 제119조에 의한 저작권 감정 체계

3.1. 저작권 감정 절차의 체계

저작권법 제119조 제1항 1호는 법원으로부터 재판을 위하여 저작권의 침해 등에 관한 감정을 요청받는 경우에는 한국저작권위원회에서 감정을 실시할 수 있도록 하고 있다. 이때 감정의 주체가 한국저작권위원회라는 점에서 이는 민사소송법상 자연인으로서의 감정인이 아닌 민사소송법 제341조에서 정하는 촉탁의 방식으로 감정을 수행하는 것이라 할 수 있다.

이 법에 따른 감정제도의 구체적인 절차나 방법은 대통령령에 위임하고 있는데, 이에 관하여 저작권법 시행령은 제64조에서 자료의 제출(감정대상 저작물의 원본 또는 사본, 침해에 관한 감정 요청의 경우에는 관련 저작물들의 유사성을 비교할 수 있는 자료, 그 밖에 위원회가 감정에 필요하다고 판단하여 요청하는 자료) 및 감정전문위원회의 구성 등에 관하여 규정하며 구체적인 감정제도 절차에 관하여 한국저작권위원회에 위임하고 있다. 또한 수익자 부담 원칙에 따라 감정수행에 따른 수수료를 의뢰인에게 청구할 수 있으며 그 금액은 위원회에서 정할 수 있도록 하였다. 실무적으로는 수수료 부과에 대해서 민사사건의 경우 소송의 원고 및 피고 중 실제적으로 감정을 요구한 측에서 한국저작권위원회에서 통보받은 감정비용을 관할 법원에 예납하고 감정이 완료된 후 해당 법원에서 한국저작권위원회로 납부하는 방식으로 이루어지며, 형사사건의 경우 국가가 유죄를 입증할 책임을 지므로 국가기관인 법원·검찰·경찰 등에서 감정수수료를 한국저작권위원회로 납입함으로써 감정이 수행되는 방식으로 운영되고 있다[12].

현재 저작권법에 근거한 저작권 감정의 업무 절차는 크게 6단계로 구분되어 있다. 즉 ① 감정 촉탁(신청)서 및 감정자료의 제출, ② 제출된 감정자료의 분석 및 검토, ③ 예상감정비용 산출 및 통보, ④ 감정인 지정, ⑤ 감정전문위원회 심의, ⑥ 감정결과 통보이다. 부가적으로 제출된 감정자료의 분석결과 감정을 수행하기에 부족하거나 적절치 않은 상태라면 추가적인 자료요청을 할 수 있으며, 감정수행 후 감정전문위원회의 심의결과 보정이 필요한 경우에는 이를 보정하여야 한다[13].

 감정을 의뢰하기 위해서는 법원 또는 수사기관 등의 공식적인 의뢰가 필요하며, 감정의 접수와 더불어 감정자료의 제출이 반드시 요청되고 있다(저작권법 시행령 제64조 제1항). 이는 의뢰에 따른 적절한 감정비용의 산정과 감정을 기획하기 위하여 일정수준 해당 감정건을 분석할 필요가 있기 때문이다. 다음으로 본격적인 감정을 수행하기 위해서는 감정건의 분석을 통하여 산출된 예상감정비용을 통보하고 이에 대한 비용이 납입되어야 한다. 민사소송 중인 사건의 경우 법원에 해당 금원을 예치하면 되고, 수사기관 및 형사소송의 경우에는 위원회에 해당 금원의 예납이 이루어지면 가능하다. 예상감정비용의 예납이 이루어지면 해당 감정건을 수행하는데 가장 적절한 전문적 능력을 보유하고 있는 전문가를 통하여 감정을 수행하게 되고, 필요한 경우 복수의 전문가로 하여금 협업하도록 하고 있다. 도출된 감정결과는 감정전문위원회의 심의를 거쳐 감정서의 공정성, 적절성, 신뢰성 등을 평가하여, 실체적으로 또한 법률적으로 완성도 높은 감정결과를 제공할 수 있도록 하고 있다. 이렇게 도출된 감정결과는 의뢰기관으로 통보되며, 그 후 감정비용의 정신, 감정자료의 빈환 및 김징에 관한 질의에 대한 응답 등의 후속 조치가 이루어진다.

 이와 같은 감정절차는 민사소송법에 의한 법원의 감정 절차와 다소 충돌되는 부분이 있다는 점에 간혹 문제가 제기되기도 한다. 대표적인 예로 감정자료 제공 및 예상감정비용 산정과 관련한 절차 문제가 있다. 저작권법에 의한 저작권 감정은 실무상 감정이 촉탁된 이후에 이를 기초로 자료를 수령하고 예상감정비용을 산정하는 등 절차를 진행하나, 법원의 감정절차는 예상감정비용을 확인한 이후 감정인 지정 혹은 감정촉탁을 진행한다는 점 때문이다. 특히 법원의 입장에서는 감정이 촉탁된 상황이 아니므로 예상감정비용 산정 등을 위한 자료를 제공하는데도 상당히 제한적일 수 밖에 없고, 소송당사자의 동의가 전제된 감정수행에 있어서 예상감정비용을 확인할 수 없어서 선택을 위한 중요한 고려가 생략될 수 밖에 없는 등 저작권법에 의한 감정 실무에 있어서 아쉬움이 제기되기도 한다.

한편, 저작권법에 의한 감정절차가 제도화되어 있기는 하나, 그 외의 기관역시 법원의 촉탁이 있는 경우 동종의 감정을 수행하는 것이 금지되어 있는 것은 아니다. 이들의 경우에도 대체로 유사한 실무적 쟁점을 갖고 있다.

3.2. 감정인 개념의 구분

민사소송법에서 감정인이라 함은 법관의 판단능력을 보충하기 위하여 전문적 지식과 경험을 가진 자로 하여금 법규나 경험칙(대전제에 관한 감정) 또는 이를 구체적 사실에 적용하여 얻은 사실판단(구체적 사실판단에 관한 감정)을 법원에 보고하게 하는 증거조사인 감정을 법원으로부터 명령받은 사람을 의미한다[14]. 한편, 사람, 즉 자연인을 전제로 한 감정인과 달리 공공기관 등을 대상으로 감정을 촉탁할 수 있다. 이때 감정을 수행하는 주체는 자연인이 아닌 촉탁기관이다. 그런데 촉탁의 경우 두 가지 방법으로 구분되는데, 이는 첫째, 감정촉탁을 받은 기관이 개인을 특정하고 그가 그의 명의로 감정을 수행하고 비용 역시 그 개인에게 지급되는 방식과 둘째, 촉탁받은 기관이 기관의 명의로 감정을 수행하고 비용 역시 그 기관에게 지급되는 방식이다. 전자의 방식이 일반적으로 실무에서 활용되는 감정촉탁의 방식이다[15]. 한편, 저작권법 제119조에 의한 감정은 후자의 방식을 취하고 있다(이하에서 논의하는 감정촉탁은 후자의 방식을 전제로 한다).

후자의 방식에서 저작권법에 의한 저작권 감정은 복수의 인력이 투입되어 이루어지는 것이 보통이며, 전문성의 보완을 위해 외부 전문가를 감정에 참여시키는 경우 그의 지위에 대해 실무적으로 혼란이 있음이 종종 보여진다. 감정에 참여하는 외부 전문가를 통상 감정인이라 칭하는데, 그 외부 전문가는 감정을 촉탁받은 기관의 내부 관계에 의하여 감정에 참여하는 것이지, 그 외부 전문가가 법원의 명령에 의하여 해당 감정에 참여하는 것이 아님을 고려할 때, 설사 감정인이라는 용어를 동일하게 사용하고 있다고 하더라도 이는 민사소송법에서 지칭하는 감정인은 아니다. 따라서 감정촉탁기관의 내부 관계로서 활용되는 외부 전문가인 감정인은 민사소송 체계에서의 감정인과는 구별된다. 그런데 실무적으로 법원은 후자 방식에서의 감정촉탁기관 내부 관계에 불과한 외부 전문가인 감정인을 전자 방식에서의 개인 전문가와 동일하게 대하는 경우를 종종 보일 때가 있다. 특히 주로 변론기일에 이루어지는 감정서 설명을 민사소송법 제341조 제2항(법원은 필요하다고 인정하면 공공기관·학교, 그 밖의 단체 또는 외국 공공기관이 지정한 사람으로 하여금 감정서를 설명하게 할 수 있다.)에 따라 감정에 참여한 외부 전문가에 의하는 것이 불가능한 것은 아니지만, 감정촉탁 절차의 의의 등을 고려할 때 감정서를 설명하는 자는 감정촉탁기관에 속한 자이어야 하는 것이 타당하다는 비판과의 충돌이 있다.

4. 민사소송법 개정이 저작권 감정 실무에 미치는 문제 검토

4.1. 감정인 추가지정 등과 감정 위임금지 문제

이 부분의 민사소송법 개정 사항은 감정의 수행 과정에서 적절한 감정결과를 이끌어내기 위하여 법원에서 이를 통제할 수 있도록 함을 의도하는 것으로 생각된다. 그러나 자연인인 전문가를 전제로 한 민사소송법상 감정인과 달리 다수의 내부 참여자(내부 관계에 의하여 감정에 참여하게 된 외부 전문가 포함)를 통하여 수행되는 촉탁에 의한 감정(앞선 분류에 따르면 후자에 해당)의 경우 이와 같은 의무가 그대로 적용되기에는 어려움이 있을 것이다. 다만, 촉탁기관 자체가 민사소송법 제335조의2에서 규정된 감정인의 의무를 적절히 이행하는 것으로 볼 수 없는 경우에는 감정촉탁 기관 입장에서 주의가 필요하다. 감정을 특정 공공기관 등에 촉탁하는 것은 감정을 위한 전문성과 공정성 등을 고려하여 해당 기관이 이를 충족한다는 점을 전제한 것이다. 그런데 만일 감정을 촉탁받은 기관이 감정을 수행하는 과정에서 단순히 형식적 중간자로서만 작용한다면 감정촉탁의 전제가 충족되지 않는 것으로 볼 수 있으며, 위임금지 의무의 위반 등이 문제될 수도 있다고 본다. 이에 감정촉탁을 받은 기관이 사안에 따른 개별 전문성을 고려하여 외부 전문가를 감정에 참여시키는 것은 불가피한 일일 수 있다고 보이나, 그 외부 전문가가 감정을 촉탁받은 기관과 어떠한 관계 속에서 감정에 참여하고 있는지, 감정 수행 과정에서 외부 전문가의 역할이 어느 정도의 비중을 차지하는지, 감정촉탁기관의 역할은 무엇인지 등의 실제적인 점이 이 의무 위반 여부를 판단하는데 영향을 미칠 것으로 생각한다.

4.2. 복수감정 운영의 문제

개정된 민사소송법은 다른 감정인과 함께 감정을 하여야 하는 경우에는 곧바로 법원에 감정인 추가 지정을 요구(제335조의2 제1항)하여야 함을 명시하였다. 일반적으로 감정은 사안에 따라 자연인 전문가 단독으로 수행하기도 하며, 세부적인 분야가 결합되어 있는 경우 각각의 전문가의 협업으로 진행하기도 한다. 이러한 협업에 의한 감정을 구체적인 방식에 따라 복수감정 혹은 컨퍼런스감정으로 지칭한다. 대법원은 사안이 복잡해지고 다분야의 전문성이 함께 고려되는 경향이 높아지는 최근 상황을 고려하여 복수감정 혹은 컨퍼런스감정의 제도화 필요성을 인식하고 이의 적극적 활용을 위한 논의를 진행하기도 하였다[16]. 컴퓨터프로그램을 대상으로 하는 저작권 감정 역시 감정대상이 속한 세부 기술분야의 다양성에 따라 혹은 기술분야와 법률분야의 융합적 검토를 위해 복수 전문가에 의하여 이루어지는 경우를 종종 볼 수 있다. 이러한 상황에서 감정에 참여하는 전문가들을 명확히 함으로써 법원 입장에서는 감정 수행 결과에 대한 논의를 효과적으로 하기 위한 목적으로 민사소송법의 규정이 개정된 것으로 생각된다. 다만, 이번 개정은 각 분야의 전문가가 협업하여 감정을 수행하는 방식에 대해서는 오히려 효율성을 떨어뜨린다는 지적이 있다[17].

감정촉탁에 의하여 진행되는 저작권법 제119조에 의한 감정은 표면적으로는 단일의 기관을 대상으로 촉탁이 이루어짐에 따라 진행되므로 단독으로 감정을 수행하는 외관을 갖는다. 다만, 외부 전문가가 내부 관계에 의한 감정인으로서 대부분의 감정을 수행하는 경우가 발생할 때, 이러한 구조를 민사소송법 제335조의2 제1항의 규정과 어떻게 연결하여 생각해보아야 할지 검토가 필요하다.

이 문제는 저작권법 제119조에 의한 감정 시 감정에 참여하는 외부 전문가의 지위를 어떻게 보느냐에 따를 것으로 생각된다. 첫째, 외부 전문가를 감정을 촉탁받은 기관과 구별되는 별도의 감정 참여자로 볼 경우, 그 외부 전문가는 민사소송법 제335조의2 제1항에 따라 법원에 감정인 추가 지정이 요청되어야 하고, 법원의 지정이 있는 경우 감정을 촉탁받은 기관과 공동 감정을 수행하는 것으로 볼 수 있다. 둘째, 외부 전문가를 촉탁받은 기관의 내부 관계에 속하는 것으로 볼 경우, 그 외부 전문가는 해당 기관과의 내부적 관계에 따라 민사소송법상의 감정인은 아니므로 민사소송법 제335조의2 제1항과의 문제는 발생하지 않는다고 본다. 다만, 이 경우에는 앞서 언급한 것과 같이 감정을 촉탁받은 기관이 단순히 중간자적 역할만 수행하고, 실질적으로 감정은 외부 전문가에 의하여 수행되는 경우 동조 제2항의 의무, 즉 위탁금지 의무를 위반한 것에 해당하게 될 문제의 가능성이 있다. 결국 저작권법에 의한 저작권 감정의 경우 둘째 방식을 전제할 수 밖에 없는데, 이때 감정기관은 감정에 참여하는 주체로서 실질적인 역할을 수행하여야 한다.

4.3. 촉탁감정에 참여한 전문가 공개 문제

감정촉탁을 수행하는데 있어서 법원의 이해와 촉탁감정 수행기관의 이해가 크게 충돌되는 부분은 감정에 참여한 실제 인원의 공개 여부에 대한 문제이다. 감정이 촉탁되더라도 실제 감정을 수행할 자가 명확하게 특정되어 있는 등의 경우에는 문제가 안되나, 그렇지 않은 경우에 감정을 촉탁받은 단체 및 기관의 명의로 감정결과가 제시되는 상황에서 실제 감정을 수행한 내부 직원 및 해당 단체·기관과 내부적 관계에 의해 감정에 참여한 외부 전문가의 경우 참여인력의 공개는 매우 불편한 일임에 틀림없다. 참여인력의 비공개는 감정이 부실하게 이루어진 것에 대한 책임을 회피하기 위함이라기 보다는 타인의 송사에 깊이 참여하게 되는데 따른 불편함에 대한 배려와 누군가의 압력에서 벗어나 공정하고 소신있는 감정을 수행하고자 함을 이유로 볼 수 있다. 이러한 문제를 다소나마 개선하기 위해서 개정 민사소송법에서는 비디오 중계장치 등에 의해 감정인신문이 가능하도록 제도를 개선한 바 있다(민사소송법 제339조의3, 제341조 제3항).

이 문제에 대해서는 의견이 대립된다. 긍정설의 입장에서는 감정을 촉탁받은 기관의 공정성과 전문성 등을 고려하더라도 실제 감정을 수행하는 자를 특정할 수 있어야 민사소송법 제336조에서 보장하는 감정인 기피신청권 등을 행사할 수 있어 공정한 감정이 보장될 수 있다고 한다. 반면, 부정설의 입장에서는 실제 감정을 수행하는 전문가의 실명이 공개되지 않아야 보다 다른 요인의 영향을 받지 않고 공정한 감정을 수행할 수 있다고 한다. 또한 감정인 기피신청권 등의 남발로 감정의 신속성 등이 저해되고, 감정 결과를 방어적으로 제시할 수 밖에 없게 된다고 비판한다[18]. 감정인 기피 신청의 대상은 실제 감정에 참여하는 자연인이 아닌 촉탁기관이므로 굳이 실제 감정수행 전문가의 실명을 공개할 필요가 없다는 의견도 있다.

감정을 촉탁하는 목적이 공정성의 확보에만 있는 것이 아니며, 공정성을 비롯하여 신속성, 전문성, 경제성을 모두 고려하여야 한다는 것을 생각하면, 부정설의 입장이 타당한 것으로 생각한다. 촉탁에 의하여 기관의 명의로 감정이 이루어지므로 감정의 수행 주체는 기관이며, 실제 감정에 참여하는 전문가 등의 경우 그 내부 관계에 불과하므로 그 개개인이 감정결과를 대표할 수 없다고 보기 때문이다. 더군다나 민사소송법 제341조에서 촉탁 감정 제도를 마련하고 있는 이유가 특정 개인인 전문가에 의한 감정이 사실상 적절하지 않은 경우를 대비한 것임을 생각하면, 감정결과의 설명 등을 실제 감정을 수행한 자에 의하지 못할 수 있다는 점은 촉탁감정의 본질적한계로 볼 수 밖에 없다고 생각한다.

5. 결론

저작권 감정에 있어서 촉탁감정을 대하는 법원의 실무적 관행과 저작권 감정을 수행하는 기관이 갖는 업무수행 방식 차이는 양자간의 불만족을 초래하는 주요 원인으로 작용한다. 특히 감정 수행을 위한 구체적인 주체를 특정하고, 그로 하여금 법원과 협의하도록 하는 법원의 실무 관행과 달리, 법원과의 협의를 진행할 자와 실제 감정의 전부를 수행하는 자가 불일치하다는 점이 법원에서의 불만으로 나타나고 있는 것으로 보인다. 감정의 촉탁 역시 소송에서 법관의 판단을 보조하기 위한 수단이라는 점을 고려하면 이러한 문제를 단순히 양자 간의 불가피한 차이만으로 치부하고 방치할 수 있는 것은 아니라 생각된다. 이점에 있어서 과거 수차례 저작권 감정제도의 개선이 요구[19]되기도 하였으나, 인력 및 예산의 한계 등 현실적인 문제로 인하여 현재 적절히 대응하지 못하는 것으로 평가된다. 더군다나 감정절차에 관한 민사소송법 개정으로 감정 수행에 대한 엄격성이 높아진 상황에서 이 엄격성의 요구가 기존 저작권 감정 제도의 약한 고리에 영향을 미친다는 점은 제도적 차원의 적절한 대응을 위한 노력이 필요하다는 점을 상기시킨다. 이와 같은 전제에서 저작권 관련 촉탁감정의 개선은 법원의 입장에서 촉탁감정의 본질 및 이를 수행하는 감정기관 실무에 대한 이해와 배려가 요구되며, 감정수행기관 입장에서는 효과적인 문제해결을 위한 법원의 필요를 실무적 안정성을 유지하며 최대한 충족시킬 수 있는 방안을 찾도록 하여야 함을 고려하여 면밀한 실무적 논의가 이루어져야 한다.

참고문헌

[1] 강성수, 전문가 감정 및 전문심리위원 제도의 개선 방안에 관한 연구, 사법정책연구원, p.33, 2016

[2] 이시윤, 신민사소송법, 박영사, p.50, 2017.

[3] 김시열, 저작물 감정제도의 효과 및 개선방안 연구, 한국저작권위원회, p.57, 2013

[4] 대법원 보도자료(2015.3.23.), "2015. 3. 23. 사실심 충실화 사법제도개선위원회 제2차 회의 개최"

[5] "성폭력피해자 '원격' 증언 가능해지나", 머니투데이 기사 / Jul 15, 2015.

[6] 강성수, 전문가 감정 및 전문심리위원 제도의 개선 방안에 관한 연구, 사법정책연구원, pp.220-222, 2016

[7] 강성수, 전문가 감정 및 전문심리위원 제도의 개선 방안에 관한 연구, 사법정책연구원, p.223, 2016

[8] 법원행정처, 법원실무제요 민사소송[Ⅲ], 법원행정처, p.160, 2014

[9] 강성수, 전문가 감정 및 전문심리위원 제도의 개선 방안에 관한 연구, 사법정책연구원, p.240, 2016

[10] 윤재윤, "전문소송의 감정절차에 대하여 -건설감정의 표준절차를 중심으로-", 법조 제51권 제11호, p.262, 2002

[11] (사)한국소프트웨어감정평가학회 제29회 추계학술대회(2018. 11. 16.) 패널 토의 내용 참조

[12] 김시열, 저작물 감정제도의 효과 및 개선방안 연구, 한국저작권위원회, pp.12-13, 2013

[13] 문화체육관광부 · 한국저작권위원회, 2011 저작권 백서, 문화체육관광부, p.263, 2012

[14] 법원행정처, 법원실무제요 민사소송[Ⅲ], 법원행정처, p.151, 2014

[15] 법원행정처, 법원실무제요 민사소송[Ⅲ], 법원행정처, p.170, 2014

[16] "대법원-대한변협, 신체감정촉탁기관 확대 추진", 법률저널 기사 / Nov 15, 2016

[17] "개정 민사소송법에서 신설된 335조의2(감정인 의무)의 진정한 의미", 로타임즈 기사 / Jun 16, 2016

[18] "진료기록 감정에 최소 6개월... 소송 당사자 속 탄다", 로타임즈 기사 / Mar 23, 2020

[19] 이철남, 일반저작물 감정 인용율 제고를 위한 감정매뉴얼 개발 연구, 한국저작권위원회, pp.66-67, 2015

2. 실질적 유사성 판단을 위한 가중치 활용과 질적 분석의 관계*

김시열

1. 서론

저작권 침해 여부를 가리기 위한 가장 중요한 요건으로 작용하는 실질적 유사성을 판단하기 위해서는 복제된 부분의 양(量)과 질(質)을 모두 고려하여야 함이 기본 원칙이다. 이때 컴퓨터프로그램저작물을 대상으로 한 경우에는 실무적으로 가중치라는 개념을 적용하고 있다. 가중치는 '어떤 다른 값에 곱해져서 유용한 실제값을 만드는 값'(TTA정보통신용어사전)[1]으로 정의된다. 그런데 실질적 유사성 판단을 위한 질(質)의 고려 시 가중치를 적용하는 점에 대해서는 논란이 존재한다. 이에 최근에는 가중치를 적용하지 않음으로써 관련된 논란을 피하려는 사례도 발견되나, 이러한 막연한 회피 역시 실질적 유사성을 탐지하기 위함이라는 법적 목적을 고려할 때 적절한 현상은 아니라 생각한다. 이와 같은 논란은 저작권법상 유사한 부분의 질(質)이 갖는 본질적 개념과 실무적으로 활용되는 가중치의 개념 및 실제가 정확하게 일치하지 않는데서 기인한다고 본다.

따라서 컴퓨터프로그램저작물을 대상으로 한 실질적 유사성 판단 과정에

---

* 한국소프트웨어감정평가학회 논문지 제15권 제1호, 2019. 6.에 수록된 논문을 일부 보정한 것이다.

서 활용되고 있는 가중치 적용과 저작권법 상 유사한 부분에서 양(量)과 질(質)의 관계에 대한 명확한 정립이 필요하다. 이를 기반으로 하여 가중치 적용에 대한 논란을 해결하고 컴퓨터프로그램저작물의 실질적 유사성 판단의 적절성을 높일 수 있는 질적 중요성 고려를 위한 방법을 고민해본다.

2. 실질적 유사성 판단에서의 가중치

2.1. 실질적 유사성과 유사한 부분의 질(質)

실질적 유사성 판단은 침해자의 침해물이 저작권법의 측면에서 원저작물에 종속되는 것인지 여부를 확인하기 위한 것이다. 완전히 동일한 것이 아닌 상태에서 비교 대상물 간 유사한 정도를 확인하기 위한 과정이다. 이에 종속성을 결정짓는 정도의 유사한 상태를 실질적이라 한다.

저작권 침해 여부를 판단함에 있어서 유사한 부분의 양적인 면과 질적인 면을 어떻게 다루어야 할 것인지에 대해서는 논란이 진행 중이다. 이는 실질적 유사성을 판단할 때에 유사한 부분의 양적인 면과 질적인 면을 모두 고려하여야 하며, 피침해 저작물의 핵심 부분을 복제하여 침해물에 사용하였다면 그 복제된 양이 적더라도 상당한 복제에 해당한다고 주장하는 견해[2]와 저작권 침해의 책임이 비중에 따라 영향을 받을 수 있는 것은 아니며 단지 피침해자의 복제된 부분이 덜 중요하다고 하여 많은 부분을 복제한 침해자에게 용서를 주는 것은 잘못이라는 견해[3]의 대립이 대표적이다. 이와 관련하여 우리나라의 통설과 판례의 태도에서는 실질적 유사성 판단 시 유사한 부분의 양과 질을 모두 고려하여야 함을 기준으로 한다는 점 외에 특별한 논의를 발견할 수는 없다. 물론 여기서 유사한 부분이란 실질적 유사성 판단의 대상이 되는 것을 전제하는 것이므로, 당연히 저작권법상 보호받는 표현을 지칭하며 판단 과정에서 고려되어야 하는 양과 질 역시 이에 한정됨은 당연하다.

유사성을 크게 '포괄적 · 비문자적 유사성'과 '부분적 · 문자적 유사성'으로 구분하는 현재의 일반적 태도[4]에서는 실질적 유사성 판단 과정에서 질의 고려는 세 가지 영역에서 가능하다. 첫째, 포괄적 · 비문자적 유사성을 도출하는 과정에 질이 고려되는 것, 둘째, 부분적 · 문자적 유사성을 도출하는 과정에 질이 고려되는 것, 그리고 셋째, 양자를 모두 종합한 최종적인 실질적 유사성 판단 과정에서 질이 고려되는 것으로 구분할 수 있다. 세 가지 구분 중, 어느 영역에서 질이 적용되느냐에 따라 구체적인 적용 방식에는 차이가 있을 수 밖에 없다. 후술하겠지만, 우리나라에서 컴퓨터프로그램저작물을 대상으로 할 때 실질적 유사성 판단 과정에서 정량적 유사도를 많이 활용하는데, 이때 실무적으로는 대부분 둘째 영역에서 유사한 부분의 질이 고려되는 양태를 보인다.

한편, 실질적 유사성 판단 관점과 관련하여서는 다소 애매한 점이 있다. 통상 보통 관찰자 관점을 실질적 유사성 판단 관점으로 적용한다. 그런데 보통 관찰자의 개념을 완전한 일반적인 평균인으로 할 것인지, 아니면 해당 유형의 저작물을 소비하는 등 일정한 관계에 있는 자를 보통인으로 설정한 평균인으로 할 것인지에 따라 고려되어야 할 질은 다른 의미를 갖는다는 점 때문이다. 전자의 경우보다 후자의 경우가 대상 저작물에 대한 표현상 그리고 기능상의 중요 정도를 유의미하게 반영할 수 있는 특징을 갖는다. 컴퓨터프로그램저작물과 같은 전문적인 기능을 요구하는 경우가 확대되고 있다는 점, 저작권 침해의 은닉에 대응하여야 한다는 점 등을 위해서도 보통의 관찰자 개념에 해당 저작물을 소비 및 활용하는 수요자로서의 일반인을 포함하도록 하는 것이 현실적으로 타당하다고 생각한다[5].

2.2. 컴퓨터프로그램저작물 비교에서 가중치 적용

유사한 정도를 수치(數值), 특히 비율을 이용하여 나타내는 방식을 '정량적 유사도'라 한다. 우리나라에서는 컴퓨터프로그램저작물을 대상으로 한 실질적 유사성 판단 시 정량적 유사도를 많이 활용하고 있다. 이때 유사한 정도의 질적인 고려를 위해서는 가중치를 반영하여 계산하는 방식을 활용하고 있다. 앞서 언급한 질이 고려될 수 있는 세 가지 유형 가운데 둘째 유형에 해당한다. 다만 가중치를 적절히 반영하기 어려운 경우에는 모든 요소에 1을 가중치로 계산함으로써 사실상 가중치를 고려하지 않는 경우도 발견된다.

정량적 유사도를 도출하는 과정에서 가중치를 적용하는 방식은, 최종적인 유사도 계산 과정에 가중치를 곱하는 과정을 두어 최종 결과값에 영향을 미치도록 하는 것을 기본으로 하고 있다. 다만, 그러한 기본 방식 외 세부적인 부분에서는 다양한 방식이 활용되고 있으며, 개별 사안에서 가장 적절하다고 판단되는 방식이 분석 혹은 판단자의 재량 하에 적용되고 있다. 정량적 유사도 산정 자체가 매우 다양한 방식으로 이루어지고 있다 보니[6] 가중치의 적용 역시 다양한 형태로 이루어질 수 밖에 없음은 당연하다고 본다.

특히, 가중치를 곱하는 하위 요소를 어떤 것으로 하는지에 따라 매우 다양한 방식이 적용되고 있다. 선행연구를 대상으로 대표적인 예를 살펴보면, 오브젝트코드 비교에 관한 논의에서 물리적 복제도와 논리적 복제도로 구분하고 전자를 'DLL 및 실행 파일들의 크기 유사성', '호출된 함수 및 이름들의 개수 유사성', '각 어셈블리어 코드에서 동일 함수 비율'로 나누어 각각 중요도를 5%, 10%, 70%로 정하고, 후자를 '함수 연관도 분석에 의한 유사성', '각 어셈블리어 코드 분석에 의한 유사성'으로 나누어 각각 중요도를 10%, 5%로 정하여 제시한 사례가 있다[7]. 다른 예로는 데이터베이스

a, b에 대해 WT,WS,WC를 각각 토큰 유사도 가중치, 구조 유사도 가중치, 코드 유사도 가중치라고 할 때, 프로그램 유사도 관점에서 데이터베이스 a와 b의 유사도 SIM(a,b)는 'WT · SimT(a,b)+WS · SimS(a,b)+WC · SimC(a,b) · · · · =SIM(a,b)'의 공식으로 산출될 수 있다고 한 사례[8]도 선행연구에서 찾아볼 수 있다.

2.3. 우리나라 판례에서의 태도

우리나라 판례에서 컴퓨터프로그램저작물을 대상으로 한 저작권 침해 사건 가운데 가중치 적용 부분이 쟁점으로 다루어진 경우는 찾아볼 수 없다. 주로 정량적 유사도를 산출하는 전문가에 의하여 계산 과정에서 다루어지는 것이 대부분이며, 이때 가중치 적용은 당해 전문가의 전문적 경험에 기반한 재량의 영역으로 이해하고 있기 때문으로 생각된다.

대표적인 사례를 살펴본다. '콘텐츠보안프로그램 사건'(서울중앙지방법원 2006. 9. 7. 선고 2004가합76119 판결)에서 법원은 "원, 피고 각 프로그램 중 기능이 유사한 파일간 소스코드의 평균 유사도는 10.7%이고, 파일명이 동일한 파일간 소스코드의 유사도는 20.58%이나, 이는 개략적 산출 결과일 뿐이고, 세부적으로 소스코드를 살펴보면 일반적으로 기술되거나 자동적으로 생성되는 부분을 제외한 핵심적인 부분은 불일치하는 사실, 원고가 미디어쉘 프로그램의 고유기능으로 제시한 핵심적인 부분은 불일치하는 사실, 원고가 미디어쉘 프로그램의 고유기능으로 제시한 기능항목에 대하여 피고의 미디어로즈 프로그램의 각 해당 기능항목별로 산출한 구현방식 등의 유사도(논리적 복제도)는 0%인 사실, 위와 같은 소스코드의 유사도와 논리적 복제도에다가 폴더 및 파일명의 유사도까지 더하여 보아도, 위 각 유사도 판정항목의 중요도에 따른 상대적인 가중치를 고려하여 볼 때 전체 유사도는 11.5%에 불과한 사실을 인정할 수 있으므로, 원·피고 각 프로그램 사이에 실질적 유사성을 인정할 수 없다 할 것이다."라고 판시하였다.

판시사항을 보면 최종적인 정량적 유사도를 도출하는 과정에서 각 유사도 판정항목의 중요도에 따른 상대적 가중치를 곱하여 값을 계산하는 방식을 활용하였음을 확인할 수 있다. 특히 본 판결에서는 가중치를 물리적 유사도와 관련하여 'DLL 및 실행 파일들의 크기 유사성', '호출된 함수 및 이름들의 개수 유사성', '각 어셈블리어 코드에서 동일함수 비율'에 부여하며, 논리적 유사도와 관련하여 '함수호출관계 분석에 의한 유사성', '각 어셈블리어 코드 분석에 의한 유사성'이라는 하위 요소에 가중치를 곱하는 방식을 활용하였다.

'형상관리솔루션 사건'(서울남부지방법원 2005. 11. 18. 선고 2005가합 3367 판결)에서 법원은 "이 사건 제1, 2프로그램 사이의 비교항목별 유사도는 소스코드의 경우 0.55%, 사용자 인터페이스의 경우 14.99%, 데이터베이스의 경우 4.62%이고, 위 3가지 비교항목의 유사도에 가중치를 부여하여 이를 합산하여 산정된 이 사건 제1, 2프로그램 사이의 종합유사도는 3.22%인 사실을 인정할 수 있는바"라고 판시하였다.

판시사항을 보면 최종적인 정량적 유사도를 도출하는 과정에서 각 비교대상, 즉 소스코드, 사용자인터페이스 및 데이터베이스를 하위 요소로 하여 이에 가중치를 곱함으로써 최종적인 정량적 유사도를 계산하는 방식을 활용하였음을 확인할 수 있다.

3. 기존 가중치 적용 방식의 문제

3.1. 양적 분석과 질적 분석의 관계

실질적 유사성 판단 과정에서는 유사한 부분의 양적인 면과 질적인 면의 비교 · 분석을 통한 평가가 요구된다. 복제된 부분의 양을 확인함과 동시에 피침해물에서 복제된 부분이 갖는 가치에 초점을 맞추어 질적인 평가 역시 수행되어야 한다[9].

이에 대한 중요한 선례로 다루어지는 Newton v. Diamond 판결[10]은 그 이유를 다음과 같이 설명하고 있다. 첫째, 저작권법의 체계가 저작물의 가치 감소로부터 저작자의 이익을 보호하여야 한다는 이론적 기반을 두고 있기 때문에 실질적 유사성에 대한 판단 역시 원저작물에서 복제된 부분에 초점을 맞추어야 한다는 것이다. 둘째, 침해물 전체 대비 피침해물에서 복제된 부분의 양적 상당성에만 초점을 맞춘다면, 침해자는 단순히 침해물에 새로운 부분을 추가함으로써 저작권 침해에 대한 책임을 피하려 한다는 것이다. 물론 이러한 행위가 있다고 하더라도 Sheldon v. Metro-Goldwyn Pictures Corp. 판례[11]에서 제시된 '피고는 자신의 침해물에서 새롭게 창작된 부분이 얼마나 많은지를 보여주더라도 그것으로 책임을 피할 수 없다'는 기준에 따라 저작권 침해 자체를 벗어나기는 어려울 것이다. 이는 우리나라 역시 동일한 태도로 다루어진다. 아무리 많은 내용을 새롭게 추가하더라도 그것으로 침해에 대한 책임이 면책되는 것은 아니다. 한편, 제9연방항소법원의 앞선 이유에서 한 가지를 추가하여, 피침해물의 불명확하며 피상적인 방식으로 나타난 표현을 누군가 구체적인 형태로 보완하는 것을 허용하기 위함이라는 이유도 주장된다[12].

결국 실질적 유사성 여부의 판단은 복제된 부분, 즉 유사한 부분의 양적 그리고 질적 관계에 유기적으로 의존하여 이루어지도록 되어 있다. 단순히 글자의 수를 세는 것만으로 저작권 침해 여부를 판단함은 불가능하며, 비교대상에 대한 정성적 특징, 특히 유사한 부분의 질적 중요성에 대한 고민이 함께 작용되어야 한다. 실제로 법원이 두 비교대상의 실질적 유사성을 판단할 경우 복제된 정도(유사한 정도)가 양적으로 상당한 수준이라면 복제된 정도를 양적으로 고려하여 판단하기도 할 것이다. 그러나 만약 복제된 정도가 양적으로 적은 수준에 불과하거나 양적인 근거만으로 판단하기 어려운 상황일 때에는, 그것만으로 실질적 유사성을 부정하는 것이 아니라 복제된 부분의 질적인 면을 고려하여 평가하고 있다.

그래서 비교 결과 유사한 정도가 양적으로 적은 수준에 불과하더라도 피침해물과 침해물 사이의 공통된 표현 부분이 특별히 중요한 부분에 해당한다면 양자는 실질적으로 유사한 관계로 인정될 수 있게 된다. 예를 들어 법원은 200,000단어의 전기(傳記)에서 300단어만을 복제한 경우[13], 컴퓨터프로그램에서 기능적 핵심 코드의 매우 적은 양을 복제한 경우[14], 45단어로 이루어진 곡 가운데 가장 중요한 2단어를 복제한 경우[15]에 실질적 유사성을 인정한 경우가 있다.

이처럼 양적인 기준에서 유사하거나 혹은 상이하다는 전제 하에 유사한 부분에 대한 질적 고려는 최종적으로 실질적 유사성을 판단하기 위한 교량으로 역할을 한다. 즉, 질적 고려는 양적인 면과 동시에 진행되어야 한다고 보기 보다는 유사함의 양적인 정도에 기반하여 그 유사한 정도가 실질적인지 여부를 가리기 위해 논리적으로 후행(後行)하는 절차로 이해하는 것이 보다 적절할 것으로 생각한다. 특히 부분적·문자적 유사성과 관련하여 좀 더 면밀히 적용되어야 한다[16].

3.2. 가중치 적용의 본질

컴퓨터프로그램저작물을 대상으로 한 실질적 유사성 판단에서 정량적 유사도를 활용할 때의 가중치 개념과 저작권법에서의 질의 개념은 다소 상이한 면이 있다. 컴퓨터프로그램저작물을 비롯한 모든 저작물에 대해 실질적 유사성과 관련하여 유사한 부분의 질적인 중요성을 살펴본다는 것은 유사한 것으로 나타나는 부분들에 대한 중요성, 즉 표현으로서의 중요성을 대상으로 한다고 보는 것이 일반적인 해석일 것이다. 그런데 컴퓨터프로그램저작물을 대상으로 한 실무에서 가중치 적용의 예를 살펴보면, 이는 주로 기능적 혹은 기술적 측면에서의 중요성을 지칭하고 있는 것으로 보인다. 판례 역시 사실상 컴퓨터프로그램저작물의 기능적 혹은 기술적 측면에서의 중요성을 가중치 혹은 유사한 부분의 질로 받아들이고 있는 것으로 보인다.

다른 유형의 저작물 사례를 보면, 소설에서는 핵심적인 구문, 음악이라면 핵심 멜로디, 그리고 디자인이라면 요부(要部)에 해당하는 것을 질적으로 중요하다고 한다. 이러한 점의 연장선 상에서 생각하면, 컴퓨터프로그램저작물에 대해서는 코드에서 핵심적인 부분 정도로 지칭할 수 있을 것이다. 이때 컴퓨터프로그램저작물에 대해 핵심적이라는 것은 외부적으로 나타나는 표현 뿐만 아니라 해당 표현의 의미적 중요성까지도 내포하는 개념으로 볼 수 있을 것이다. 이는 표현으로서의 중요성과 기능상의 중요성을 개념상 명확히 구분하여야 함이 옳으나, 현실적으로 컴퓨터프로그램저작물의 경우 양자가 완전히 그리고 명확하게 분리될 수 없다는 특징으로 인한 것으로 보아야 한다.

결국 외부적 표현과 의미적 중요성이 명확하게 구분되지 않을 수 밖에 없으므로, 컴퓨터프로그램저작물의 경우 실질적 유사성 판단 시 질적 중요성을 사실상 기능상 중요성과 동일하게 다루게 됨이 불가피하다고 생각한다.

즉, 다른 저작물 유형과 달리 컴퓨터프로그램저작물은 표현의 의미적 고려가 사실상 완전히 기능적 차원의 문제로 포섭될 수 밖에 없다. 이러한 점으로 인하여 컴퓨터프로그램저작물 간 유사 부분의 질적 중요성 개념, 즉 가중치의 적용을 다른 유형의 저작물 유형과 실무적으로 동일하게 다루기는 어렵다.

3.3. 타 저작물 유형에서의 가중치 사례

3.3.1. 어문저작물

다른 저작물 유형과 마찬가지로 어문저작물 역시 정량적 유사도 활용 과정에서 가중치가 고려되는 방식을 사용하는 경우는 거의 찾아볼 수 없다. 그러한 상황에서 '국어교과서 사건'(서울중앙지방법원 2015. 2. 12. 선고 2012가합541175 판결)은 대표적인 사례라 할 수 있다.

본 판결에서 법원은 "이 사건 동영상 강의에 대한 속기록을 기준으로, 각 강의에서 피고 교재와 유사한 음절 수를 해당 강의에 포함된 전체 음절 수로 나눈 값을 토대로 산정한 이 사건 동영상 강의와 피고 교재의 유사율은 14.17%(=유사 음절 수 합계 141,594개 / 전체 음절 수 998,580개 × 100, 소수점 둘째 자리 미만 버림)에 이르는바, 위의 유사한 음절이 모두 피고 교재만의 창작성이 인정되는 부분에 대한 것이라고 볼 수는 없다고 하더라도, 적어도 위 유사한 음절 부분은 이 사건 동영상 강의에서 피고 교재를 그대로 또는 본질적인 변형 없이 사용한 부분에 해당한다고 봄이 상당하다."라고 판시하였다. 본 판결에서는 실질적 유사성의 도출을 정량적 유사도에서 직접 이끌어내지는 않았으며, 실질적으로 유사한 정도를 정량적인 수치를 활용하여 최대한 가깝게 표현할 수 있도록 하는 기계적 접근을 시도한 것으로 볼 수 있다[17]. 그러다 보니 유사한 부분의 질적인 면이 특별히 고려될 여지는 없었던 것으로 추정된다.

한편, 어문저작물을 대상으로 한 유사성 분석 논의는 오랫동안 연구가 이루어지고 있다. 과거에는 주로 어절 별로 문서의 단어를 구분하고 단어를 비교하는 방법이 주로 사용되었으나, 이는 조사나 어미의 변형이 쉽게 일어나는 한글을 대상으로는 한계가 많이 나타났다. 이러한 점으로 인하여 영어를 기본으로 하는 비교방식에서 벗어나 한글에 특화된 다양한 방식의 논의가 이루어지고 있다. 주로 색인어를 추출하여 이들을 이용하여 유사도를 측정하는 방식이 활용된다[18]. 이들 방식 가운데 많은 경우에 색인어의 물리적 추출에 따른 왜곡을 보정하기 위하여 가중치를 적용하여 계산식에 반영하고 있음을 확인할 수 있다.

3.3.2. 음악저작물

음악저작물 분야는 수치(數値)를 통하여 유사한 정도를 제시하는 방식을 활용하지 않고, 각 표현요소별 대비와 분석을 통하여 최종적인 실질적 유사성 판단으로 이어지는 모습을 보인다.

'외톨이야 사건'(서울중앙지방법원 2011. 4. 13. 선고 2010가단86875 판결)에서 법원은 후렴구 첫째 마디 및 이와 동형진행부분에 대한 실질적 유사성을 판단하는 것과 관련하여 "기초사실에서 든 각 증거에 의하면, ① 별지 3. 기재와 같이 이 사건 노래부분과 이 사건 대비부분은 그 가락(멜로디)이 단 한 개의 음정도 일치하지 아니한 사실, ② 두 곡 전체를 화성(코드)의 측면에서 비교해 보아도 1절 24마디 중 4마디 정도만 코드가 동일 또는 유사할 뿐이고, 파랑새는 한 마디에 두개의 화성이 진행되고 외톨이야는 대부분 한 마디가 하나의 화성으로 이루어져 화음의 구성이나 진행방식이 서로 다른 사실, ③ 또한 문제가 되고 있는 두 노래의 후렴구 부분 화성은 원고들의 파랑새가 'Dm-C-Bb-C-Bb-Am-Bb-C'의 구성을 가지는데 반하여 피고들의 외톨이야는 'Dm-Dm-Bb-Bb-C-C-F-A'의 구성을 가지고 있어 한마디 정도의 화성만 동일한 사실, ④ 두 노래의 리듬을 비교해 보면 파랑새가 ♩=102, 외톨이야는 ♩=105로서 비슷한 빠르기를 가지고 있으나, 파랑새는 16비트의 기본 리듬을 가지는데 반하여 외톨이야는 24비트를 기본리듬으로 삼고 있어 그 차이가 있는 사실을 인정할 수 있는바, 이와 같이 위 각 대비부분의 가락, 화성, 리듬 등을 비교하여 볼 때 이 사건 노래부분과 그 대비부분은 실질적으로 유사하다고 하기 어렵다."라고 판시하였다.

'되고송 사건'(서울중앙지방법원 2010. 5. 20. 선고 2009가합124549 판결)에서 법원은 "갑 제6 내지 11호증, 을 제1호증의 각 기재, 이 법원의 검증결과에 의하면, 되고송의 ① 처음 시작되는 부분인 '솔라솔 미미미' 부분은 원고 김○○이 작곡한 '○○'의 첫 소절인 '낯설은 이름에'라는 가사에 해당하는 부분과, ② 그 다음 '미솔라 레레' 부분은 영국의 록 그룹 비틀즈의 구성원이 작곡한 별지1 목록 6 기재 '○○'의 'Don't make it bad'라는 가사에 해당하는 부분과, ③ 그 다음 '도레도' 부분은 위 '○○'의 'I Love'라는 가사에 해당하는 부분과, ④ 그 다음 '라라 도' 부분은 원고 김○이 작곡한 '○○'의 '님은'이라는 가사에 해당하는 부분과, ⑤ 그 다음 '도라솔미솔' 부분은 원고 김○○이 작곡한 '○○'의 '이것만은'이라는 가사에 해당하는 부분과, ⑥ 그 다음 '라솔레' 부분은 원고 손○○가 작곡한 '○○'의 '어썬지'라는 가사에 해당하는 부분과, ⑦ 그 다음 '레레도' 부분은 소외 박○○이 작곡한 별지1 목록 7 기재 '○○'의 '애원하지 않아'라는 가사에 해당하는 부분과, ⑧ 그 다음 '미솔라' 부분은 위 '○○'의 '변할 수'라는 가사에 해당하는 부분과, ⑨ 그 다음 '라라도 레레미 레도도라도' 부분은 원고 배○○가 '○○'의 '아쉬워 하며'라는 가사에 해당하는 부분과 각 계명 및 박자가 동일 또는 유사한 사실을 인정할 수 있으나, 위 인정사실만으로는 이 사건 각 저작물과 되고송이 개별적으로 실질적으로 유사하다고 인정하기에 부족하다."라고 판시하였다.

해외에서는 PMI(Percent Melodic Identity) Method라 하여, 비교대상인 두 곡의 가락을 정렬하고 양자 간 동일한 것으로 판단되는 음(note)의 수를 세고, 이를 두 곡의 가락 길이의 평균으로 나누어 유사한 정도를 비율(PMI value)로 나타내는 방식이 논의되기도 한다. 이 경우 각 분모에 해당하는 유사한 것으로 판단된 음(note)에 별도의 가중치를 부여하지 않을 것을 명확히 하고 있다[19]. 실질적 유사성 판단은 정량적 유사도인 PMI value를 고려하여 최종적인 판단 주체에 의하여 이루어진다. 이때의 최종 판단에서 유사한 부분의 질적인 중요성이 정성적으로 고려되는 구조인 것이다.

$$PMI = 100 \left(\frac{ID}{\dfrac{L_1 + L_2}{2}} \right)$$

3.4. 검토

앞에서 살펴본 내용에 따르면, 컴퓨터프로그램저작물 분야에서 가중치를 적용하는 것은 현재 우리나라에서는 분석 주체의 전문적 지식에 기반한 재량으로 다루고 있으며, 정량적 유사도 산출 과정에서 구체적 수치로 나타낸 가중치를 곱함으로써 유사한 부분의 질적 고려를 한 것으로 보고 있다. 판례 역시 이러한 방식을 특별히 부정하고 있다고 보이진 않는다. 그런데 실질적 유사성 판단 시 양적 고려와 질적 고려 간 관계를 볼 때, 현행과 같은 방식의 가중치 적용에는 문제가 있다는 생각이다.

현재 실무적으로 활용되는 방식은 실질적 유사성의 판단이 양적인 면과
질적인 면의 순차적 과정, 즉 정량적 판단이 선행되고 질적인 부분에 대한
판단이 후행되어야 한다는 전제에 부합하지 않기 때문이다. 어문저작물 및
음악저작물과 같은 타 유형 저작물을 대상으로 한 실질적 유사성 판단 과정
에서 정량화 과정 혹은 분석 과정 등에 가중치를 직접 반영하고 있지 않고
있다는 점도 이에 따른 것으로서 참고할 수 있다. 이들의 경우에 양적 분석
에 따른 결과는 그 자체로 나타낼 뿐이며, 질적 분석을 통한 중요성은 최종
적인 실질적 유사성 판단 시 고려되는 형태이다.

이를 정리하면, 컴퓨터프로그램저작물 분야에서는 실질적 유사성 판단을
위해서 정량적 유사도를 활용하며, 이를 실질적 유사성 개념에 충실히 맞
추기 위해 가중치를 계산 과정에 산입시킴으로써 양과 질을 모두 고려한 결
과값을 도출하고자 의도한 것이 현재의 실무 관행으로 볼 수 있다(실질적
유사성 = 정량적 유사도). 그런데 이러한 태도는 타 저작물 유형의 경우 또
는 실질적 유사성에 관한 양적 · 질적 분석의 본질 등에 비추어 볼 때 적절
치 않으며, 유사한 부분의 질적 평가 역시 실질적 유사성 판단을 위한 하나
의 근거 요소로 정량적 유사도와 동일한 지위에서 정량적 유사도에 후행하
여 다루어져야 하는 방식으로 전환이 필요하다(실질적 유사성 ≠ 정량적 유
사도).

4. 적절한 질적 고려로서 가중치의 활용 방안

4.1. 정량적 유사도 계산과 가중치의 분리

유사한 정도의 양적 분석과 이에 대한 질적 분석은 실질적 유사성 판단을
위하여 각각 고려되어야 하는 요소라는 점에 현재의 정량적 유사도 산출 과

정에서 가중치를 곱하지 않고 결과값을 도출하는 방법이 적절할 것으로 생각한다. 기존 사례에서 발견되는 방식인 가중치를 1로 설정하고 계산하는 것과 동일한 형태가 될 것이다. 질적인 중요성에 대한 부분은 정량적 유사도에 포함시키는 것이 아니라 별도로 제시하여 이를 고려할 수 있도록 하자는 것이다.

이러한 방식을 사용 시 기존에 가중치를 적용함으로써 발생하던 유사함의 양적 수준에 대한 왜곡 현상은 줄어들 수 있을 것이다. 기존에 가중치를 적용하지 않던 경우 역시 크게 논의의 대상이 되어오지 않았다는 점 등을 고려할 때 현실 적용에 큰 문제는 없을 것으로 생각된다. 다만 정량적 유사도와 별도로 최종판단자(사실인정자)에 의한 질적인 중요성에 관한 평가가 이루어져야 하므로 상대적으로 법원 등의 부담이 늘어날 수는 있다. 법원 역시 이러한 부담에 대한 제도적 · 인적 대응이 요구된다.

4.2. 질적 중요성 고려를 위한 방법론 도출 필요

실질적 유사성의 판단을 위해서는 유사한 부분의 양과 질을 모두 고려하여야 하므로, 정량적 유사도 산출 과정에서 질적 부분을 계산 과정에 반영하지 않았다면, 질적 중요성에 관한 평가를 위해 별도의 방법이 요구된다. 현재와 같이 명확한 수치의 형태로 제공할 것인지 아니면 정성적인 형태로 중요성을 나타낼 것인지 등 구체적이고 법률 분야에서 충분히 이해할 수 있는 정도의 방법이 필요할 것이다. 결국 실질적 유사성의 최종판단자인 법관 등의 판단을 지원할 수 있는 일련의 비교 · 분석 결과를 어떠한 형태로 제공할 수 있을지에 대한 논의가 실무적으로 이루어져야 한다.

최근 미국에서 논의된 POSAR TEST의 사례를 참고하면, 이 방식은 비교 과정에서 기존과 같이 여과가 이루어진 보호받는 표현으로 간주된 소스코드만을 비교하지 않고, 이와 병렬적으로 별도의 증거로 작용될 수 있는 다양한 요소들을 비교 및 분석하는 과정 역시 포함하고 있다[20]. 이를 통하여 여과된 소스코드만을 비교함으로써 발생하는 오류를 보완할 수 있다는 것이다.

[POSAR TEST의 구성]

구분	내용
Step1	Planning Phase
Step2	Operationalization Phase
Step3	Separation Phase
Step4	Analysis Phase
Step5	Reporting Phase

가중치에 관한 논의와 차이는 있지만, POSAR TEST 논의에서의 시사점은 최종판단자인 법관을 위한 비교·분석 자료는 반드시 모든 것이 고려된 하나의 비교결과로 이루어질 필요가 없다는 것이다. 판단에 필요한 다양한 고려사항들을 비교·분석한 정보들이 충분히 제공되면 되는 것이어서, 유사한 부분의 질적 중요성 역시 정량적 유사도와 동일한 지위에서 적절히 제공될 방법을 고민하여야 할 것으로 생각한다.

4.3. 전문적인 인적 매개자 활용 필요

POSAR TEST의 논의를 조금 더 참고하면, 기존과 달리 비교 과정 이후에 가장 중요한 절차를 두었는데 이를 보고 과정(The Reporting Phase)이라 한다. 기술적 정보들의 분석 결과라는 본질과 이것이 법률의 영역에서 이용되어야 한다는 목적 사이에는 큰 간극이 있으며, 이를 연결하는 것은 매우 중요한 과정이라는 것이다. 따라서 이를 위한 적절한 보고서 포맷을 활용하는 것이 필요하다고 한다[21].

그런데 이러한 견해에 기본적으로는 동의하나, 실무적으로는 단순히 문언상의 표현만으로 설명과 해석이 곤란한 부분이 필연적으로 발생할 수 밖에 없다. 또한 애초에 법적인 목적에 따라 기술적 수단을 통한 방법이라는 점에 비교·분석 과정의 설계 역시 융합적 배경이 매우 중요하다고 볼 수 있다. 따라서 기술적 결과와 법률적 목적의 간극을 교량할 인적 매개자의 존재가 중요하다고 본다. 현재 소송제도에서 다양한 전문가 활용을 위한 제도가 활용되고 있는데, 이들 제도는 기술적 영역과 법률적 영역으로 명확하게 이원화된 상태에서 전자의 영역을 위하여 설계 및 운영되어오고 있다. 생각건대 점차 양자의 영역이 혼합된 중간적인 영역이 등장함에 따라 이에 대한 제도적 개선도 고민해볼 필요가 있을 것으로 본다.

5. 결론

정량적 유사도 계산 과정에 가중치를 산입하는 이유는 정량적 유사도 자체를 실질적 유사성의 판단에 직접적으로 작용하도록 하기 위한 의도에서 이루어지는 것으로 볼 수 있다. 즉 정량적 유사도의 궁극적 표현은 실질적 유사성의 판단과 동일해짐을 향하는 것이다. 그러나 개념적으로 볼 때 이러한 접근법은 적절한 것으로 보기 어렵다.

실질적 유사성의 판단이 양과 질을 고려하여 이루어져야 한다는 것은 결국 최종적인 판단 주체가 양자를 종합적으로 고려해야 함을 의미한 것이다. 복제된 양이 적더라도 복제한 부분이 중요한 부분이라면 실질적 유사성을 인정하여야 할 것이며, 반대의 경우에는 실질적 유사성이 부정될 수 있을 것이다. 그런데 현재의 컴퓨터프로그램저작물에 적용되는 방식은 최종 판단 과정에서 질을 고려하는 것이 아닌, 양적 분석 단계에서 질을 고려하는 형태이므로, 오히려 양적 분석 결과를 다소 자의적으로 흐르도록 만들 수 있고, 최종 판단단계에서 고려되어야 할 질적 중요성 검토를 간과하게 할 우려가 존재하기 때문이다.

이에 양적 분석에 질적 분석이 포섭될 것이 아니라 양적 분석과 질적 분석이 서로 구별되어 이루어져 최종적인 판단에 작용되도록 하는 방법이 적절할 것으로 판단하였다. 물론 최종 판단 주체의 부담이 가중될 수 있겠지만, 저작권법의 개념에 부합하는 방법으로 생각한다.

참고문헌

[1] http://100.daum.net/encyclopedia/view/55XXXXXX4133

[2] Roger E. Schechter & John R. Thomas, Principles of Copyright Law, Thomson Reuters, 2010, p.377

[3] Paul Goldstein, Goldstein on Copyright, Vol. Ⅱ, LexisNexis, 2005, pp.7:28-29

[4] Melville B Nimmer & David Nimmer, Nimmer on Copyright, Volume4, LexisNexis, 2011, p.13-38

[5] 김시열, 컴퓨터프로그램 저작권 유사도론, 세창출판사, 2018, 68-69면

[6] 김시열, "저작권 침해 소송에서 실질적유사성 판단 방식에 관한 고찰(컴퓨터프로그램저작물의 정량적 유사도 산정방식을 중심으로)", 법학논총, 제34집, 2015, 11-15면

[7] 컴퓨터프로그램보호위원회, 2007 SW 감정 워킹그룹 연구 결과보고서, 컴퓨터프로그램보호위원회, 2007, 224면

[8] 이원석, "데이터베이스 유사도 감정 방안에 관한 연구", 2010 저작물 감정연구를 위한 워킹그룹 주제별 연구결과, 한국저작권위원회, 2010, 48면

[9] Robert C. Osterberg · Eric C. Osterberg, Substantial Similarity in Copyright Law, Practising Law Institute New York City, 2005, p.2-24: p.2-28

[10] Newton v. Diamind, 349 F.3d 591, 596-97 (9th Cir. 2003)

[11] Sheldon v. Metro-Goldwyn Pictures Corp., 309 U.S. 390, 402 (1940)

[12] Robert C. Osterberg · Eric C. Osterberg, Substantial Similarity in Copyright Law, Practising Law Institute New York City, 2005, p.2-25

[13] Harper & Row Publishers, 471 U. S. 539

[14] Cybermedia, Inc. v. Symantec Corp., 19 F. Supp. 2d 1070 (N.D. Cal. 1998)

[15] Elsmere Music, Inc. v. Nat'l Broad, Co., 482 F. Supp. 741 (S.D.N.Y.),

aff's, 623 F.2d 252 (2d Cir. 1980)

[16] Melville B Nimmer & David Nimmer, Nimmer on Copyright, Volume4, LexisNexis, 2011, p.13-53: p.13-55

[17] 김시열, "문자적 표현의 정량적 유사도 판단 방식에 관한 비교적 검토", 한국소프트웨어감정평가학회 논문지, vol.11 NO.1, 2015, 17면

[18] 임희석, "어문저작물의 유사도 비교 방안에 관한 고찰", 2009 저작물 감정연구를 위한 워킹그룹 연구 결과보고서, 한국저작권위원회, 2009, 168면

[19] Patrick E. Savage · Charles Cronin · Daniel Müllensiefen · Quentin D. Atkinson, QUANTITATIVE EVALUATION OF MUSIC COPYRIGHT INFRINGEMENT, 2018

[20] Vinod Polpaya Bhattathiripad, FORENSICS OF SOFTWARE COPYRIGHT INFRINGEMENT CRIMES: THE MODERN POSAR TEST JUXTAPOSED WITH THE DATED AFC TEST, JDFSL V9N2, 2014

[21] Vinod Polpaya Bhattathiripad, Judiciary-Friendly Forensics of Software Copyright Infringement, IGI Global, 2014

3. 문자적 표현의 정량적 유사도 판단 방식에 관한 비교적 검토*

김시열

1. 서론

우리나라 저작권 침해 판결에서 해외 주요국가의 판결과 구분되는 주요한 점 중 하나는 유사한 정도를 나타낼 때 구체적인 수치를 이용하여 나타내는 방식을 많이 활용한다는 것이다. 이와 같은 방식은 저작권 침해 여부 판단의 가장 핵심적인 요소인 유사성을 명확하게 나타낸다는 장점이 있는 반면, 수치화 하는 과정에서 발생하는 오류를 완전히 통제하기 어렵다는 단점 역시 분명하다. 우리나라는 이에 모든 저작물 영역에서 수치화된 유사성, 즉 정량적 유사도를 이용하기 보다는 기술적 분야, 특히 소프트웨어 분야를 중심으로 이를 이용하고 있는 현실이다.

그런데 최근 서울중앙지방법원에서 선고된 국어교과서 등에 대한 대상판결은 소프트웨어 분야에 주로 적용되고 있는 정량적 유사도를 어문저작물에 적용하였다는 점에 새로운 시도라 할 수 있다. 물론 기존에 이러한 시

한국소프트웨어감정평가학회 논문지 제11권 제1호, 2015. 6.에 수록된 논문을 일부 보정한 것이다.

4

도가 전혀 없었던 것은 아니었으며, 단순히 면(page) 등을 중심으로 대략의 비율을 제시하는 수준에 그쳤던 사례가 많다. 이와 달리 대상 판결은 비교대상 전체에서 비율을 구체적으로 계산하였다는 점에 특징이 있는 것이다.

이에 본 글에서는 대상판결에서 적용된 정량적 유사도 산정방식을 분석하여 보고 소프트웨어 분야의 방식과 비교하여 그 방식의 평가 및 적절한 도출 방법에 대해 살펴보고자 한다.

2. 대상판결의 분석

2.1. 사실관계

원고는 온라인교육사업을 영위하는 회사로 수능 및 내신 관련 동영상 강의서비스를 제공하고 있다. 한편 피고는 교과서 및 평가문제집을 비롯하여 다양한 서적의 출판업을 영위하는 회사로 본 건의 고등학교 국어 교과서를 출판하고 검정을 받은 바 있다.

피고는 본 건 국어교과서 등의 원저작자 등에게 출판권과 2차적저작물작성권을 양수받아 원고와 피고의 국어교과서 및 평가문제집을 대상으로 출판물 이용허락 계약(2011. 2. 17. – 2012. 2. 29)을 체결하였다. 이후 원고는 2011. 2. 14. – 2011. 11. 19의 기간동안 피고의 국어교과서 및 평가문제집을 이용한 동영상강의콘텐츠를 제작하고 이를 서비스히여 영업적 이익을 얻었다.

2012. 2. 29. 까지의 출판물 이용허락 계약기간이 만료된 이후 원고와 피고는 해당 서적 등의 이용허락을 위해 재계약 협상을 진행하였으나, 의견의 상이함으로 인하여 2012. 5. 2. 자로 재계약 협상은 결렬되었다. 이에 피고는 원고에게 계약이 만료되어 피고의 허락없이 교재를 이용하기 시작한 시점인 2012. 3. 1. 이후부터 현재까지 원고가 이용한 피고의 출판물의

이용료를 지급할 것을 청구하였다. 반면 원고는 원고가 서비스한 동영상강의콘텐츠는 원고의 독자적인 저작물이므로 피고의 출판물에 대한 저작권 침해가 존재하지 않았고, 따라서 피고에 이용료를 지급할 의무가 존재하지 않는다고 항변하였다.

2.2. 원·피고의 주장

양 당사자의 주장을 구체적으로 각각 살펴보면 다음과 같다.

먼저 원고는 피고의 교재를 이용한 행위가 저작권 침해를 성립하지 않으므로 피고에게 채무를 이행할 의무가 없음을 주장하였다. 특히, 서비스한 동영상강의콘텐츠에서 피고의 출판물을 원고가 사용하였다 하더라도 동 강의콘텐츠는 원고 소속 강사의 독창적인 교수법에 의하여 진행되는 것이어서 피고의 출판물과는 구분되는 별도의 저작물에 해당한다고 하였다. 또한 원고가 피고의 출판물을 이용하여 저작권 침해의 소지가 있다고 하더라도 이는 저작권법 제28조(공표된 저작물의 인용) 및 동법 제35조의3(공정이용)에 의하여 피고가 저작재산권의 행사를 제한받게 되는 경우에 해당함을 주장하였다.

반면, 피고는 원고가 출판물 이용허락을 위한 계약기간이 만료된 이후 지속적으로 동영상강의콘텐츠를 제공한 바 있으므로 이러한 행위는 피고의 출판물을 허락없이 이용한 것이어서 해당 기간에 따른 손해배상이 이루어져야 함을 주장하였다.

이러한 점에 따라 본 사안은 크게 두 가지 쟁점이 검토되었다. 첫째는 원고의 동영상강의콘텐츠가 피고의 출판물과 별개로 인정되는 독자적인 저작물로 볼 수 있는지 여부이고, 둘째는 원고의 동영상강의콘텐츠 제공 행위가 저작권법 제28조 및 동법 제35조의5(판결 당시에는 제35조의3이었으나 본 글에서는 이후 개정된 현행 규정인 제35조의5로 표현)에 의하여 면책될 수 있는 행위인지 여부가 그것이다.

2.3. 법원의 판단

첫 번째 쟁점인 원고의 동영상강의콘텐츠가 피고의 출판물과 별개로 인정되는 독자적인 저작물로 볼 수 있는지 여부에 대해 감정의 관점에서 살펴본다.

법원은 먼저 독자적인 저작물 판단기준에 관하여 "원저작물을 기초로 그 표현상의 창작성을 이용하였으나 그에 가하여진 수정, 증감 또는 변경이 일정한 정도를 넘어서서 원저작물의 표현상의 창작성을 감득할 수 없어 원저작물과의 실질적 유사성이 유지되었다고 볼 수 없는 정도에 이를 것"을 명시하며, 원고의 동영상강의콘텐츠의 내용은 피고 출판물과의 실질적 유사성이 유지되는 범위 내에서 이를 수정, 증감 또는 변경한 것에 지나지 않는다고 봄이 타당하다고 판시하였다.

법원은 이러한 결과를 도출하기 위하여 양적인 판단과 질적인 판단을 종합적으로 검토하였으며, 양적인 판단은 그 자체로서의 판단과 함께 질적인 판단의 근거로 작용하였다.

양적인 판단은 첫째, 비교결과 원고 동영상강의와 피고 출판물의 유사율은 14.17%로서 이 부분은 최소 피고 출판물을 그대로 또는 본질적인 변형 없이 사용한 부분임을 확인할 수 있다고 하였다. 이 점은 저작물 감정을 이용한 결과로서 제시되었다. 둘째, 본 건 원고의 동영상강의콘텐츠에서 피고 출판물로부터 인용되는 부분을 제외하면 나머지만으로 고등학교 국어 교과과정에 대한 강의로서 실질적인 가치를 갖지 못한다고 판단하였다.

질적인 판단은 첫째, 강사 나름의 독창적인 표현방법은 인정할 수 있다고 하더라도 강의 자체가 피고 출판물을 토대로 한 것이며, 강의방식도 피고 출판물의 지문 낭독 및 판서 등으로 진행되었다고 판단하였다. 둘째, 국어 교과의 특성상 교과서 또는 문제집의 지문 자체가 중요한 내용이 되고, 해당 강의의 수요자 및 목적 등을 고려하면 피고 출판물과 다른 별개의 것이라 할 수 없다고 판단하였다.

두 번째 쟁점으로 원고의 동영상강의콘텐츠 제공 행위가 저작권법 제28조 및 제35조의5에 의한 면책을 받을 수 있는 행위인지 여부에 대해 살펴본다.

법원은 저작권법 제28조와 관련하여 '정당한 범위'에 이르는 것인지 여부의 판단은 '종합적 고려'와 '주종관계'를 모두 고려하여 판단하여야 함을 명시하였다. 이에 결과적으로는 원고의 행위는 저작권법 제28조에서 정하는 '공표된 저작물을 교육을 위해 정당한 범위 안에서 공정한 관행에 합치되게 인용하는 행위'에 해당하지 않는 것으로 판단하였다. 그리고 저작권법 제35조의5와 관련하여서는 동법 제28조의 판단과정에서 검토한 '종합적 고려' 부분의 검토를 동법 제35조의5에 대한 판단근거로 활용하였다. 이에 저작권법 제35조의5에서 정하고 있는 저작물의 공정한 이용에 원고의 행위가 해당하지 않는 것으로 판단하였다.

그 외에도 손해배상채무의 존재 및 손해의 규모 등에 대하여 논의가 있었으나 저작물에 대한 감정과는 큰 연관이 없으므로 본 글에서는 따로 살펴보지 않는다.

2.4. 정량적 유사도의 적용

본 건 판결에서 법원은 "이 사건 동영상 강의에 대한 속기록을 기준으로, 각 강의에서 피고 교재와 유사한 음절 수를 해당 강의에 포함된 전체 음절

수로 나눈 값을 토대로 산정한 이 사건 동영상 강의와 피고 교재의 유사율은 14.17%(=유사 음절 수 합계 141,594개 / 전체 음절 수 998,580개 × 100, 소수점 둘째 자리 미만 버림)에 이르는바, 위의 유사한 음절이 모두 피고 교재만의 창작성이 인정되는 부분에 대한 것이라고 볼 수는 없다고 하더라도, 적어도 위 유사한 음절 부분은 이 사건 동영상 강의에서 피고 교재를 그대로 또는 본질적인 변형 없이 사용한 부분에 해당한다고 봄이 상당하다."라고 판시하였다.

특히 음절 수를 기준으로 하여 정량적 유사도를 산정한 기준에 대해서도 이를 적절한 방식으로서 인정하고 있다. 아울러 유사하지만 유사한 것으로 인정할 수 없는 음절로는 감정결과와 동일하게 ① 제목에 대한 언급은 단순히 교재의 제목을 지시하기 위해 언급한 것이 아니라 특정한 의미를 전달하기 위해 사용된 경우에만 유사성 판단대상에 포함, ② 강의의 지점, 즉 수강생들에게 강의하고 있는 교재의 지점을 알려주기 위해 지문의 첫 단어 등을 읽는 것은 유사성 판단대상에서 제외, ③ 강사의 습관 중 문장을 읽을 때 첫 단어 등을 한두 차례 반복하는 경향이 있는 경우에는 그 반복이 특정한 의미를 전달하기 위해 반복한 것으로 보이는 경우에만 유사성 판단대상에 포함, ④ 피고 교재의 텍스트에 기초하였으나 강사의 발언이 피고 교재 내 본래의 구문과 현저히 다르게 나타난 경우에는 유사성 판단대상에서 제외, ⑤ 특정 부분이 아이디어의 차용에 해당하는 경우 이를 유사성 판단대상에서 제외한다고 명시하였다.

유사도 계산의 기준이 되는 음절의 개수를 계산함에 있어서도 감정에서 위의 기준을 적용하여 제시한 개수를 인용하였다.

이처럼 본 건에서 보는 바와 같이 문제해결의 핵심적 사항으로 정량적 유사도를 활용하고 있음을 알 수 있다. 그런데 사실 소프트웨어 분야에서는 이러한 정량적 유사도의 산정이 오랫동안 재판 및 감정에서 활용되어오고 있어 나름의 기준과 방식이 정립되어 왔다. 반면 대상 사건과 같은 어문저작물 등의 일반저작물에 대한 저작권 침해 분쟁에서는 저작물의 특성상 정량적 유사도를 산정하여 이를 문제해결에 활용한다는 것이 매우 어려워 거의 활용되고 있지 않았던 것이 현실이다. 이러한 점을 고려할 때, 대상 사건에서 어문저작물을 대상으로 정량적 유사도를 도출하여 이를 분쟁해결에 활용하고자 한 것은 흥미로운 시도라 생각한다.

하지만 앞서 언급한 바와 같이 소프트웨어 분야가 아닌 어문저작물 등의 영역에서 정량적 유사도를 도출한 사례가 많지 않으므로 이와 같은 정량적 유사도를 산정하는 방식을 도출함에 있어서 고려하여야 할 사항에 대한 검토가 선행될 필요가 있다.

2.5. 실질적 유사성과 정량적 유사도의 관계

실질적 유사성의 인정 유무를 판단하기 위해서는 저작권법에 의하여 보호받는 창작적 표현을 대비하여 그 유사한 정도가 실질적인지 여부를 판단하여야 한다. 이 과정에서 정량적 유사도가 갖는 역할 및 기능에 대해 간단하게 검토할 필요가 있는데, 이는 그 성격이 명확히 정립되어야 유사도 산정방식을 정하는데 기준이 될 수 있기 때문이다.

정량적 유사도는 실제의 유사한 정도를 일정한 공식을 활용하여 수치(비율)로서 제시하는 것을 의미한다. 즉, 공식의 내용 및 대입되는 값의 차이에 따라 그 수치적 결과는 상이할 수 있다. 결국 어떠한 방식을 적용하느냐에 따라 결과가 달라질 수 있는데, 실제로는 절대적인 유사한 정도가 존재하는 것이라는 점에 정량적 유사도는 최대한 절대적 유사성에 근접할 수 있는 최적의 값을 도출하는 방식을 기준으로 삼아야 한다는 특성이 부여되는 것이다. '실질적 유사성 = 정량적 유사도'의 개념은 아니지만, 실질적 유사의 정도를 수치로 최대한 가깝게 표현할 수 있도록 하는 기계적 접근이 이루어져야 하는 것이다. 다만, 이때 질적인 부분이 깊이 고려될 필요는 없다고 생각한다.

따라서 정량적 유사도를 산정함에 있어서는 저작권법이 정하고 있는 보호의 대상 부분 등 법가치적 판단이 필요한 범주와 기계적 관점에서 실제의 근사치를 도출하는 범주와의 적절한 조화가 이루어져야 한다.

3. 정량적 유사도 산정방식 설정의 검토

3.1. 개괄

정량적 유사도를 산정하는 방식을 정립하기 위해서 고려하여야 할 사항을 소프트웨어의 경우를 참고하여 생각해본 결과 크게 세 가지로 고려해볼 수 있다.

첫째는 유사도를 계산하기 위한 대상의 단위를 어떻게 정할 것인지에 대한 문제이다. 소프트웨어의 경우에 비추어 보면 소스코드의 줄(line) 단위를 기준으로 계산할 것인지, 토큰(token) 단위를 기준으로 계산할 것인지 등에 대한 문제로서 어떤 방식을 택하느냐에 따라 최종적인 결과값에 차이를 가져오게 된다.

둘째는 유사성의 인정범위를 어디까지 또한 이렇게 판단할 깃인지에 대한 문제이다. 저작권법에서 유사하다는 개념은 관념적인 것이어서 관념적인 수준의 판단을 기술적 수준의 계산방식으로 어떻게 반영할 수 있는지에 대한 문제이다. 이는 저작권 및 지식재산권 체계에 특화된 개념에 해당한다.

셋째는 유사도, 즉 비율을 산정하기 위한 기준을 어떻게 정할 것인지에 대한 문제이다. 소프트웨어의 경우에는 원본기준방식 및 비교본기준방식으로 논의되는 것으로서 산술계산시 분모 및 분자를 어떻게 두느냐에 따라 최종적인 결과값에 차이를 가져오게 된다.

그 외에 환경적 문제 및 분석대상 자료의 한계, 기술적 도구의 적용가능 여부 등의 문제도 존재한다.

이하에서는 이러한 사항에 대하여 소프트웨어 분야에서의 정량적 유사도 산정방식과의 비교를 통하여 세부적인 검토를 하도록 한다.

3.2. 유사도 계산 단위의 문제

소프트웨어 분야의 경우 정량적 유사도를 산정하기 위한 명시적이고 통일적 기준이 별도로 존재하는 것은 아니지만 한 예를 들면 실무적으로 유사도 비교분석 도구인 exEyes를 이용하여 소스코드를 비교분석 할 때 줄(line) 단위의 유사도를 산정하도록 설계 및 적용되고 있다. 구체적으로는 비교대상 파일에서 의미없는 공백을 제거하고, 소스코드를 줄 단위로 병합 또는 분리한 후 어절(token)로 파싱하는 과정으로 진행하고 있다.

이를 어문저작물 및 본 건 사안과 같이 동영상강의콘텐츠에 대해 살펴본다. 일단 유사한 정도를 계산할 수 있는 계산단위는 줄(line) 단위 비교, 어절(token) 단위 비교, 음절 단위 비교 정도가 가능하다. 본 건에서는 세 번째 음절 단위를 기준으로 적용하였다.

먼저 줄 단위 비교는 동영상강의콘텐츠 자체에 대한 비교분석이 아니라, 비교분석 대상을 속기록과 같은 문서에 표기함으로써 그에 한정함에 따라 비로소 가능한 것인데, 속기록 등 문서에서의 '줄'이라는 것은 저작물의 본질적 특성이 포함되었다기보다는 무의미적으로 물리적인 지면의 한계에 의해 타인의 행위로 표현된 것이고, 강사의 말이 표현의 핵심인 본 건 동영상 강의콘텐츠의 경우 표현의 단위를 줄로 삼았을 때 발생하는 유사도의 오차가 매우 클 수 밖에 없으므로 적절하지 않은 것으로 판단될 수 있다. 둘째 어절 단위 비교는 줄 단위의 비교보다 오차범위가 적다는 장점은 있으나 사용하는 어절의 길이에 따라 유사도의 결과값에 차이가 발생할 수 있으므로 유사도의 정확한 산정이 이루어질 수 있다고 보기는 어렵다고 보인다. 셋째 음절 단위 비교는 발음에 기초한 단위로서 음의 한 마디이므로 말 소리라는 표현수단에 비추어 가장 작은 단위의 유의미한 표현으로 볼 수 있으며, 표현의 단위가 글자로 나타난 어문저작물이 아닌 강사의 '말'이라는 점을 고려할 때 유사도 산정을 위한 비교대상 단위로 가장 적절한 것으로 생각되어 본 건 판결에서의 판단에 동의한다.

다만, 현재 우리나라는 한글 등으로 이루어진 어문저작물 분야에서 소프트웨어 분야에서의 exEyes와 같은 자동화 비교분석 도구가 존재하지 않으므로 대량의 분석대상이 존재하는 경우 이를 계산하는데 물리적인 어려움이 존재한다는 한계가 있다.

3.3. 유사도 인정범위 설정 문제

소프트웨어 분야의 경우 앞에서와 마찬가지로 실무적으로 유사도 비교분석 도구인 exEyes를 이용하여 소스코드를 비교분석 할 때 유사라인 및 인접블럭에 대한 임계치를 설정하여 적용하고 있다. 유사라인설정 임계치란 하나의 라인에서 동일한 정도가 어느 수준이면 유사한 것으로 인정할 것인지를 정하는 옵션이다. 예를 들어 유사라인설정 임계치를 70%로 설정한다면, 한 라인의 토큰 수가 10개일 때 7개 이상의 토큰이 일치하는 경우에 해당 라인을 유사한 라인으로 인정하게 되는 것이다. 또한 인접블럭 임계치는 동일 또는 유사한 라인이 연속적으로 몇 라인 이상이 되어야 유사(동일 포함)하다고 판단할 것인지를 정하는 옵션이다. 예를 들어 인접블럭 임계치가 3인 경우 동일 또는 유사한 라인이 연속적으로 3라인 이상이 되어야 유사(동일 포함)하다고 판단하는 것이다. 이처럼 소프트웨어 분야에서는 exEyes를 이용함에 있어서 유사라인설정 임계치는 70%, 인접블럭 임계치는 3으로 설정하는 것이 일반적인 기준이고, 이는 경험적 판단으로 도출된 것이다.

이를 어문저작물 및 본 건 사안과 같이 동영상강의콘텐츠에 대해 살펴본다. 본 건 사안에서 유사한 부분을 특정하는 데는 주로 텍스트 형태로 표현되어 있는 구문 등을 강의 과정에서 차용함에 있어 완전히 동일한 경우 뿐만 아니라 그 표현의 일부가 달리 차용된 경우에도 화자의 의도, 내용 전달상의 의미, 청자의 내용인식 등을 종합적으로 고려하여 판단하였다. 특히 강사의 강의내용에 있어서 교재의 내용을 차용하는 것이 아니라 해당 내용을 자신의 아이디어를 가지고 설명하는 것은 아이디어에 대한 이용으로 이용한 것으로 보여진다.

판결에서도 간단히 언급된 바 있으나 구체적인 상황에서의 판단 기준을 더 검토해보면 다음과 같다. 첫째, 강사의 언급 중 제목을 언급하는 것은 원칙적으로 유사한 것으로 판단되는 대상에서 제외하여야 한다. 다만 예외적으로 제목을 단순히 언급하는 것이 아니라 문맥상 제목의 언급이 특정의 의미를 전달하기 위한 경우에는 단순히 보호받지 못하는 표현으로 보기에는 적절하지 않다고 생각된다. 둘째, 강사가 지문에서 설명하기 위한 지점을 수강생들에게 알려주기 위해 극히 약간의 지문을 읽는 행위는 보호받는 표현을 무단으로 이용한 것으로 보기에는 적절하지 않다고 생각된다. 이는 지문을 복제, 공연 등을 하는 것으로 보기 보다는 지점을 알려주기 위해 표현할 수 있는 방법이 극히 제한되었다는 점을 고려하여야 할 것이다. 다만, 위치의 지점을 알려주는 목적을 벗어나서 지문을 읽는 것은 유사한 부분에서 제외할 수 없을 것이다. 셋째, 강사의 습관으로 인하여 극히 일부분의 반목이 발생하는 경우에도 해당 부분까지 유사한 부분으로 포함시키기 부적절한 것으로 생각된다. 본 사안의 경우에도 강사가 문장의 첫 단어를 반복하여 읽는 패턴이 있는데, 이러한 경우까지 유사한 범주로 포함시키는 것이 저작권법의 목적에 비추어 적절할 것인지를 고려할 때 이는 제외하는 것이 타당할 것으로 판단되었다.

다만, 여러 가지 상황에 대해 각각 유사한 부분에서 제외하는 등 예외를 인정하고 있으나 이 역시 관념적, 주관적 판단이 필요한 부분이어서 소프트웨어의 경우와 같이 기술적 방식으로 전환하여 비교의 효율성을 확보하기가 간단하지 않다는 한계가 존재한다.

3.4. 비율산정의 기준 문제

소프트웨어 분야에서는 상당한 경우 원본기준 유사도의 제시를 원칙으로 하고 있으며, 예외적으로 비교본기준 유사도를 함께 제시하고 있다. 즉, 피침해자의 컴퓨터프로그램의 얼마나 많은 부분이 침해자에 의하여 도용되었는지를 판단하기 위한 것이다. 원본기준 유사도는 원본의 얼마나 많은 부분이 복제되었는지를 기준으로 하는 유사도 산정방식이고, 비교본기준 유사도는 비교본의 얼마나 많은 부분이 원본으로부터 복제된 것인지를 기준으로 하는 유사도 산정방식이다. 어떠한 방식이 저작권법의 목적에 비추어 타당한 것인지에 대해서는 다소 논란이 존재하고 있는 상황이다.

이러한 유사도 산정을 위한 기준, 특히 분모와 분자를 정하게 되는 기준은 최종적인 유사도 수치에 큰 영향을 미친다는 점에 가장 중요한 요소라 할 수 있다. 비교대상의 규모차이가 크지 않다면 어느 쪽의 기준을 적용하더라도 큰 차이가 발생하지 않겠지만, 비교대상 규모에 차이가 있다면 어느 기준을 택하느냐는 분쟁 양 당사자에 있어서는 매우 중요한 문제라 할 수 있다.

이를 어문저작물 및 본 건 사안과 같이 동영상강의콘텐츠에 대해 살펴본다. 판결에서는 원고가 피고의 출판물을 이용하여 강의라는 2차적저작물을 만드는데 피고의 출판물이 얼마나 이용되었으며, 그 경우 원고의 독자적인 저작물이라 할 수 있겠는지, 또한 그러한 이용행위로 인하여 피고가 받아야 하는 이용료를 얼마만큼 지급하지 않아 손해를 끼쳤는지 등을 판단하는 것이 본 재판의 목적임을 고려하여 비교본기준 유사도 산정방식을 채택하였다. 즉, 유사도의 산정은 원고의 강의에서 피고 출판물이 얼마나 이용되었는지를 원고의 강의에서 피고 출판물의 내용과 실질적으로 유사한 정도가 얼마나 되는지를 판단한 것이다. 이에 유사한 비율(유사도)은 원고 강의 속기록을 기준으로 각 강좌당 실질적으로 유사한 것으로 판단된 구문의 음절 수를 해당 강좌에 포함된 전체 음절수로 나눈 값에 100을 곱한 값으로 산정한 바 있다.

침해자의 작품이 피침해자의 저작물을 상당히 이용하여 실질적인 정도에 이른다면 실질적 유사성의 요건을 충족한다는 점, 특정 부분을 반복적으로 이용하는 경우 피침해자의 권리가 적절히 보호되기 어렵다는 점, 저작권 침해에 대한 주된 구제수단인 손해배상액 산정의 용이성 등을 고려할 때 비교본기준을 채택한 법원의 판단은 적절하다고 생각된다. 한편, 보완적으로 원본기준 유사도 산정방식이 갖는 의의가 분명 존재하므로 실무적으로는 이 두 가지 기준에 의한 결과를 함께 제시하는 것도 필요할 것으로 생각된다.

다만, 소프트웨어의 경우와 달리 서적이 대상이 되는 어문저작물 관련 저작권 분쟁에서 실무적으로 인쇄된 활자가 아닌 기술적 방식으로 유사도를 계산하기 위한 전제인 어문저작물의 표현이 전자적 방식으로 존재하는 경우가 거의 드물다. 따라서 인쇄된 활자를 대상으로 약 100만 개 가량의 음절 개수를 센다는 것이 쉽지 않으며, 앞서의 경우와 같이 기술적 관점의 판단과 의미적 관점의 판단 사이에 딜레마가 존재하는 것이 한계로 작용한다고 생각된다.

4. 시사점

소프트웨어 분야에 중점적으로 적용되던 실질적 유사성 판단을 위한 정량적 유사도의 산출이 어문저작물 분야에 까지 확대되어 적용되고, 그 방식에 있어 기존의 소프트웨어 부분의 것을 상당 부분 차용한 점은 다음과 같은 사항을 시사한다.

첫째, 유사도 산정방식이 현재 기술적 관점에서 정립되어 있는데, 이러한 방식이 갖는 법(저작권법 등)적인 의미를 검토해보고, 기술적 관점과 법적 관점에 간극이 존재한다면 양자를 조화롭게 고려한 유사도 산정방식의 재정립이 필요하다. 지금까지는 특정한 분야의 기술적 영역으로 다루어지던 정량적 유사도 산출이 점차 저작권 침해 분쟁의 전 영역에서 활용되기 시작하면서 특정 분야의 그늘에 가려있던 법적인 고려의 노력이 점차 중요해지기 시작한다고 볼 수 있다. 이에 주요 검토대상으로는 비교 기준에 대한 문제, 적절한 임계치 설정에 대한 문제 및 비율산정 방식에 대한 문제 등 앞서 살펴본 다양한 문제들에 대해 법적인 관점에서도 그 적정한 기준을 고려하여야 할 것이다. 또한 분쟁 사안의 목적 및 내용에 따라 법원이 요구하는 '유사성' 개념에는 분명 차이가 존재한다. 이에 감정 실무적으로는 '유사성 = 실질적 유사성'으로 볼 것이 아니라 구체적인 사안의 검토를 통하여 법원이 요구하는 사항이 무엇인지 그 의미를 파악하고 적절히 대응하는 것이 요구된다 하겠다. 또한 일부의 경우 법적 고려에 있어서 우리 법에서 인정하는 것과 외국 등의 학설에서 주장되는 것을 구분하여, 우리나라의 판례 및 통설적 견해를 중심으로 보수적으로 판단하는 것이 적절할 것이며, 외국의 이론 등을 무리하게 적용하는 것은 적절하지 않다고 생각된다.

둘째, 감정사건에서 적용한 정량적 유사도 산정방식을 세분화 및 유형화하여 표준화된 산정방식을 정립함으로써 감정방식 및 결과의 표준화를 도모하는 것이 필요하다. 이를 위해 (사)한국소프트웨어감정평가학회 등에서 표준화에 대한 기준을 도출하는 작업을 수행하는 것도 가능할 것으로 생각되며, 해당 학회의 연구범위를 소프트웨어 뿐만 아니라 감정 전 영역으로 확대해보는 것도 의미있을 것으로 생각된다. 아울러 학회 등을 중심으로 감정의 표준화를 자체적으로 도모하는 것도 필요할 것으로 보이며, 기존 감정인과 신규 감정인의 학회를 매개로 한 암묵지 교류의 활성화 역시 중요하다고 생각한다.

셋째, 감정에 적용된 분석방식에 대한 법원과의 지속적인 피드백이 이루어져야 하며, 이를 위해 감정결과와 판결과의 비교분석이 지속적으로 이루어지고 관련 정보가 공유되어야 한다. 다만, 감정결과의 비밀성 등으로 인한 공유가 어렵다면, 감정기관에서 해당 정보를 분석하여 그 분석사항을 정기적으로 제공하여 주는 방안도 적절할 것으로 생각된다. 유사도 산출방식 등의 감정기법의 발전은 특정인의 노력으로 가능하다기 보다는 그간 축적된 다양한 정보와 전문가들의 지속적인 의견교류를 통하여 도출할 합의점이라 생각하기 때문이다.

참고문헌

[1] 김시열, 저작물 감정제도의 효과 및 개선방안 연구, 2013

[2] 김시열, "컴퓨터프로그램의 실질적 유사성 판단을 위한 정량적 분석에 관한 연구", 지식재산연구, 제6권제4호(2011. 12)

[3] Goldstein, Goldstein on Copyright, 3rd vol.2, 2012

[4] Robert C. Osterberg, Eric C. Osterberg, Substantial Similarity in Copyright Law, 2005

제2장

소프트웨어 저작권 감정의 기술

1. 소스코드 유사도 측정 도구의 성능에 관한 비교연구*

대표저자 : 조성제

1. 서론

양질의 소프트웨어를 개발하기 위해서는, 전문 인력들이 투입되어 요구사항 분석, 설계, 구현, 테스팅, 유지보수 등의 개발주기를 반영하여야 하며, 이를 위해서는 많은 시간과 비용이 소요된다. 또한, 회사나 기관의 업무 처리가 소프트웨어로 처리되므로, 소프트웨어에는 핵심 알고리즘 등의 지적재산권과 회사의 영업비밀 정보가 포함되기도 한다. 이처럼, 소프트웨어 가치는 매우 높다고 할 수 있다. 소프트웨어 가치가 증대되면서, 적은 비용으로 개발시간 단축, 시스템의 복잡성 증대, 개발자 부족 등의 이유로 소프트웨어를 임의로 복제하거나 표절하여 불법 사용하는 경우가 많이 발생하고 있다.

2017년 3월 21일자 Revulytics의 소프트웨어 불법복제와 라이선스 오용 관련 보고서에 따르면, 불법 복제된 또는 라이선스가 없는 소프트웨어를 사용하는 국가 1위는 중국, 2위는 미국, 3위는 이란, 4위는 러시아, 5

* 한국소프트웨어감정평가학회 논문지 제13권 제1호, 2017. 6.에 수록된 논문을 일부 보정한 것이다.

위가 인도이다. 한국은 10위로 2015년에 비해 4단계 상승하였다. 또한, BSA|The Software Alliance의 BSA Global Software Survey (May 2016)에 따르면, 2015년 전 세계 컴퓨터에 설치된 소프트웨어 중 39%가 라이선스 없이 무단으로 사용되고 있다.

한국저작권위원회의 정보자료(저작권통계 중 저작권 분쟁조정 자료)에 의하면, 어문/음악/미술/영상 저작물에 비해 컴퓨터프로그램의 분쟁조정 건이 많다. 일부 학생들도 프로그래밍 언어 관련 학습 과제물을 수행하면서 표절 행위를 하고 있다고 보고되고 있다. 이처럼, 소프트웨어 표절이나 라이선스 위배로 인한 피해가 심각하다.

소프트웨어 표절의 경우, 그 유형이 다양하고 소스코드 표절 범위도 프로그램의 전체 또는 일부일 수 있다. 규모가 작은 소프트웨어 경우, 개발자나 전문가가 수작업으로 표절이나 복제 여부를 판단할 수 있지만, 규모가 큰 소프트웨어의 경우 수작업으로 표절 여부를 판단하는 것이 매우 어렵다. 이에 자동화된 코드 표절 검사 도구들이 개발되어 사용되고 있다. 대표적인 도구로는 JPlag[1][2], exEyes[3], MOSS(Measure of Software Similarity)[4][5] 등이 있다.

본 논문에서는 자바 프로그램들을 대상으로 두 표절 탐지 도구인 JPlag와 exEyes의 성능을 비교 분석한다. 코드 클론(code clone)들의 유형을 정리하고, 소스코드 클론 탐지 방법을 평가하는데 사용되는 벤치마크에 대해 기술한다. 본 논문에서는 표절팀지 도구의 성능을 평가하기 위해 BigCloneBench[6][7]라는 벤치마크를 사용한다.

본 논문의 구성은 다음과 같다. 2장에서는 코드 클론의 대표적인 유형 4가지에 대해 설명하고, 3장에서는 관련 연구에 대해 간단히 기술한다. 4장에서는 소스코드들의 유사도 측정 도구인 JPlag와 exEyes의 개요에 대해 설명한다. 5장에서는 BigCloneBench라는 벤치마크 기반의 실험을 통해 두 도구의 성능을 확인한다. 마지막으로 6장에서는 결론을 맺고 향후 연구 방향에 대해 설명한다.

2. 코드 클론의 유형

본 논문에서 코드 클론(code clone)[6][8][9], 또는 동일 코드 조각 (identical code snippets)은 두 개의 소스코드 내에 존재하는 일치하거나 유사한 코드 조각(code fragment)을 말한다. Roy 등[8], Bellon 등[9], Rattan 등[15]은 코드 클론을 다음과 같이 4가지 유형으로 정의하고 있다.

2.1. 클론 유형 1

주석의 내용 및 위치, 공백문자(탭, 줄 바꿈, 스페이스 등), 레이아웃을 제외하고 모두 일치하는 코드 조각을 나타낸다. Exact clone으로 널리 알려져 있다. 전형적인 라인 단위의 검사 기법은 레이아웃에 변화가 있는 클론을 탐지하지 못할 수도 있다. 유형 1의 클론을 exact clones이라고도 한다.

[클론 유형 1] [8]

Original code segment	Copy clone

if (a >= b) {
  c = d + b; //Comment 1
  d = d + 1; }
else
  c = d − a; //Comment 2
	if (a >=b) {
	  //Comment1'
	  c=d+b;
	  d=d+1; }
	else //Comment2'
	  c=d−a;

2.2. 클론 유형 2

사용자 정의 식별자(변수/상수/클래스/메소드 이름 등), 타입과 레이아웃, 주석, 표현식의 변경을 제외하고 모두 일치하는 코드 조각을 의미한다. 예약어(reserved words)와 문장 구조는 동일하다. 아래 표를 보면, 변수 이름과 값 할당 등에서 변경이 있지만, 구문 구조(syntactic structure)는 여전히 비슷하다. 유형 2의 클론을 renamed/parameterized clones이라고도 한다.

[클론 유형 2] [8]

원본 코드 조각
(Original)
	if (a >= b) {
	  c = d + b; // Comment1
	  d = d + 1;}
	else
	  c = d − a; //Comment2

Copy clone	if (m >= n)
	{ // Comment1'
	  y = x + n;
	  x = x + 5;//Comment3
	} else
	  y = x − m; //Comment2'

2.3. 클론 유형 3

함수의 매개변수 변경, 문장 변경(줄의 삽입/삭제/수정) 등과 같이 코드(또는 문장)가 일부 추가되거나 제거된 경우를 말한다. 아래 표를 보면, "e = 1"이라는 문장이 추가되었다.

[첫 번째 클론 유형 3] [8]

원본 코드 조각 (Original)	if (a >= b) {
	 c = d + b; // Comment1
	 d = d + 1;}
	 else
	 c = d − a; //Comment2

Copy clone	if (a >= b) {
	 c = d + b; // Comment1
	 e = 1; // This statement is added
	 d = d + 1; }
	 else c = d − a; //Comment2

또 다른 유형 3의 클론이 아래 표에 나타나 있으며, 두 코드 조각의 차이점이 그 다음 표에 나타나 있다. 첫 번째 줄에 삽입된 단어(synchronized)를 제외하고는 클론 유형 2라고 볼 수 있다. 유형 3의 클론을 near miss clones이라고도 한다.

[두 번째 클론 유형 3] [8]

원본	public int getSoLinger() throws SocketException{
	 Object o =
	 impl.getOption(SocketOptions.SO_LINGER);
	 if (o instanceof Integer) {
	 return((Integer) o).intValue();
	 }
	 else return −1;
	 }

코드 클론	public synchronized int getSoTimeout()
	 throws SocketException{
	 Object o =
	 impl.getOption(SocketOptions.SO_TIMEOUT);
	 if (o instanceof Integer) {
	 return((Integer) o).intValue();
	 }
	 else return −0;
	 }

[두 코드 조각의 차이점] [8]

원본	코드 클론	상태
ε	synchronized	Insertion
⟨getSoLinger⟩	⟨getSoTimeout⟩	Replacement
⟨SO_LINGER ⟩	⟨SO_TIMEOUT⟩	Replacement
⟨−1⟩	⟨−0⟩	Replacement

2.4. 클론 유형 4

같은 계산을 수행하지만 다른 구문적 변형(syntactic variants, 구문 변형)을 통해서 구현될 수 있는 두 개 이상의 코드 조각을 말한다. 이는 두 개 이상의 코드 조각들 사이에 의미적 유사성(semantic similarity)을 있는 경우이다. 유형 4에서는 클론 조각이 원본 조각으로부터 복제되었음을 의미하지 않을 수 있다. 두 코드 조각은 두 명의 다른 프로그래머에 의해 개발될 수도 있다. 기능성 유사성(functional similarity)은 컴포넌트들이 비슷하게 동작하는 정도를 반영한다.

아래 표의 원본에서 j의 최종 값은 변수 VALUE의 계승 값(factorial value)이다. 아래 표의 두 코드 조각은 의미론적면에서 기능이 유사하다. 유형 4의 클론을 semantic clones이라고도 한다.

[클론 유형 4] [8]

원본	코드 클론
반복문을 이용한 factorial 구현	재귀함수를 이용한 factorial 구현

`int i, j=1;`
`for (i=1; i<=VALUE; i++)`
`  j=j*i;`
	`int factorial(int n) {`
	`  if (n == 0) return 1 ;`
	`  else return n * factorial(n−1) ;`
	`}`

67

2.5. 코드 클론 정리

코드 클론 유형 1~3은 원문/본문 유사성(textual similarity)을 나타내고, 유형 4는 기능적 유사성(functional similarity)을 나타낸다. 유형 4를 의미론적 클론(semantic clones)이라고도 한다. 이러한 클론 유형은 유형 1로부터 유형 4로 갈수록 교묘함(중요한 세부 요소)이 증대되며, 유형 4로 갈수록 클론 탐지가 복잡하다는 것을 의미한다. 특히, 유형 4의 경우 프로그램 구성이나 소프트웨어 설계에 대한 배경지식이 많더라도 탐지가 어렵다.

이 외에도, 구조적 클론(structural clone: 아키텍처 수준에서 설계와 분석 시에 나타나는 상호 연관된 패턴으로, 유지보수에 도움을 주는 설계 단계의 유사성을 반영), 함수 클론(function clone: 함수/메소드 또는 프로시저 규모의 클론), 모델 기반 클론(model based clone: 시스템 개발을 위한 핵심 산출물로 그래픽 언어가 코드를 대체하고 있는데, 모델에서의 예상치 못한 중첩이나 중복을 의미) 등이 있다.

3. 관련 연구

Bellon 등[9]은 클론 탐지 도구들을 평가하기 위한 벤치마크로 Bellon reference corpus를 제안하였다. Bellon reference corpus는, 8개의 주제 시스템(subject systems, 코드 클론 탐지 기법의 검증을 위해 사용되는 시스템을 주제 시스템(subject system)이라고 한다. 연구자들은 동일 시스템 상에서 연구를 수행하여 결과를 더 의미 있게 상호 비교한다.)에 대해 6개의 클론 탐지 도구들의 결과를 분석하여 수작업으로 구축한 클론들의 모임이다[10]. 8개의 주제 시스템은 C로 작성된 4개 프로그램들(weltab, cook, snns, postgresql) 및 Java로 작성된 4개 프로그램들 (netbeans-javadoc, eclipse-ant, eclipse-jdtcore, j2sdk 1.4.0-javax-swing)이며, 사용된 6가지 도구는 Dup, CloneDR, CCFinder, Duplix, CLAN, Duploc이다. Reference corpus에는 문자열기반/토큰기반/트리기반/계량치기반/의존그 래프기반 클론 등이 포함되어 있다. Bellon reference corpus의 문제점은, 사용된 클론 탐지 도구들이 탐지할 수 있는 클론들만을 포함하고 있다는 것이다[6]. 즉, 사용된 탐지 도구들이 탐지하지 못한 코드 클론을 제공하지 못해, 재현율(recall)에서 과대평가될 수 있다. 또한 Bellon의 벤치마크는 특정한 코드 조각에 대해 매우 적은 수의 클론을 제공한다.

최성하 등[3][10]은 클론 탐지 도구들을 평가하기 위해 Bellon reference corpus를 사용하였다. [3]에서는 Bellon reference corpus를 사용하여 exEyes의 성능을 평가하였다. 성능 평가 지표로는 재현율(recall)과 정확도(precision)를 사용하였다.

$$정확도 = \frac{도구가\ 탐지한\ 클론\ 중\ 정확한\ 클론의\ 개수}{도구가\ 클론이라고\ 탐지한\ 코드의\ 총\ 개수}$$

$$재현율 = \frac{Reference\ Corpus\ 클론\ 중\ 도구가\ 탐지한\ 실제\ 클론의\ 개수}{Bellon\ Reference\ Corpus\ 클론의\ 총\ 개수}$$

[3]에서 exEyes이 성능 평가 결과, 재현율은 173/898 = 19.3%, 정획도는 779/781 = 99.7% 로 나타났다. 세부적인 실험 결과가 아래 표에 나타나 있으며, 재현율이 낮게 측정되었음을 알 수 있다. [3]에서는 벤치마크로 BigCloneBench를 사용하지 않았으며, JPlag 도구에 대한 성능을 평가하지 않았다.

[Bellon reference corpus를 사용한 exEyes v4.1의 실험 결과] [3]

구분	JScrollBar.java	JTable.java	JToolBar.java	JTree.java
JList.java	재현율: 4/7 정확도: 34/34	재현율: 34/299 정확도: 157/157	재현율: 3/4 정확도: 45/45	재현율: 30/258 정확도: 171/173
JScrollBar.java	–	재현율: 2/2 정확도: 29/29	재현율: 3/3 정확도: 18/18	재현율: 0/1 정확도: 22/22
JTable.java	–	–	재현율: 1/2 정확도: 12/12	재현율: 95/321 정확도: 279/279
JToolBar.java	–	–	–	재현율: 1/1 정확도: 12/12

[10]에서는 클론 유형 1과 2에 대해 Bellon reference corpus의 일부 문제점을 보정하였다. 즉, 잘못된 클론 유형으로 ① 클론의 범위가 부족한 클론, ② 클론을 포함하는 클론, ③ 잘못 탐지된 클론을 제시하였다. Bellon reference corpus에서 실제 클론보다 작은 범위의 클론만 포함되어 있는 경우, 실제 클론을 탐지했는데도 클론을 탐지하지 못한 것으로 처리될 수 있어 실제보다 재현율이 떨어질 수 있다. 보정을 통해, postgresql과 eclipse-ant에서 각각 2,410개, 48개의 잘못된 클론을 보정하였다.

Svajlenko 등은 Bellon reference corpus보다 많은 코드 클론을 제공하는 BigCloneBench[6] 및 Big Clone Eval[11]을 제안하였다. BigCloneBench는 IJaDataset 2.0 (25000 subject system, 365MLOC)라는 big data inter-project repository로부터 발굴한(mined) 진짜 클론(true clone)과 가짜 클론(false clone)들의 벤치마크다. 클론 탐지기를 사용하지 않고, 자주 구현되는 기능(functionality)들의 클론들을 수집하기 위해 IJaDataset을 마이닝하였다. 실제 대상 기능(target functionality)을 구현하는 코드 조각(code snippets)을 자동으로 식별하기 위해 탐색 휴리스틱(search heuristics)을 사용하였다. 후보 조각은 감정가(judge)의 수작업에 의해 대상 기능에 true positive 또는 false positive로 태그를 붙이고, 구문적 유사성(syntactical similarity)을 측정하였다.

4. 소프트웨어 유사도 측정도구

코드 클론은 실제 프로그램 개발에 유용하게 사용될 수도 있고, 또한 타인의 코드를 불법 도용될 수도 있다. 이에, CCFinder, CloneDR, Covet 등의 클론 탐지 도구들[15]도 있고, JPlag, MOSS, exEyes 등의 표절 탐지 도구들도 있다. 본 논문에서는 표절 탐지기인 JPlag와 exEyes에 대해서만 다룬다.

4.1. JPlag v2.11.9 [1][2][12][13]

1997년에 개발된 소스코드 표절 탐지 도구이다[12]. 비교 대상 프로그램들의 집합을 입력으로 받아, 이들 프로그램들을 쌍으로 비교하여(각 쌍에 대해 전체 유사도 값과 유사성 영역들의 집합을 계산하여), 유사한 코드를 검색하고 이해할 수 있도록 HTML 페이지들을 출력한다. JPlag는 소스코드의 몇 번째 줄부터 몇 번째 줄까지 클론이라는 것을 텍스트로 표시하여 준다.

클론 탐지를 위해 토큰화(tokenization) 기법을 사용하는 표절 탐지기(plagiarism detector)라고도 한다. 각 프로그램을 표준적 토큰(canonical tokens)들의 연속(stream)으로 변환하고, 하나의 토큰 스트링이 다른 토큰에서 취한 서브스트링에 의해 커버될 수 있게 한다. 대상 파일을 토큰화된 문자열(tokenized string)로 변환하기 전에, 공백과 주석을 제거하는 전처리 과정을 수행한다. 이를 통해, 모든 어휘 변경(lexical changes)을 무효화할 수 있으며, 좋은 토큰 집합은 많은 구조적 변경(structural changes)의 효험을 경감시킬 수 있다.

제출된 모든 파일들을 다-대-다 비교를 수행하여 유사도(similarity

score)에 의해 정렬된 리스트를 출력한다. 이 리스트를 이용하여, 어떤 쌍이 표절을 포함하고 있는 가를 판단할 수 있다. N을 모임들(collection)의 크기(파일의 개수), f(n)을 길이가 n인 두 파일로 된 쌍들 사이들 간의 비교하는데 소요되는 시간이라고 할 때, 구현 복잡도는 O(f(n)N2)이다[13].

4.2. exEyes [3]

한국저작권위원회가 자체 개발한 GUI 기반 소프트웨어 표절 검사 도구로, 소프트웨어 감정평가 프로그램으로 지원하는 언어는 Java, C, C++, VB, Text(Web) 등이다. 소프트웨어 소스코드 유사도 감정에 사용되고 있는 감정도구이기도 하다. 코드 클론 탐지 또는 소프트웨어 유사도 측정 시에 선택할 수 있는 기능은, 동일/유사한 블록의 크기, 유사라인의 동일 토큰수 비율, 유사라인의 최소 토큰 수, 유사라인의 최대 토큰 비, 확장자 구분 등이다.

5. 실험 및 평가

5.1. BigCloneBench 벤치마크 [6][11]

Java 언어로 작성된 IJaDataset-2.0 내에 6,260,000개의 유효성이 검증된 클론들의 모음이다. IJaDataset 2.0은 25,00개의 Java 오픈소스 데이터 저장소로, 2014년도 BigCloneBench 버전에는 6,000,000개의 진짜 클론 쌍들과 260,000개의 가짜 클론 쌍들이 포함되어 있으며, github.com/clonebench/BigCloneBench URL에서 획득할 수 있다.

소스코드 유사도 측정 도구들의 평가를 위한 데이터 집합, 유형 1~3으로 아래 표와 같다. 코드 클론 유형 4에 대해서는 실험하지 않았다.

[실험에 사용된 BigCloneBench의 클론 유형]

구분	유형1	유형2	유형3
True clone	120	53	493
False clone	0	2	73

5.2. 평가 항목

평가항목으로는 재현율과 정확도, F-measure를 정의하여 고려하였다 [14]. 정확도는 정상 탐지된 요소 수를 정상이라고 분류된 요소들의 총 개수로 나눈 것으로 FP (False Positive)가 0일 때 최대가 된다. 재현율은 정상 탐지된 요소 수를 실제 정상 부류에 속한 요소들의 총 개수로 나눈 것으로 FN(False Negative)이 0일 때 최대가 된다.

[정확도와 재현율 설명]

용어	설명	별칭
정확도(precision)	How many selected items are relevant?	Positive predictive value
재현율(recall)	How many relevant items are selected?	Sensitivity

"정확도"는 도구가 (실제 클론이 아닌 것 포함하여) 클론이라고 탐지한 코드 조각들 중에서 정확한 클론의 개수를 의미하며, "재현율"은 무작위로 선정된 실제 클론들 중에서 도구에 의해 성공적으로 탐지된 클론의 개수를 의미한다. 정확도와 재현율을 아래와 같이 표현할 수 있다.

[정확도와 재현율 관련 용어 설명]

용어	설명
TP (True Positive)	The number of Predicted Positives that were correct (클론을 클론으로 탐지)
FP (False Positive)	The number of Predicted Positives that were incorrect (클론이 아닌 것을 클론으로 분류/탐지) Type I error - 오탐
TN (True Negative)	(클론이 아닌 것을 클론이 아니라고 판단)
FN (False Negative)	(실제 클론을 클론이 아니라고 분류/탐지) Type II error - 미탐

- 정확도(precision) $= \dfrac{TP}{TP + FP}$

- 재현율(recall) $= \dfrac{TP}{TP + FN}$

F-measure는 정확도와 재현율의 조화평균(harmonic mean)으로 다음과 같다.

- $F = \dfrac{2 \times (\text{precision} \times \text{recall})}{(\text{precision} + \text{recall})}$

5.3. JPlag v2.11.9의 성능 평가

JPlag 설치 후, Java 1.7 소스코드 대상으로 유사도를 측정하였다. 클론 유형 1과 2에 대해서는 우수한 성능을 보이지만, 클론 유형 3의 재현율은 50.1%였다. 클론 유형 3에 대한 정확도와 재현율 세부 사항은 아래 그림과 표에 나타나 있다.

[클론 유형 3에 대한 JPlag 탐지 결과 (원그림 출처: wikipedia.org)]

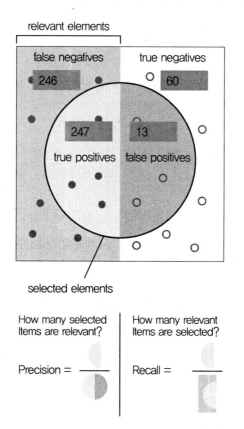

[JPlag v2.11.9의 성능 평가 결과]

구분	유형 1	유형 2	유형 3
정확도	120/120 (100%)	53/53 (100%)	247/260 (95%)
재현율	120/120 (100%)	53/53 (100%)	247/493 (50.1%)

JPlag가 클론 유형 3에 대해 정상 탐지한 예와, 탐지하지 못 한 예를 아래 그림에 각각 나타내었다.

[클론 유형 3에 대한 JPlag v2.11.9의 정탐 예]

(a) DICOM_Sort.java 116–261   (b) SimpleCricketDartGame.java 34–65

[클론 유형 3에 대한 JPlag v2.11.9의 미탐 예]

(a) DICOM_Sort.java 116–261   (b) Task2.java 34–65

클론 유형 3에 대한 JPlag의 F−measure는 $2 \times (95 \times 50)/(95+50) = 65.5$이다.

5.4. exEyes 5.0의 성능 평가

기본 비교 설정으로 간단하게 실험을 진행하였다. 유사 판정 기준은 3줄 이상, 3개 토큰 이상, 최대 토큰비 2.0으로 설정하여 유사율이 80% 이상이면 클론으로 판정하였다. 실험 결과가 아래 표에 나타나 있다. exEyes 5.0이 전반적으로 코드 클론을 잘 탐지하고 있지만, 유형 3에 대한 재현율은 27.7%로 낮은 편이다. 이는 JPlag에 비해 FN가 높게 나왔기 때문이다.

[클론 유형 3에 대한 exEyes 탐지 결과 (원그림 출처: wikipedia.org)]

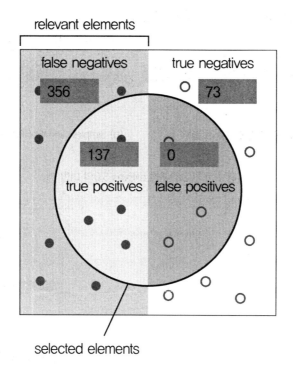

[exEyes 5.0의 성능 평가 결과]

구분	유형 1	유형 2	유형 3
정확도	120/120 (100%)	53/53 (100%)	137/137 (100%)
재현율	120/120 (100%)	53/53 (100%)	137/493 (27.7%)

[클론 유형 3에 대한 exEyes 5.0의 정탐 예]

(a) DICOM_Sort.java 일부   (b) SimpleCricketDartGame.java 일부

[클론 유형 3에 대한 exEyes 5.0의 미탐 예]

(a) DICOM_Sort.java 일부   (b) BubbleSortAlgorithm.java 일부

실험에 사용된 코드 클론 유형 3에 대해서는 JPlag와 exEyes가 공통적으로 낮은 재현율을 보였다. 실험에 사용된 벤치마크 및 클론 유형을 고려하지 않고, 본 논문의 실험 결과와 [3]의 연구 결과와 단순 비교하여 보면, 전체 재현율은 310/666 = 46.5%로 두 배 이상 많이 개선되었으며, 전체 정확도도 100%로 높게 나왔다. 이유 중의 일부는 exEyes의 버전 업그레이드와 본 논문에 사용된 벤치마크의 특성 때문으로 보인다.

클론 유형 3에 대한 exEyes의 F-measure는 $2 \times (100 \times 27.7)/(100 + 27.7) = 43.4$로 JPlag의 F-measure보다 낮다. 본 논문에서 수행된 간단한 실험 결과, exEyes의 경우 클론 유형 3에 대한 재현율을 개선할 필요가 있다.

6. 결론 및 향후 연구방향

코드 재사용, 개발 기간 단축 등을 목적으로 코드 클론을 사용할 수도 있지만, 이는 지적재산권 침해, 버그 전파, 설계 단계의 악영향 등을 유발할 수 있다. 본 논문에서는 대표적인 코드 클론 유형 4가지를 살펴보고, BigCloneBench 벤치마크에서 제공하는 일부 Java 코드 클론을 사용하여, 두 개의 소스코드 유사도 측정 도구들의 성능을 평가하였다. 실험에 사용된 유사도 측정 도구는 JPlag v2.11.9와 exEyes 5.0이며, 평가 지표는 재현율과 정확도, F-measure이다. 두 개의 노구 모두 클론 유형 1과 2에 대해서는 100%의 탐지율을 보였다. 그러나 실험에 사용된 클론 유형 3에 대해서는 높지 않은 재현율을 보였다. 특히, exEyes 5.0의 경우에는 27.7%의 재현율을 보였다. 이를 통해, 실험에 사용된 클론 유형 3의 대표성을 확인할 수는 없지만, 도구들이 클론 유형 3을 정확하게 탐지하는 것이 어렵다는 것을 의미한다.

향후에는 BigCloneBench의 좀 더 다양한 코드 클론들을 사용하여, 소스 코드 유사도 측정 도구들의 성능을 평가할 예정이다. 그리고 C 언어 기반의 코드 클론들에 대해서도 실험을 진행할 계획이다.

참고문헌

[1] Prechelt, L., Malpohl, G., Philippsen, M. "Finding plagiarisms among a set of programs with JPlag", Journal of Universal Computer Science, 2002, vol. 8, no. 11, pp.1016-1038

[2] Malpohl, G. "JPlag: detecting software plagiarism", URL https://jplag. ipd.kit.edu, 2006

[3] 최성하, 도경구 "exEyes의 성능평가" 2014년한국소프트웨어감정평가학회 추계 학술대회, pp. 13-21

[4] Bowyer, K. W., Hall, L. O. "Experience using "MOSS" to detect cheating on programming assignments." Proceedings of the 29th Frontiers in Education Conference, 1999, Vol. 3, pp. 13-18

[5] "MOSS-A System for Detecting Software Similarity", URL https:// theory.stanford.edu/~aiken/moss

[6] Svajlenko, J., Islam, J. F., Keivanloo, I., Roy, C. K., Mia, M. M, "Towards a big data curated benchmark of inter-project code clones", Proceedings of In Software Maintenance and Evolution (ICSME), IEEE, 2014, pp. 476-480

[7] "BigCloneBench - a clone detection benchmark of known clones in the IJaDataset source repository", URL https://github.com/clonebench/ BigCloneBench

[8] Roy, C. K., Cordy, J. R. "A survey on software clone detection research" , Queen's School of Computing Technical Report, 2007, vol. 541, no. 115, pp.64-68

[9] Bellon, S., Koschke, R., Antoniol, G., Krinke, J., Merlo, E. "Comparison and evaluation of clone detection tools", IEEE Transactions on software engineering, 2007, vol. 33, no. 9, pp. 577-591

[10] 최성하, 도경구, "Bellon Reference Corpus의 보정", 한국정보과학회 학술발표 논문집, pp. 1719-1721, 2015.06

[11] Svajlenko, J., Roy, C. K. (2016, October). "Bigcloneeval: A clone detection tool evaluation framework with bigclonebench." Proceedings of In Software Maintenance and Evolution (ICSME), IEEE, 2016, pp.

596-600

[12] Garg, U. "Plagiarism and detection tools: An overview" An International Journal of Engineering Sciences, vol 2, pp. 92-97

[13] Mozgovoy, M., Fredriksson, K., White, D., Joy, M., Sutinen, E. "Fast plagiarism detection system" Proceedings of In String processing and information retrieval, Springer Berlin/Heidelberg, 2005, pp. 267-270

[14] Powers, D. M. "Evaluation: from precision, recall and F-measure to ROC, informedness, markedness and correlation", Journal of Machine Learning Technologies, 2011, vol. 2, no 1, pp. 37-63

[15] Rattan, Dhavleesh, Rajesh Bhatia, and Maninder Singh. "Software clone detection: A systematic review." Journal of Information and Software Technology, 2013, vol. 55, no. 7, pp.1165-1199

2. 공통 토큰에 기반한 서로 다른 언어의 유사성 검사*

대표저자 : 도경구

1. 서론

소스코드 표절은 원본 자료의 출처를 분명히 밝히지 않고 자신의 것처럼 사용하는 행위를 말한다. 학생이 제출하는 과제부터 산업 현장의 프로그램 일부나 전체에 이르기까지 소스코드 표절 범위는 매우 다양하다. 특히 인터넷으로 파일의 전달과 공유가 쉬워지면서 소스코드의 자유로운 사용, 복제, 수정, 배포를 통하여 더 만연해지고 있다.

소스코드의 표절을 탐지하는 소스코드의 유사성 검사는 비교 대상의 형태에 따라 문자열, 토큰, 트리, 의존성그래프 등 여러 가지 비교 방법이 존재한다. 문자열과 토큰 기반은 구조가 일차원이라 검사 속도가 빠른 반면 탐지의 정확도는 그만큼 낮다. 트리 기반이나 의존성 그래프 기반 분석은 더 구문/의미 구조를 고려하기 때문에 보다 정확한 탐지가 가능하지만 그만큼 분석시간이 오래 걸린다. 이런 점 때문에, 현장에서 실용적으로 사용하는 탐지 도구는 문자열 또는 토큰 기반 비교 알고리즘을 대부분 채용한다.

각 탐지 기법들은 기본적으로 같은 언어로 작성된 소스코드를 대상으로 분석한다는 전제를 가지고 있다. 하지만 소스코드의 표절은 같은 언어가 아니라 다른 언어를 대상으로도 이루어질 수 있다. 다른 언어로 작성된 코

---

* 한국소프트웨어감정평가학회 논문지 제14권 제2호, 2018. 12.에 수록된 논문을 일부 보정한 것이다.

드를 그대로 대상 언어로 옮겨 쓰는 작업은 과제를 베끼는 수준이 그치지 않고 이직 후 기존 직장에서 작성했던 코드를 옮긴 직장에서 사용하는 다른 언어로 그대로 재작성하여 법적인 분쟁을 다투는 경우까지 다양하다.

서로 다른 언어로 작성된 코드는 그 의미가 동일하더라도 문법이 다르기 때문에 기존의 방법으로는 정확한 분석이 불가능하다. 이러한 약점은 토큰 기반의 분석이 가지고 있는 한계이기 때문에, 대부분 요약문법트리 기반으로 수행해왔다[1][2][3]. 하지만 요약문법트리 기반의 유사성 검사는 토큰 기반의 분석방법에 비해 수행 속도가 매우 느리기 때문에 대단위의 소스코드 표절을 판정하는 경우에는 한국저작권위원회의 exEyes[4]와 같은 토큰 기반의 도구를 사용할 수밖에 없는 실정이다.

본 논문에서는 서로 다른 언어로 작성된 소스코드의 유사성을 검사하기 위해 기존 토큰기반의 분석 방법을 사용하되, 토큰의 나열을 공통 토큰의 나열로 변환한 후 비교하는 방법을 제안한다.

2. 서로 다른 언어 비교의 문제점

아래 그림은 Java와 Python으로 각각 작성한 의미가 동일한 프로그램 조각이다. 맨눈으로 검사해보면 동일한 프로그램임을 바로 확인할 수 있다. 그러나 이 두 소스코드를 exEyes(Ver. 4.1)와 같은 도구로 비교하면 동일한 부분이 없는 것으로 나타난다.

[의미가 동일한 Java와 Python 프로그램]

라인	소스코드
38	`while ((line = br.readLine()) != null) {`
39	`final int idx = line.indexOf('=');`
40	`if (idx >= 0) {`
41	`final String key = line.substring(0, idx);`
42	`final String value = line.substring(idx + 1);`
43	`envVars.setProperty(key, value);`
44	`}`
45	`}`
46	`return envVars;`
47	`}`
48	`}`

라인	소스코드
30	`while (line = br.readLine()) != None:`
31	`idx = line.indexOf('=')`
32	`if idx >= 0:`
33	`key = line.substring(0, idx)`
34	`value = line.substring(idx + 1)`
35	`envVars.setProperty(key, value)`
36	`return envVars`

맨눈으로는 프로그램의 실행 흐름을 관찰하거나 모양새를 살펴보면서 유사한 코드라고 쉽게 판단 할 수 있지만, 탐지 도구들은 정해놓은 조건이나 룰을 엄격하게 적용하면서 유연성이 떨어지기 때문에 조금이라도 맞지 않으면 다르다고 판단할 수 있기 때문이다. 위 소스코드 조각에서는 여닫는 괄호의 수, Java에서 문장을 구분하는데 사용하는 쌍반점(;), 타입 및 한정자 등의 모양이나 빈도가 다르기 때문에 소스코드의 유사성을 탐지하는 기법에 따라 다른 결과가 나오게 된다.

가장 기본적인 문자열 기반의 분석[5][6]은 문자열을 문자 단위로 비교하기 때문에 서로 다른 언어로 작성된 프로그램의 유사성 검사에는 부적절하다. 토큰기반의 분석[7][8]은 토큰 단위로 쪼갠 후에 토큰열을 비교하는데, 토큰 단위로 비교하더라도 위 그림에서의 예제에서 볼 수 있듯이 Python 은 Java와 달리 블록의 구조를 들여쓰기로 구분하기 때문에 여닫는 괄호가 쓰이지 않고, 반대로 타입이나 final과 같은 한정자를 사용하지 않기 때문 에 유사성 판정에서 빗나가게 된다. 트리 기반[9][10]이나 의존 그래프 기 반[11][12]과 같은 분석 방법은 앞선 두 방법에 비해 프로그램의 구문 구조 에 좀 더 집중할 수 있어서 모양에 집중할 수 있지만, 분석이 상대적으로 오래 걸릴 뿐 아니라 다양한 언어 도입을 위해 각 언어에 맞는 구문분석이 반드시 필요하기 때문에 비용 부담이 있다. 이에 본 논문에서는 분석속도 에 이점이 있는 토큰기반 방식으로 서로 다른 언어로 작성된 소스코드의 유 사성을 검사할 수 있도록 새로운 방식을 제안한다.

3. 공통 토큰

전문가라면 처음 접하는 프로그래밍 언어로 작성된 프로그램이라 할지라 도 경험과 지식만으로 어느 정도 프로그램의 의미를 파악할 수 있다. 이러 한 아이디어에서 착안하여 대부분의 프로그래밍 언어에서 공통적으로 사용 하는 토큰을 망라하여 공통토큰들을 정한다.

아래 그림은 서로 다른 언어로 작성된 프로그램에서 공통 토큰의 나열을 얻어내는 과정이다. 먼저 언어에 의존적이지 않은 넓은 의미의 공통 어휘 분석기(Common Lexical Analyzer)로 토큰의 나열을 생성한다. 언어에 의 존적이지 않다는 것은 특정 언어에서 사용하는 키워드나 예약어 등을 구분 하지 않고 모양만으로 구분해서 생성함을 의미한다.

[공통 토큰 생성 방법]

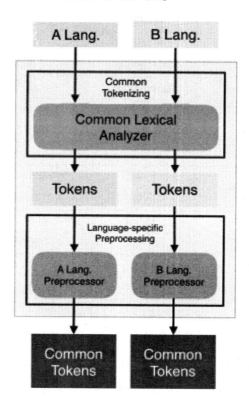

일반적인 어휘분석기는 소스코드를 파싱하는데 불필요한 공백문자나 줄바꿈 등의 값은 필요한 수준의 정보(라인정보 등)만 얻은 후 버리지만, Python과 같은 언어는 들여쓰기로 문법 구조를 파악하기 때문에 줄바꿈이 나 탭기호, 공백 문자의 길이까지 모두 토큰으로 생성한다. 아래 표는 공통 어휘분석기로 생성한 토큰의 예시이다.

[공통 어휘분석도구가 생성하는 토큰 예시]

토큰종류	부가정보	설명
CMT	주석내용	주석
INC	지시문내용	지시문
IMP	import내용	import
INT	정수	정수
TAB	정수	들여쓰기
BLK	정수	빈 공간
DSLIT	문자열	쌍따옴표로 묶은 상수 문자열
SSLIT	문자열	따옴표로 묶은 상수 문자열
ID	문자열	변수, 키워드, 타입, 함수이름 등
NL	–	줄바꿈 문자 ₩n
PLUS	–	+
...	...	...

각 토큰은 토큰의 종류를 담은 키워드와 부가적인 정보로 구성된다. 예를 들어 주석(CMT)이나 문자열(DSLIT, SSLIT), 식별자(ID)는 주석의 내용, 문자열의 값, 식별자의 이름 등을 부가정보로 담는다. 더하기(+)나 쌍반점(;)과 같은 기호(symbol)는 별도의 부가정보 없이 토큰을 구성한다.

공통 어휘분석기로 생성한 토큰은 각 토큰이 담고 있는 의미가 명확하게 구분되지 않는다. 그래서 각 언어별로 전처리 과정(language-specific preprocessing)을 거친다. 이 과정에서 각 언어별 특성에 따라 토큰을 추가 혹은 삭제하거나 대체하는 작업을 수행한다.

가장 기본적인 작업은 식별자(ID) 토큰을 해당 언어에서 사용하는 키워드나 예약어로 바꾸는 작업이다. 대다수의 언어에서 사용하는 if나 while과 같은 키워드는 각각 식별자 ID"if", ID"while"에서 별도의 키워드 토큰 IF, WHILE로 변환한다. Python과 같은 언어에서는 ID"elif"가 키워드이므로

ELSE IF 의 두 키워드 토큰으로 변환하지만, Java에서는 키워드가 아니므로 변환 없이 ID"elif"로 남긴다.

경우에 따라선 없던 토큰을 추가로 생성할 필요가 있다. Python과 같은 언어는 여닫는 중괄호({, })를 사용하지 않고, 공백이나 탭 기호를 사용한 들여쓰기로 블록 구조를 구분한다. 그래서 Python언어의 전처리기는 공백이나 탭 기호, 줄 바꿈 키워드에서 블록 구조를 알아낸 다음, 각 블록의 시작과 끝에 여닫는 중괄호를 추가해서 다른 언어와 같은 모양을 취하도록 한다.

마지막으로 필요한 작업을 마친 후, 줄바꿈, 공백, 지시문이나 import 등 (필요에 따라 주석까지) 정해진 토큰들을 삭제한다. 쌍반점(;)은 많은 프로그래밍언어에서 문장(statement)을 구분하는데 사용하지만 Python에서는 이를 사용하지 않는다. 블록구조를 알아내는 방법과 달리, 문장을 구분해내서 쌍반점을 추가하려면 구문분석수준의 작업이 필요하다. 이에 쌍반점 그 자체는 별다른 의미를 가지지 않으므로 다른 언어에서 일괄적으로 지우는 방법을 선택하였다. 아래 표는 공통 토큰에서 무시하는 토큰이다.

[공통 토큰에서 빠진 토큰]

토큰종류	설명
CMT	주석
NL	줄바꿈
TAP	들여쓰기
BLK	빈 공간
TYPE	타입
MOD	한정자
SEMICOL	세미콜론

아래 표에 모든 전처리 과정을 마친 후에 남는 공통 토큰의 예시를 나열하였다. 공통 토큰은 공통 어휘분석기로 생성가능한 모든 토큰과 전처리 과정에서 추가되는 모든 토큰의 집합으로 표현할 수 있다.

공통 토큰 =
{공통 어휘분석기로 생성가능한 토큰} + {언어별 전처리기에서 추가/대체하는 토큰} − {언어별 전처리기에서 삭제되는 토큰}

[공통 토큰의 예시 나열]

토큰종류	부가정보	설명
INC	지시문내용	지시문
IMP	import내용	import
INT	정수	정수
DSLIT	문자열	쌍따옴표로 묶은 상수 문자열
SSLIT	문자열	따옴표로 묶은 상수 문자열
ID	문자열	변수, 함수이름 등
PLUS	−	+
IF	−	if 키워드
ELSE	−	else 키워드
...	...	...

언어별 전처리 과정을 마치고 생성한 공통 토큰에서는 식별자(ID)가 변수인지 함수인지까지는 분별하지 않는다. 이를 구별하는 건 구분분석 없이는 정확히 얻어 낼 수 없고, 토큰 기반의 유사성 검사에서는 구분이 되지 않더라도 주변의 정보(함수 호출의 경우 소괄호가 이어지는 등)로 자연스럽게 비교가 되기 때문에 추가 작업을 수행하지 않았다.

4. 실험

제안하는 방법을 확인하기 위해 Java와 Python으로 작성된 동일한 소스 코드를 토큰기반 표절 검사 도구 exEyes로 실험하였다. 실험의 구성도는 아래 그림과 같다.

[exEyes를 이용한 실험 구성도]

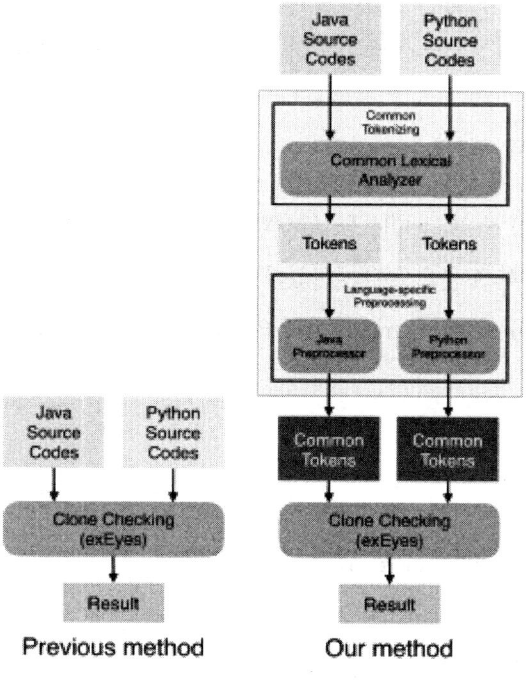

Previous method   Our method

먼저 softwareclones[13]에서 제공하는 연구 데이터 중 Java로 작성된 Eclipse Plugin[14]의 소스 일부를 사용하였다. 동일한 의미의 Python코드 작성은 작성자 주관의 개입을 최소화하기 위해, Java로 작성된 코드를 Python으로 자동 변환해주는 오픈 소스 도구 java2python[15]으로 자동 생성하였다.

제안하는 방법대로 위 그림의 우측과 같이, 먼저 Java와 Python 코드들을 공통 어휘분석도구로 토큰의 나열을 생성하였다. 이후 Java와 Python의 언어별 전처리 모듈로 공통 토큰의 나열을 생성한다. Java와 Python의 전처리 모듈은 다음과 같은 기준으로 작성하였다.

4.1. Java 전처리 모듈

Java의 문법정보는 Java SE 1.7을 기준으로 작업하였다.

4.1.1. 대체

식별자(ID) 중 if, while 등 Java와 Python에서 공통으로 사용하는 키워드를 인지하여 토큰으로 대체하였다.
식별자(ID) 중 this, null은 고유의 키워드 토큰 THIS, NULL로 대체하였다.

4.1.2. 추가

특별히 추가되는 토큰은 없다.

4.1.3. 삭제

전처리 마지막 단계에서 표 2에 나열한 불필요한 토큰을 삭제하였다.

4.2. Python 전처리 모듈

Python의 문법정보는 Python 3.6.7 기준으로 작업하였다.

4.2.1. 대체

입력으로 들어온 식별자(ID) 중 if, while 등 Java와 Python에서 공통으로 사용하는 키워드를 인지하여 토큰으로 대체하였다.

Python에서만 키워드로 인지하는 and, or 등의 키워드는 연산자 키워드 AND, OR로 대체하였다 (Java에서는 그대로 식별자로 인지한다).

식별자(ID) 중 self, None은 Java의 this, null과 동등하게 인식하도록 고유의 키워드 토큰 THIS, NULL로 대체하였다.

elif와 같이 Python에서만 사용하는 키워드는 Java와 의미가 같도록 연속된 두 공통 토큰 ELSE와 IF 로 대체하였다.

4.2.2. 추가

공백, 탭기호, 줄바꿈 토큰을 기반으로 블록구조를 파악하고 각 블록의 시작과 끝에 여닫는 중괄호({, })를 추가하였다. 또, 일반적으로 Python에서는 조건문과 반복문의 계산식에 여닫는 소괄호를 생략하므로, 이 역시 IF, WHILE 키워드와 여는 중괄호 앞에 여닫는 소괄호 ((,))를 추가하였다.

4.2.3. 삭제

블록 구조 정보를 추가한 후, 반복문이나 조건문의 계산식 뒤에 이어지는 쌍점(:)은 불필요하므로 이를 삭제한다.

Java와 마찬가지로 전처리 마지막 단계에서 앞의 표(공통 토큰에서 빠진 토큰)에 나열한 불필요한 토큰을 삭제하였다.

전처리 작업을 마치고 각 소스코드를 공통 토큰의 나열로 변환작업을 마치면, exEyes에서 제공하는 토큰의 목록을 입력으로 주는 기능을 사용해서

각 공통 토큰의 나열의 유사성을 검사하였다. 유사성 검사를 위한 설정 값
은 아래 표와 같이 기본값을 사용하여 진행하였다.

[exEyes의 기본 설정 값]

설정항목	설정값
유효 동일/유사 블록 최소 크기	3줄
유사라인 판정 동일 토큰수 비율	80%
유사라인 판정 최소 토큰수	3개
유사라인 판정 최대 토큰비	2배
토크나이징 선행 여부	수행함

　실험에 사용한 코드는 Eclipse Plugin의 Java 소스와 이를 Python으로
자동 변환한 소스 중, 5개를 선별하여 진행하였다. 선별은 소스코드의 길이
가 다른 코드에 비해 길고 문법구조가 상대적으로 복잡한 것을 기준으로 삼
았다. 선별한 파일의 목록과 라인 수는 아래 표와 같다.

[실험대상 소스코드 목록 및 별칭]

별칭	파일이름	라인 수
J1	AbstractProgramLauncher.java	135
J2	Activator.java	91
J3	FileLogger.java	75
J4	Utill.java	48
J5	Zipper.java	89
P1	AbstractProgramLauncher.py	110
P2	Activator.py	83
P3	FileLogger.py	65
P4	Utill.py	36
P5	Zipper.py	84

선별한 5개의 소스를 대상으로 유사성 검사를 수행한 결과는 아래 표와 같다. 소스코드를 그대로 사용해서 exEyes로 비교한 기존 검사방법에서는 J5, J2, J1, J3 4개의 파일에서 주석으로 작성된 부분만 유사하다고 결과가 나왔다. 유일하게 코드 부분이 같다고 나온 J4는 6.98%만 유사한 코드라는 결과를 보였다. 반면 공통 토큰의 나열로 변환 후 비교를 수행한 결과 최소 57.8%에서 최대 81.3%까지 더 높은 유사성 비율을 보였다.

[기존 방법과 제안 방법의 비교 실험 결과]

구분	파일 유형	라인수	파일 유형	라인수	유사율	동일 라인	유사 라인
제안방법 (공통토큰)	J1	83	P1	81	57.83 %	24	24
	J2	34	P2	34	76.32 %	15	14
	J3	38	P3	37	76.47 %	15	11
	J4	32	P4	32	81.25 %	19	7
	J5	40	P5	36	77.50 %	15	16
기존검사 방법	J1	118	P1	97	2.54 %	0	3
	J2	79	P2	75	3.80 %	0	3
	J3	75	P3	65	0 %	0	0
	J4	43	P4	34	6.98 %	0	3
	J5	84	P5	78	16.67 %	0	14

아래 그림은 공통된 토큰으로 비교 분석 한 결과에서 완전히 일치한다고 나온 일부분이다. 2개의 소스코드는 모양이 달라서 소스코드를 기존 방법에서는 다르다고 판정되었지만, 공통 토큰으로 변한 결과는 완전히 동일한 라인으로 구성됨을 확인할 수 있다. 이는 앞서 설명한 대로 블록의 구조를 파악하고 이를 식별하는 토큰을 추가한 것과, 비교에 불필요한 부분을 삭제하여 얻어진 결과이다.

[공통 토큰 변환 사례 (J4,P4)]

라인	소스코드
38	while ((line = br.readLine()) != null) {
39	final int idx = line.indexOf('=');
40	if (idx >= 0) {
41	final String key = line.substring(0
42	final String value = line.substrin(idx + 1);
43	envVars.setProperty(key
44	}
45	}
46	return envVars;
47	}
48	}

라인	소스코드
38	WHILE LPAREN LPAREN ID"line" EQ ID"br" DOT ID"readLine" LPAREN RPAREN RPAREN EMEQ ID"null" RPAREN LBRACE
39	ID"idx" EQ ID"line" DOT ID"indexOf" LPAREN SSLIT"=" RPAREN
40	IF LPAREN ID"idx" RTEQ INT"0" RPAREN LBRACE
41	ID"key" EQ ID"line" DOT ID"substring" LPAREN INT"0" COMMA ID"idx" RPAREN
42	ID"value" EQ ID"line" DOT ID"substring" LPAREN ID"idx" PLUS INT"1" RPAREN
43	ID"envVars" DOT ID"setProperty" LPAREN ID"key" COMMA ID"value" RPAREN
44	RBRACE
45	RBRACE
46	RETURN ID"envVars"
47	RBRACE
48	RBRACE

라인	소스코드
30	while (line = br.readLine()) != None:
31	idx = line.indexOf('=')
32	if idx >= 0:
33	key = line.substring(0, idx)
34	value = line.substring(idx + 1)
35	envVars.setProperty(key
36	return envVars

라인	소스코드
30	WHILE LPAREN LPAREN ID"line" EQ ID"br" DOT ID"readLine" LPAREN RPAREN RPAREN EMEQ ID"null" RPAREN LBRACE
31	ID"idx" EQ ID"line" DOT ID"indexOf" LPAREN SSLIT"=" RPAREN
32	IF LPAREN ID"idx" RTEQ INT"0" RPAREN LBRACE
33	ID"key" EQ ID"line" DOT ID"substring" LPAREN INT"0" COMMA ID"idx" RPAREN
34	ID"value" EQ ID"line" DOT ID"substring" LPAREN ID"idx" PLUS INT"1" RPAREN
35	ID"envVars" DOT ID"setProperty" LPAREN ID"key" COMMA ID"value" RPAREN
	RBRACE
36	RETURN ID"envVars"
	RBRACE
	RBRACE

5. 결론

본 연구는 서로 다른 언어로 작성되었지만 동일한 실행의미를 지닌 소스코드의 유사성 검사 성능을 높이기 위해 공통 토큰을 정의하고 이를 기반으로 유사성 검사를 수행하는 방안을 제안하였다. 소스코드를 언어와 상관없이 기본적인 토큰으로 구분한 다음, 각 언어별로 다른 모양을 지닌 토큰을 공통 토큰으로 변환하는 언어별 전처리 작업을 추가하였다. 언어별 전처리 작업은 단순히 토큰을 대체하는 수준이 아니라, 블록의 경계를 명확하게 표현해주는 방법 등을 더해서 구조적으로 다르게 판별될 수 있는 요소도 해결하였다.

토큰 기반 소스코드 표절 탐지 도구인 exEyes를 사용해서 Java와 Python으로 작성된 동일한 코드를 대상으로 실험했을 때, 기존의 방법에서 두 코드를 전혀 다른 코드라고 판정한 반면(0~16%), 제안한 방법에서는 유사한 코드(57.8%~81.2%)로 판정하는 결과를 얻을 수 있었다. 유사하지 않게 판정되는 구문은 Java의 예외처리 구문이나 Python에서 변수의 선언 없이 바로 사용하는 등, 토큰수준의 유사성 검사에서는 분별이 불가능한 부분으로 파악되었다.

이런 약점은 토큰기반이 아닌 요약문법트리 기반의 유사성 검사에서 확실한 분별이 가능하므로, 제안하는 방법을 요약문법트리 기반의 유사성 검사에 적용하는 것을 추후과제로 남기고자 한다.

참고문헌

[1] Vislavski, Tijana, et al. "LICCA: A tool for cross−language clone detection." 2018 IEEE 25th International Conference on Software Analysis, Evolution and Reengineering (SANER). IEEE, 2018

[2] Kraft, Nicholas A., Brandon W. Bonds, Randy K. Smith. "Cross−language Clone Detection." SEKE. 2008

[3] Cheng, Xiao, et al. "Mining revision histories to detect cross−language clones without intermediates" Proceedings of the 31st IEEE/ACM International Conference on Automated Software Engineering. ACM, 2016

[4] exEyes, http://www.copyright.or.kr, 2015

[5] Baker, B., Manber, U., "Deducing similarities in java sources form byte codes", In USENIX ATEC, pp.15−18, 1999

[6] Johnson, J. H, "Identifying Redundancy in Source Code Using Finger−prints", In CASCON, pp.171−183, 1993

[7] Baker, B., "On Finding Duplication and Near−Duplication in Large Software Systems", In WCRE, pp.86−95, 1995

[8] Kamiy, T., Kusumoto, S., Inoue, K., "CCFinder: A multi−linguistic token based code clone detection system for large scale source code", IEEE Trans. Software Engineering, Vol.28 No.7, Jul. 2002

[9] Baxter, I., Pidgeon, C., Mehlich, M., "DMS: Program Transformation for Practical Scalabel Software Evolution", In ICSE04, pp.625−634, 2004

[10] Jiang, L., Misherghi, G., Su, Z., Glondu, S., "DECKARD: Scalable and Accurate Tree−based Detection of Code Clones", In ICSE, pp.96−105, 2007

[11] Komondoor, R., Horwitz, S., "Tool Demonstration: Finding Duplicated Code Using Program Dependences", In ESOP, Vol. LNCS 2028, pp383−386, Apr. 2001

[12] Liu, C., Chen, C., Han, J., Yu, P., "GPLAG: Detection of Software Plagiarism by Program Dependence Graph Analysis", In KDD pp.872−881, 2006

[13] softwareclones, "http://www.softwareclones.org"

[14] Eclipse Plugin, "http://www.softwareclones.org/download/experiment/ex2clipse.tar.bz2"

[15] java2python, "https://github.com/natural/java2python"

3. 목적 코드에서 유사도 검출과
그 도구의 설계*

유장희

1. 서론

컴퓨터 프로그램의 유사도 분석 및 검출에 관한 연구는 컴퓨터 교육과정에서 수강생 프로그램의 표절을 찾아내기 위해 시작되었다고 한다[1]. 가장 단순한 형태의 프로그램 표절 탐지에 대한 회피를 위해 변수 또는 함수명 변경, 코드 블록들 위치의 재배치, 공백 또는 주석의 변경 등의 방법을 사용하였다. 이러한 표절 탐지를 위하여 다양한 종류의 도구들이 개발되었으며[2], 잘 알려진 도구들로는 MOSS[3], JPlag[4], Plague[5], SIM[6], YAP3[7] 등이 있다. 국내에도 한국저작권위원회에서 원시 코드의 복제/표절 감정작업을 돕기 위해 개발한 exEyes가 있다[8].

최근에는 개발업체에서도 다양한 경로로 기술 유출 또는 복제가 빈번히 발생하고 있어, 이에 대한 감정 요구가 증가하는 추세에 있다. 감정의 목적물은 대부분 동일 프로그래밍 언어로 구현된 원시 코드가 일반적 경우이다[8]. 감정을 위해 exEyes 등과 같은 앞서 기술된 다양한 종류의 원시 코드에 대한 표절 탐지 도구를 이용하거나 코드 리뷰 등을 통하여 논리적 또는 물리적 유사도 감정에 의한 표절 여부를 판단할 수 있다.

* 한국소프트웨어감정평가학회 논문지 제16권 제2호, 2020. 12.에 수록된 논문을 일부 보정한 것이다.

한편, 각종 정보기기 및 모바일기기와 같은 IoT 또는 내장형 시스템 (embedded system)이 증가함에 따라 감정 목적물이 원시 코드(source code)가 아닌 ROM에 저장된 목적 코드(object code) 또는 실행 프로그램의 형태로 제공되는 경우가 증가하고 있다[9][10]. 이러한 경우는 역공학 (reverse engineering) 방법을 적용하여 목적 코드나 실행 프로그램을 어셈블리어로 변환하여, 변환된 결과물을 대상으로 유사도 감정을 수행하는 것이 일반적인 방식이다. 그러나 어셈블리어 레벨에서의 유사도 감정은 코드의 복잡도와 방대함으로 인해 고도의 기술이 요구되며, 많은 어려움이 있을 수 있다. 본 논문에서는 역공학 방법에 따른 목적 코드에서의 유사도 검출 방법 및 이를 위한 도구의 설계에 관하여 기술하였다.

2. 목적 코드에서 유사도 분석 방법

현재의 국내 저작권법은 목적 코드에 대해서도 저작권을 부여하여, 컴퓨터 프로그램저작물로 인정하는 것이 통설과 판례로 나타나고 있다[9]. 일반적으로 컴퓨터 프로그램의 유사도 감정은 물리적 유사도 분석과 논리적 유사도 분석으로 분류할 수 있다. 또한, 제공되는 목적물에 따라 동일 언어 간 유사도 감정, 이종 언어 간 유사도 감정, 목적 코드 간 유사도 감정 등으로 분류할 수 있다. 목적 코드의 유사도 감정은 일반적으로 복제 또는 표절을 의심받는 측에서 원시 코드의 제출을 거부하거나 감정의 특성상 정보기기와 같은 제품 내부에 저장된 목적 코드만으로 감정해야 하는 경우이다[10]. 즉, 양측의 목적 코드에 대하여 역 어셈블리 기법에 따른 어셈블리어 코드를 확보함으로써, 동일 언어 간 유사도 감정을 수행하는 방식이다. 그러나 목적 코드에 대한 어셈블리 기법은 복제된 원시 코드의 리스트 작성이나 기능의 유사성 분석에는 많은 제약사항이 있다.

2.1. 목적 코드 유사도 분석 과정

아래 그림은 목적 코드에 대해 기본적으로 적용될 수 있는 유사도 분석 과정 및 방법을 나타내고 있다[11]. 일반적으로 역 어셈블리 방법으로 확보된 어셈블리어는 고수준의 프로그램 언어와 비교해 논리적 흐름의 분석 등에 대한 난이도 및 코드의 분량이 상당히 증가하게 된다. 따라서 아무런 도구 없이 수작업에 의한 동일함수 비교 및 유사 함수에 대한 목록 작성은 상당한 시간과 노력을 요구한다. 더불어 원시 코드의 컴파일 과정에서 적용하는 옵션에 따라 다른 형태의 코드가 생성될 수 있어, 표절된 원시 코드의 목록 작성은 부분적으로 수행될 수밖에 없다.

[목적 코드의 유사도 분석]

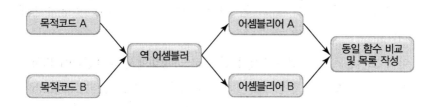

또한, 목적 코드에 대한 역 어셈블리 도구를 이용하여 생성된 어셈블리어 코드의 함수 이름들은 그 특성상 주소 번지로 표시된다. 이들 주소 번지로 표시된 함수의 이름들은 어느 한쪽의 원시 코드가 확부된다면 이와 대응되는 실제 함수의 이름들을 추출할 수 있다. 이는 Visual C/C++ 등의 경우 릴리즈 모드가 아닌 디버깅 모드를 사용하여 생성된 목적 코드에 대한 어셈블리어의 경우는 함수의 실제 이름을 유지하고 있는 특성을 이용하면 가능하다. 즉, 구현된 원시 코드를 릴리즈 모드와 디버깅 모드 각각으로 컴파일하여, 릴리즈 모드에서 주소 번지로 표시된 함수 이름과 대응되는 실제 이름을 디버깅 모드로 컴파일된 어셈블리어에서 추적하는 방법을 이용하면 비교적 쉽게 어셈블리어 코드에서 동일함수로 검출된 목록에 대응되는 함수의 실제 이름을 찾아낼 수 있게 된다[11].

2.2. 실행 파일의 어셈블리어 코드 생성

목적 코드에 대한 유사도 검출의 첫 번째 단계는 역 어셈블리 기법에 따른 어셈블리어 코드의 생성이다. 윈도우 시스템에서 자주 사용되는 도구로는 마이크로소프트 Visual Studio에서 제공되는 DumpBin과 SmidgenSoft에서 제공되는 PEBrowse Professional Interactive[12] 라는 도구가 있으나, IDA Pro[13]가 가장 유용한 도구로 많이 사용되고 있다. Win32 프로세스의 경우 가상주소 공간 내에서 컴파일러나 어셈블리어가 최종적으로 생성하는 목적 코드는 "텍스트 섹션" 또는 ".text" 섹션에 존재한다[14].

아래 그림은 컴퓨터 프로그램이 원시 코드 형태에서 컴파일러에 의하여 기계어로 번역되어 최종적으로 실행 프로그램(PE: Portable Executable) 섹션에 저장되게 되는 과정을 간단히 도시한 것이다. 일반적으로 텍스트 섹션에 저장되는 목적 코드는 역 어셈블리 도구를 이용하여 어셈블리어로 다시 변환할 수 있다. 그림에서 좌측 블록의 코드들은 우측 블록의 기계어 코드와 대응되는 어셈블리어 코드를 나타낸다. 그림에서 보는 것과 같이 어셈블리어는 push, mov, sub, lea, rep, call 등의 제한적이고 비교적 단순한 명령어들과 esi, 0, eax, [msg] 등의 오퍼랜드들로 구성된다.

[PE 텍스트 섹션의 생성] [14]

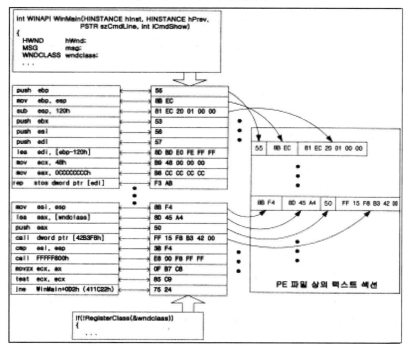

따라서, 어셈블리어 코드에 대한 논리적 흐름에 대한 분석은 매우 어려울 수 있으나 코드의 물리적 구조 및 유사도는 비교적 쉽게 검출될 수 있다. 즉, 각각의 목적 코드는 역 어셈블리 도구를 사용하면 위의 그림에서와 같은 명령어와 오퍼랜드들로 구성된 어셈블리어 코드로 변환되며, 이로부터 유사도 검출이 가능한 어셈블리어 코드의 동일 언어 간의 유사도 감정이 가능하게 된다.

3. 어셈블리어 코드에서 유사도 검출

역 어셈블리 도구에 의해 생성된 어셈블리어(assembly language) 코드의 유사 비교는 기본적으로 함수 단위의 비교가 적합하다. 그러나 유사도 비교를 위한 두 코드 상호 간에 비교할 대상 함수를 찾는 것 또한 어려운 작업이다. 따라서, 원시 코드와 비교해 상당히 많은 양의 어셈블리어 코드에 대한 함수 단위 비교를 위해서는 이를 위한 도구의 개발 또한 필요하게 된다.

3.1. 역 어셈블리어 코드의 유사도

아래 그림은 실행 파일에 대해 역 어셈블리 도구인 IDA[13]를 이용하여 생성한 어셈블리어 코드의 예이다. 그림에서 볼 수 있듯이 양쪽 어셈블리어 코드는 주소와 관련된 부분을 제외하면 모두 같다는 것을 쉽게 알 수 있다. 단순한 함수에 대하여는 수작업에 의해서도 함수 간 유사도의 검출이 가능하다. 그러나 수작업으로 전체 프로그램에서 함수 간 유사도 비교는 많은 어려움과 노력을 요구한다. 이는 역 어셈블리어에 의하여 생성된 코드는 그 양이 상당히 많으며, 일반적으로 각각의 코드에 나타나는 유사 함수들의 위치가 순차적이지 않은 데 기인한다.

[유사 함수의 어셈블리어 코드]

```
.text:10001550 ; ----- S U B R O U T I N E -----    .text:10004F00 ; ----- S U B R O U T I N E -----
.text:10001550-                                      .text:10004F00
.text:10001550                                       .text:10004F00
.text:10001550 sub_10001550  proc near               .text:10004F00 sub_10004F00  proc near
; DATA XREF: .data:off_10018C80o                      ; DATA XREF: .rdata:off_1000F930o
.text:10001550                                        .text:10004F00
.text:10001550 arg_0  = dword ptr  4                  .text:10004F00 arg_0  = dword ptr  4
.text:10001550 arg_4  = dword ptr  8                  .text:10004F00 arg_4  = dword ptr  8
.text:10001550 arg_8  = dword ptr  0Ch                .text:10004F00 arg_8  = dword ptr  0Ch
.text:10001550                                        .text:10004F00
.text:10001550    mov    eax, [esp+arg_8]             .text:10004F00    mov    eax, [esp+arg_8]
.text:10001554    mov    ecx, [esp+arg_4]             .text:10004F04    mov    ecx, [esp+arg_4]
.text:10001558    push   eax                          .text:10004F08    push   eax
.text:10001559    mov    eax, [esp+4+arg_0]           .text:10004F09    mov    eax, [esp+4+arg_0]
.text:1000155D    xor    edx, edx                     .text:10004F0D    xor    edx, edx
.text:1000155F    push   ecx                          .text:10004F0F    push   ecx
.text:10001560    mov    dx, [eax+10h]                .text:10004F10    mov    dx, [eax+0Eh]
.text:10001564    add    eax, 12h                     .text:10004F14    add    eax, 10h
.text:10001567    push   edx                          .text:10004F17    push   edx
.text:10001568    push   eax                          .text:10004F18    push   eax
.text:10001569    call   sub_10002070                 .text:10004F19    call   sub_10001AF0
.text:1000156E    add    esp, 10h                     .text:10004F1E    add    esp, 10h
.text:10001571    retn                                .text:10004F21    retn
.text:10001571 sub_10001550 endp                      .text:10004F21 sub_10004F00 endp
```

또한, 어셈블리어 코드의 비교로 검출된 동일함수 목록은 목적 코드의 특성상 그림에서와 같이 실제 함수의 이름이 아닌 서브루틴의 주소 번지로 표시된다. 따라서 주소 번지로 표시된 동일함수의 이름들은 원시 코드에서의 실제 함수 이름으로 대치가 필요하게 된다. 이를 위하여는 앞서 기술했듯이 적어도 한쪽의 원시 코드를 이용하여야 하는데, 원시 코드를 릴리즈 모드가 아닌 디버깅 모드로 컴파일하는 경우 함수의 이름은 주소 번지로 변환이 되지 않고 원시 코드에서의 본래 이름을 유지하는 특성을 이용하여 수행할 수 있다. 따라서, 주소 번지로 표시된 동일함수 목록과 디버깅 모드에서의 어셈블리어 코드의 함수 이름을 비교하면 유사도가 확인된 함수의 실제 목록을 추출할 수 있게 된다.

3.2. 함수 연관도를 이용한 유사도 분석

함수 연관도는 함수 간의 호출 위치나 서브루틴의 호출 관계를 나타내는 물리적 또는 논리적 유사도 비교의 중요한 도구로 전체 프로그램의 구조를 직관적으로 나타내는 방법이다. 원시 코드의 분석에 사용할 수 있는 연관도 분석 도구로는 Source Insight[15] 등이 있으며, 역 어셈블리 분석 및 목적 코드의 연관도 분석을 위한 도구로는 앞서 언급한 IDA[13] 등이 있다. 함수 연관도 분석을 위해서는 먼저 양측 비교 대상의 목적 코드 각각에 대한 연관도를 추출하여야 한다. 그리고 적어도 한쪽의 원시 코드에 대응하는 목적 코드의 함수 연관도 작성은 목적 코드의 각 함수와 원시 코드의 각 함수 상호 간에 어떻게 사상 되는지 분석하는 것이 중요한 요소이다[11].

[목적 코드의 함수 연관도 예]

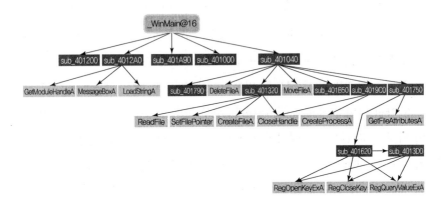

위 그림은 IDA를 이용하여 추출한 목적 코드의 함수 연관도 예이다. 목적 코드의 함수 연관도를 이용하여 원시 코드의 함수 연관도 상에서 대응되는 함수명을 추출하기 위해서는 목적 코드와 원시 코드가 동일 버전이어야 1:1 사상에 대한 연관도를 작성할 수 있다. 함수 연관도의 유사도 분석은 다음과 같은 과정으로 수행할 수 있다.

1) 각각의 목적 코드 주요 루틴에 대한 함수 연관도를 역 어셈블리 기법으로 생성
2) 생성된 어셈블리어 코드의 유사도 비교를 통하여, 검출된 동일함수 목록을 비교 대상 목적 코드의 함수 연관도에서 탐색 및 추출
3) 원시 코드가 존재하는 어셈블리어의 실제 함수명을 추출하여, 목적 코드의 함수 연관도와 비교를 통해 대응되는 실제 함수명으로 대체

[원시 코드의 함수 연관도 예]

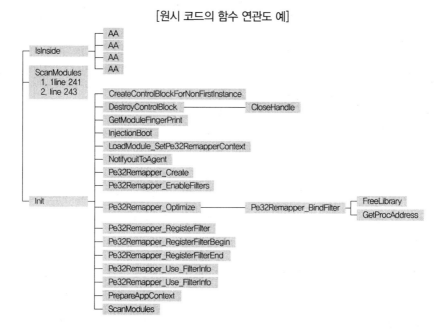

목적 코드와 원시 코드로부터 생성된 두 개의 함수 연관도를 상호 비교하여, 원시 코드에서 함수들과 목적 코드의 함수 간에 1:1 대응 관계의 분석을 시도할 수 있다. 이러한 대응 관계의 분석은 목적 코드에서 실질적으로 호출된 함수들의 이름을 추출하여 유사도 감정 대상 프로그램 상호 간의 논리적 구조 및 호출 함수를 비교하는 데 유용하게 사용될 수 있다. 위 그림은 원시 코드의 함수 연관도의 예를 나타낸 것이다.

4. 유사도 검출 도구의 설계

어셈블리어는 비교적 단순하고 한정된 명령어(instruction)들과 오퍼랜드(operand)들로 구성된다. 그러나 수작업에 의한 어셈블리어 레벨의 유사도 감정은 앞에서 기술한 다양한 이유로 상당한 시간과 고도의 기술을 요구한다. 따라서, 어셈블리어 레벨에서의 유사도 감정을 위해서는 명령어와 오퍼랜드의 토큰(token) 분류에 의한 테이블의 생성과 유사도를 자동으로 비교할 수 있는 도구의 개발이 필요하다. 또한, 이를 위한 유사도 감정 항목에 대한 분류가 필요하다.

4.1. 어셈블리어 유사도 검출 도구 설계

함수 단위 비교를 위해서는 먼저 명령어와 오퍼랜드들을 토큰으로 분류한 후 함수마다 명령어와 오퍼랜드 테이블을 생성하여, 이들에 대한 비교를 수행할 수 있다. 아래 표는 유사도 비교를 위해 요구되는 각각의 함수들에 대한 명령어 및 오퍼랜드 테이블의 예를 나타내고 있다. 테이블의 구성은 앞의 그림인 어셈블리어 코드의 스캔 순서에 의한 순차적 인덱스(index)와 토큰 분류에 의한 명령어, 오퍼랜드 1, 오퍼랜드 2, 그리고 오퍼랜드에 포함된 오프셋(offset)과 명령어의 출현 순서에 대한 정보로 구성할 수 있다.

[명령어 및 오퍼랜드 테이블의 예]

Index	Instruction	OP 1	OP 2	Offset	Order
1	add	eax	12h	12h	8
2	add	esp	10h	10h	12
3	call	sub_1	null	null	11
4	mov	exa	esp	arg_8	1
–	–	–	–	–	–
12	push	eax	null	null	3
13	xor	edx	edx	null	5

즉, 함수의 특징 테이블 간 비교를 효과적으로 수행하기 위하여 테이블의 구성은 명령어를 기준으로 정렬을 수행하며, 인덱스는 순차적으로 증가하

는 명령어 배열의 순차 번지를 저장하고, OP 1 및 OP 2에는 오퍼랜드들을 저장한다. 그리고 오퍼랜드에 포함된 오프셋은 테이블의 Offset 영역에 분리 저장하여 비교 시 제외되도록 한다. 오퍼랜드와 함께 나타나는 레지스터 등을 범용, 오프셋, 세그먼트 등의 범주로 분류하여 추가적인 정보를 제공할 수도 있다. 테이블은 효율적 비교를 위하여 명령어를 기준으로 정렬되어 정렬 이전에 명령어의 위치에 대한 순서를 저장할 필요가 있으며, 이에 대한 정보는 Order 부분에 저장하게 된다. 각각의 함수별로 위의 표와 같은 형식의 테이블을 생성하면 함수 간 명령어의 유사도, 오퍼랜드의 유사도, 명령어 순서의 유사도, 유효라인 수 등 함수 간의 다양한 정보들에 대한 유사도를 정량화할 수 있다. 이때, 각각의 유사도에 대한 가중치는 달리 정의할 수 있다.

4.2. 목적 코드 유사도 감정의 고려사항

앞서 기술한 바와 같이 목적 코드에 대한 유사도 감정은 역 어셈블리 도구를 사용하여, 어셈블리어 코드로 변환한 후 동일 언어 간 유사도 감정을 수행하게 된다. 그러나 역 어셈블리 도구의 한계로 동일 원시 코드가 존재하지 않는 경우의 표절 또는 복제된 원시 코드에 대한 목록 작성은 매우 제한적이다. 또한, 자동생성 코드나 공개 코드에 대한 탐지도 매우 제한적이다. 그럼에도 목적 코드의 유사도 분석은 작성된 프로그램 언어의 종류와 관계없이 모든 목적 코드를 어셈블리어 코드로 변환할 수 있어, 동일 언어 간 유사도 감정의 문제로 전환할 수 있다는 장점이 있다.

어셈블리어 코드를 이용한 물리적 유사도 감정 항목으로는 역 어셈블리 도구를 통해 얻을 수 있는 양쪽 목적 코드에 대응되는 파일의 크기, 함수 및 이름들의 개수, 동일함수의 개수 등과 같이 비교적 정량적으로 유사도를 산출할 수 있는 항목 간 비교 요소들을 찾을 수 있다. 논리적 유사도 는 그 특성상 다소 주관적인 판단이 불가피하며, 정확한 근거의 제시에 의 한 정량적 표현에는 어려운 부분이 있다. 일반적으로 원시 코드에 대하여 는 다양한 분석 도구를 적용할 수 있어, 함수에 대한 논리적 구조를 비교적 쉽게 분석할 수 있다. 그러나 어셈블리어 코드에 대한 논리적 구조는 분석 이 쉽지 않다.

따라서, 어셈블리어 코드에 논리적 유사도 감정에는 이에 대한 해독 능 력 및 주관적 판단기준과 관련된 부분이 반영될 소지가 크다. 이러한 문제 를 최소화하기 위해서는 함수에서 사용된 변수의 개수와 호출된 함수의 수 및 호출 위치 등 기능 및 구조적으로 유사하게 보이는 함수에 근거한 유사 도 분석 항목이 필요하다. 물리적 유사도 분석에서는 완전히 같은 코드에 대하여는 분석을 쉽게 할 수 있으나 완전히 같지는 않지만, 함수 레벨에서 의 기능 및 논리적으로 유사한 코드들의 검출이 가능할 것이다[11].

코드의 논리적 구조와 무관하지 않으나 비교적 정량적으로 분석하기 쉬 운 방법으로는 각각의 파일들과 이들 각각에 대응하는 비교 대상 파일들에 대해 역 어셈블리 기법을 사용하여 생성한 어셈블리어 코드가 가지고 있는 전체 함수 및 이름의 개수에 대한 유사성을 비교할 수 있다. 전체 함수의 개수는 각각의 목적 코드에서 호출된 함수 중 컴파일러로부터 제공되는 라 이브러리 함수의 개수를 제외한 기본적으로 원시 코드로 구현되어 변환된 함수의 개수를 의미한다. 또한, 이름들의 개수는 각각의 목적 코드에서 사 용된 라이브러리 함수, 정규함수, 명령어, 스트링, 데이터 등의 이름들 개 수를 의미한다.

프로그램 표절 또는 복제의 가장 확실한 증거들은 함수 이름들의 유사성 또는 동일성 보다, 각각의 함수를 구성하고 있는 코드의 동일성 여부이다. 각 어셈블리어 코드에서 동일함수 비율을 분석하기 위해서는 앞에서 기술한 방법에 따른 함수 단위의 유사도 분석이 필요하다. 여기서 산출되는 결과는 호출된 함수의 개수 유사성과 같은 직관적 유사성과는 달리 정확한 분석을 통하여 산출된 사실적이고 객관적인 결과이다. 또한, 함수 연관도는 코드의 구조를 직관적으로 비교하는 방법으로 물리적 유사성을 내포하고 있는 논리적 유사성 비교의 중요한 도구이다.

5. 결론

본 연구에서는 컴퓨터 프로그램의 표절 또는 복제도 검출을 위한 목적 코드의 유사도 검출 방법 및 그 도구의 설계에 관하여 기술하였다. 유사도 검출을 위한 대부분의 원시 코드 및 목적 코드들은 컴파일러와 역 어셈블리 방법에 의하여 어셈블리어 코드로 변환할 수 있다. 그리고 이렇게 생성된 어셈블리어 코드는 원시 코드보다 그 양은 많이 증가하나 비교적 간단한 형태의 구조를 유지하고 있어, 함수 레벨에서 양측 코드 간의 물리적 유사도 검출이 가능하다. 또한, 어느 한쪽의 원시 코드가 존재하는 경우 양측 프로그램의 동일함수 목록과 복제된 코드 부분을 추출할 수 있다. 본 연구에서는 이러한 유사도 감정 방법 및 이를 위한 도구의 설계에 관하여 기술하였다. 향후, 본 연구에서 제안한 어셈블리어 코드의 물리적 유사도 감정을 위한 도구의 구현 및 시험이 요구된다.

참고문헌

[1] H. Berghel and D. Sallach, "Measurements of Program Similarity in Identical Task Environments," ACM SIGPLAN Notices, 19(8), pp.65~76, Aug. 1984

[2] 김규식, 조성제, 우진운, "소스코드 유사도 측정 도구의 성능에 관한 비교연구," 한국소프트웨어감정평가학회 논문지, 13권1호, pp.31-42, 2017.6

[3] A. Aiken, MOSS: A System for Detecting Software Similarity, http://theory.stanford.edu/~aiken/moss/, Stanford University, USA, 2020

[4] L. Prechelt, G. Malpohl, and M. Phlippsen, JPlag: Finding Plagiarisms among a Set of Program, Technical Report 2000-1, University of Karlsruhe, Germany, Mar. 2000

[5] G. Whale, Plague: Plagiarism Detection using Program Structure, TR Vol.8805, Department of Computer Science, University of NSW, Kensington, Australia, 1988

[6] D. Gitchell, N. Tran, "SIM: A Utility for Detecting Similarity in Computer Programs," in Proc. of 30th SIGCSE Technical Symposium on Computer Science Education, New Orleans, USA, pp.266~270, May 1999

[7] M. Wise, "YAP3: Improved Detection of Similarities in Computer Program and Other Texts," in Proc. Of 27th SIGCSE Technical Symposium, Philadelphia, USA, pp.130~134, 1996

[8] 한국저작권위원회, 2019년 SW감정인 역량제고 교육, 자료집, 2019.12

[9] 김시열, 주형락, "실행코드의 실질적 유사성 비교에 관한 저작권법 관점에서의 소고," 한국소프트웨어감정평가학회 논문지, 12권2호, pp.15-24, 2016.12

[10] 이규대, "목적코드 파일의 유사도 측정 개선방안," 한국소프트웨어감정평가학회 논문지, 8권1호, pp.41-48, 2012.6

[11] 유장희, 실행파일의 유사도 감정평가 및 프로파일 작성방안, 컴퓨터프로그램보호위원회, 2007 SW 감정 워킹그룹 연구 결과 보고서, 2007

[12] R. Osterlund, PEBrowse Professional Interactive, https://download. cnet.com/PEBrowse-Professional-Interactive/3000-2218_4-10445319. html, SmidgeonSoft, LLC., 2011

[13] S. Micallef, IDA Plug-In Writing in C/C++, https://www.hex-rays. com/products/ida/, 2020

[14] 이호동, Windows 시스템 실행파일의 구조와 원리, 한빛미디어, 2005

[15] Source Dynamics, Source Insight 4.0 User Manual, https://www. sourceinsight.com/, 2020

4. 안드로이드 스마트폰에서 Dex 파일들의 유사도 비교 연구*

대표저자 : 조성제

1. 서론

스마트폰 애플리케이션(이하 '앱') 마켓이 급성장하면서, 스마트폰 앱에 대한 저작권 침해도 함께 급증하고 있다. 특히, 안드로이드 앱은 역컴파일 및 역어셈블을 통한 역분석이 쉽고, 변조 후 다시 리패키징하여 배포하기 쉽기 때문에 많은 저작권 피해가 발생하고 있다.

SW 불법 도용 및 표절로부터 저작권을 보호하기 위하여, 프로그램들 간의 유사도를 분석하여 불법도용 여부을 탐지하기 위한 다양한 기법들이 연구되고 있다[1-11]. 2013년 6월 기준으로, 기존의 SW 불법 표절 탐지 연구들은 소스코드 간의 유사도 비교를 중심으로 수행되었다. 하지만 저작권 분쟁 시에는 소스코드를 확보하기 어렵기 때문에 소스코드 수준의 유사도 비교 기법에는 한계가 존재한다. SW 워터마크(SW watermark)는 프로그램에 저작권 정보를 추가로 삽입하기 때문에 공격자에 의해 제거 및 변조될 수 있다는 한계가 있다[11]. SW 버스마크(SW birthmark)는 한 프로그램에 내재되어 있는 고유특성으로 해당 프로그램을 식별 가능하기 때문에, 프로그램 도용이나 표절 탐지를 목적으로 연구되고 있다. 하지만 지금까지

---

* 한국소프트웨어감정평가학회 논문지 제9권 제1호, 2013. 6.에 수록된 논문을 일부 보정한 것이다.

의 SW 버스마크 연구는 대부분 MS Windows 애플리케이션을 대상으로 하며, 스마트폰 앱을 대상으로 한 연구는 미비한 상태이다.

본 논문에서는 안드로이드 앱 불법 도용 및 표절을 탐지하기 위한 유사도 비교 기법 3가지를 제안한다. 제안 기법은 안드로이드 앱에서 실행파일에 해당하는 Dex(Dalvik Executable)을 정적 분석한 결과를 기반으로 한다. 첫 번째, 안드로이드 앱은 역컴파일이 쉽다는 특성을 활용하여, 앱을 역컴파일한 후, 역컴파일된 소스코드의 유사도를 비교한다. 두 번째, 앱 실행파일에 포함된 문자열들을 비교하여 유사도를 분석한다. 실행파일에 포함된 문자열은 소스코드의 특징 중 컴파일과정에서 변경되지 않는 정보로서, 프로그램의 중요 특징정보 중 하나이다. 마지막으로 자바 메서드(method)의 반환 값 및 호출 인자들의 자료형을 기반으로 앱 간의 유사도를 비교한다. 제안 기법들의 효율성 평가하기 위해, 기능별로 수집한 앱들을 대상으로 각 기법을 적용 및 실험하였으며, 이를 통해 각 기법들의 장·단점을 비교, 분석하였다.

본 논문의 구성은 다음과 같다. 2장에서는 관련연구에 대해 설명하고 3장에서는 제안한 기법에 대해 설명 한다. 4장에서는 제안한 기법의 검증을 위한 실험 및 분석, 5장에서는 결론과 향후 연구 방향에 대해 기술한다.

2. 관련 연구

2.1. SW 불법 도용 탐지

대표적인 SW 불법 도용 탐지 기법은 SW 워터마크와 SW 버스마크 기법이다. SW 워터마크 기법은 프로그램에 저작권 정보를 추가적으로 삽입하여 저작권을 증명하는 기법이다. 하지만 추가된 저작권 정보가 난독화

(obfuscation) 등의 기법에 의해 훼손되거나, 공격자에 의해 제거될 수 있다. 또한 SW 전체 표절이 아닌, 부분 표절 및 도용 시에는 저작권을 증명하기 어렵다는 한계가 있다[11]. 특히 안드로이드 앱과 같이, 역공학에 취약한 경우에는 워터마크가 더 쉽게 훼손될 수 있다.

SW 버스마크[1-10]는 프로그램의 고유한 특징정보로써, 프로그램을 유일하게 식별할 수 있는 특징정보다. 즉, 추가적인 정보의 삽입 없이도 불법 도용 및 표절을 탐지할 수 있는 기법으로 활용될 수 있어, 최근에는 다양한 SW 버스마크가 연구되고 있다.

대표적으로 Tamada와 Myles는 자바 애플리케이션을 위한 정적 버스마크를 제안하였다. Tamada [1]는 자바 바이트코드로부터 Constant values, Sequence of Method calls, Used classes 등의 특징정보를 추출하여 이를 SW 버스마크로 사용하였다. Myles [2]는 자바 바이트코드를 역어셈블한 코드에서 Op-code의 서열(sequence)을 기반으로한 버스마크인 k-gram 기법을 제안하였다.

하지만 기존의 자바 바이트코드를 대상으로 한 SW 버스마크 기법을 안드로이드 앱에 그대로 적용하기는 어렵다. 안드로이드 앱의 경우, 개발 언어가 자바 프로그래밍 언어이고, 실행코드도 자바의 바이트코드와 일부 유사하다. 하지만 안드로이드 앱 실행파일인 Dex의 경우, 자바 프로그램의 실행파일을 JVM(Java Virtual Machine)이 아닌, 안드로이드 가상머신인 DVM(Dalvik Virtual Machine) 환경에서 실행 가능하도록 변형시킨 구조이기 때문이다.

2.2. 안드로이드 앱 구조

안드로이드 앱은 실행파일인 classes.dex 파일, 앱의 권한 등이 정의되어 있는 AndroidManifest.xml과 이미지 파일 등의 리소스들로 구성된다. 이러한 구성요소들은 APK (Android Package) 형태로 패키징되어 배포된다.

앱 구성요소 중에서 AndroidManifest.xml에 포함된 앱 권한 정보는, 서로 다른 개발자가 개발한 유사한 기능의 앱들에서 매우 유사하게 나타날 수 있다. 그리고 이미지 파일 등의 리소스도 실행에 아무런 영향을 미치지 못하기 때문에 쉽게 변경이 가능하다. 그렇기 때문에 AndroidManifest.xml의 정보와 리소스들은 앱 간의 유사도 비교 시에 사용할 특징정보로 부적합할 수 있다.

Classes.dex은 Dex(Dalvik Executable) 포맷으로 DVM(Dalvik Virtual Machine)에서 실행될 수 있도록 자바 클래스파일을 재구성한 것이다. Dex 포맷의 구조는 그림 1과 같으며, 'header'에는 파일의 크기 및 다른 정보들의 위치 정보를 포함한다. 'string_id'는 Dex에 포함된 모든 문자열들의 인덱스 및 위치 정보를 포함한다. 'type_ids'는 실행코드에서 참조하는 클래스 및 배열 정보를, 'proto_ids'는 프로토타입 식별에 관한 정보를 포함한다. 'field_ids'는 모든 클래스의 필드 테이블을 포함하고, 'method_ids'는 메소드 이름, 메서드 형식 설명이며, 'class_ids'는 Dex파일에 포함된 모든 클래스 목록이다[12].

[Dex 파일의 구조]

```
┌─────────────────────────┐
│         header          │
├─────────────────────────┤
│        string_ids       │
├─────────────────────────┤
│         type_ids        │
├─────────────────────────┤
│        proto_ids        │
├─────────────────────────┤
│        field_ids        │
├─────────────────────────┤
│        method_ids       │
├─────────────────────────┤
│        class_ids        │
├─────────────────────────┤
│                         │
│          data           │
│                         │
└─────────────────────────┘
```

3. 제안 기법

3.1. 역컴파일된 소스코드 수준 유사도 비교

안드로이드 앱의 classes.dex 실행파일은 역컴파일이 용이하다는 점을 활용하여 역컴파일을 통해 소스코드를 추출한다. 그리고 역컴파일된 소스코드 간의 유사도를 측정하고, 이를 앱간의 유사도 측정 결과로 사용한다.

개발자가 작성한 원래 앱 소스코드와는 달리, 안드로이드 앱의 실행파일로부터 역컴파일된 소스코드의 경우에는, 일반적으로 import하는 라이브러리들의 소스코드가 함께 포함되어 있다. 라이브러리 소스코드를 모두 포함하여 유사도를 측정할 경우 false-positive가 발생할 수 있다.

이를 개선하기 위해, 대다수의 앱에서 공통적으로 사용하는 라이브러리의 소스코드는 비교 대상에서 제외하거나, 유사도 값 계산 시에 가중치를 낮추는 등의 고려가 필요하다.

역컴파일된 소스코드 수준의 유사도 비교를 위해서, 먼저 자바 역컴파일러인 JD-GUI [13]를 사용하여 역컴파일된 소스코드를 추출한다. 추출 후, 잘 알려진 소스코드 간 유사도 비교 도구인 Moss(Measure of Software Similarity)[14]를 사용하여 유사도를 비교한다. Moss는 프로그램 소스코드를 토큰 단위로 분리하여 비교한다.

3.2. 문자열 기반 유사도 비교

실행파일에 포함된 문자열은 소스코드의 특징 중 컴파일 과정에서 훼손되거나 변경되지 않는 중요 특징정보이다. 단, 식별자 재명명(identifier renaming) 난독화 또는 문자열 암호화(string encryption) 난독화 기법에 의해서 클래스명/메소드 명칭이나 문자열 정보가 변경될 수 있다. 본 논문에서는 문자열 기반의 유사도 비교를 위해 Dex에 포함된 문자열들을 추출하여 비교한다. 여기에는 상수 문자열, 클래스명, 타입명이 포함된다. 문자열 기반 유사도 값은 유사도 비교 기준 앱 A와 표절이 의심되는 앱 B에서 추출한 각 문자열들을 비교하여 정확히 일치하는 문자열의 개수를 A에서 추출한 전체 문자열의 개수로 나눈 값을 사용한다. 예를 들어, A와 B에서 추출한 문자열들의 개수가 각각 100개와 80개이고, 정확하게 일치하는 문자열의 개수가 40개일 때, 앱 A를 기준으로 한 A와 B의 유사도 값은 0.4(40/100) 이다.

3.3. 메서드(method) 기반의 유사도 비교

　메서드를 기반으로 한 유사도 비교에서는 각 메서드의 반환 값과 호출 인
자들의 자료형만을 추출하여 특징정보로 사용하고, 이 특징정보 간의 유사
도를 전체 앱의 유사도로 사용한다.

　메서드 명은 가장 기본적인 레이아웃 난독화 기법에 의해 쉽게 변조되기
때문에 메서드 명은 유사도 비교를 위한 특징정보로 사용하지 않는다. 실
제로 앱 개발 시, 구글에서 제공하는 난독화 도구인 Proguard를 적용하면
모든 클래스 및 메서드 명이 의미 없는 값으로 난독화된다. 메서드 명과는
달리 반환 값과 인자의 자료형은 각 메서드의 기능과 관련 있기 때문에 쉽
게 변조하기 어렵다. 그렇기 때문에 각 메서드별 인자의 개수와 반환 값 및
인자들의 자료형을 특징정보로 사용한다. 참고로, 리플렉션(reflection),
간접호출(call indirection), 메서드 오버로드(method overload) 등의 난독
화에 의해서 원본 메서드 정보들이 많이 변형될 수 있다.

　메서드 기반의 앱 간의 유사도 비교 단계는 다음과 같다.

- 1 단계: 앱 A의 메서드 ai (1 <= i <= n) 와 B에 포함된 메서드 bj (1 <= j <= m) 추출
- 2 단계: ai와 bj의 반환 값 및 인자의 자료형을 기반으로 각 메서드 간의 유사도 값 계산
- 3 단계: ai와 가장 유사한 bj을 찾고, 두 메서드 간의 유사도를 sk (1 <= k <= n)으로 한 후에 sk/n 을 최종적인 앱 간의 유사도로 사용

　메서드들 간의 유사도를 측정하는 방법은 아래 그림과 같다. 두 메서드간
의 동일한 반환 값 및 인자의 자료형이 존재하는 개수를 비교 기준인 메서

드의 반환 값 및 인자의 개수로 나눈 값을 사용한다. 즉 아래 그림의 경우, 유사도 측정 결과 값은 1/4 이다.

[메서드들 간의 유사도 측정]

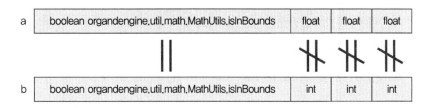

$$Similarity(a,\ b)\ =\ \frac{1}{4}$$

4. 실험 및 평가

제안 기법을 검증하기 위해, 신뢰성(credibility)과 강인성(resilience)을 평가 및 분석하였다. 신뢰성은 동일 또는 유사한 기능을 수행하는 서로 독립적으로 개발된 프로그램을 유사하지 않은 것으로 판단하는 능력에 대한 평가 기준이다. 강인성은 매우 유사한 방식으로 개발된 프로그램을 유사한 것으로 판단하는 능력을 평가하는 기준이다.

신뢰성 평가를 위해, 동일 기능의 제품군에 속한 서로 다른 앱 간의 유사도를 비교하였고, 강인성 평가를 위해서는 동일 앱의 다른 버전 간의 유사도를 비교하였다.

4.1. 동일 제품군 다른 앱들 간의 유사도 비교

제안기법의 신뢰성 검증하기 위해 앱들 간의 유사도를 비교하였다. 즉, 대중적으로 많이 쓰이는 앱들 중에서 다섯 종류의 제품군을 선정하였고,

각 제품군 별로 2개의 앱을 선정하여 유사도를 측정하였다.

실험에서는 본 논문에서 제안한 3 가지 기법을 사용하여 실험을 진행하였다.

- 기법 1. 역컴파일한 소스코드들 간의 유사도 비교
- 기법 2. 문자열 기반 유사도 비교
- 기법 3. 메서드 기반 유사도 비교

실험 대상으로 선정한 5개의 제품군 및 각 제품군별 대표 앱은 아래 표와 같다.

[실험 대상 앱 정보]

종류	이름	크기(MB)
Image Viewer	A comic viewer(1.4.1.4)	1.12
	Easy comic Viewer(1.6.7)	7.45
Subway	Paris metro(2.1.4)	0.03
	Sydney metro(new)	0.24
Camera	Camera 360(4.1.1)	6.62
	Camera ICS(1.2.1)	0.89
Map	OsmAnd Map(1.3.1)	12.9
	Qibla Map(1.0)	0.12
Video	Easy player(1.0.7)	9.01
	Real player(1.1.3.0)	3.20

또한, 위 기법 3가지를 이용하여 유사도를 비교한 결과는 다음 표와 같다.

[제안 기법의 기법 간 유사도 측정 결과 (단위: %)]

타입	기준 프로그램	비교 프로그램	유사도 비교		
			기법1	기법2	기법3
Image Viewer	A comic viewer	Easy comic viewer	45%	54%	21%
	Easy comic viewer	A comic viewer	5%	19%	6%
Subway	Paris Metro	Sydney Metro	23%	29%	8%
	Sydney Metro	Paris Metro	3%	4%	2%
Camera	Camera360	CameraICS	3%	8%	3%
	CameraICS	Camera360	30%	43%	23%
Map	OsmAnd Map	Qibla Map	0%	1%	0%
	QiblaMap	OsmAndMap	21%	45%	28%
video	EasyPlayer	RealPlayer	6%	9%	5%
	RealPlayer	EasyPlayer	18%	19%	11%

실험 결과, 기법 2에 비해 기법 1로 측정된 유사도가 모두 더 낮았다. Moss에서 사용하는 유사도 측정 기법은 winnowing이라는 핑거프린트 선택 알고리즘(fingerprint selection algorithm)[14][15]이다. 세부적인 사항은 참고문헌 [15]을 참조 바란다.

기법 2는 라이브러리를 포함하여 비교하였기 때문에 공통적으로 존재하는 문자열의 개수가 많았고, 이로 인해 전반적인 유사도는 기법 1에 비해 높게 측정되었다.

전반적으로 기법 1과 기법 3은 비슷한 결과를 보이고 있다. 그러나 Image Viewer 제품군의 A comic viewer와 Subway제품군의 Paris Metro 경우에는 유사도의 차이가 20% 정도로 큰 편차를 보이고 있다. 이를 분석한 결과, 기법 1에서는 소스코드의 알고리즘 부분에 비해 변수 선언 부의 패턴 매칭이 많이 일어남을 알 수 있었다. 실제 아래 그림을 보면, 기법 1 기반의 유사도 비교에서 변수 선언 부의 매칭이 많이 일어남을 보여주고 있다.

[기법 1의 변수 선언부 패턴 매칭]

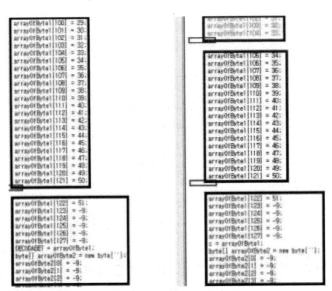

4.2. 동일 앱 다른 버전 기반의 유사도 비교

제안 기법의 강인성을 측정하기 위해 같은 앱의 다른 버전에 대한 유사도
를 비교하였다. 아래 표는 camera360 앱의 3가지 버전(3.7, 4.0, 4.1.1)에 대
해 3.7버전과 4.1.1버전, 4.0버전과 4.1.1버전으로 나누어 비교한 결과이다.

[동일 앱 다른 버전 간 유사도비교 (단위 %)]

프로그램	기준 버전	비교 버전	유사도 비교		
			기법 1	기법 2	기법 3
Camera 360	3.7	4.1.1	39	56.95	45
	4.1.1	3.7	38	52.51	41
	4.0	4.1.1	80	91.28	90
	4.1.1	4.0	91	95.64	96

실험 결과, 4.1 절의 실험 결과와 마찬가지로 기법 1과 비교하여 기법 2의 유사도가 더 높게 측정되었다. 또한, 기법 1과 기법 3은 유사한 실험 결과를 보였다.

3.7 버전과 4.1.1 버전의 유사도가 4.0 버전과 4.1.1 버전 간의 유사도보다 낮게 측정되었다. 분석 결과, 3.7 버전과 4.1.1 버전은 소스코드의 추가 및 변화가 많이 존재하기 때문이다. 실험 결과 본 논문에서 제안한 3가지 기법 모두의 강인성이 높음을 확인하였다.

5. 결론

안드로이드 앱 불법 도용 및 표절에 의한 저작권 침해 사례, 그리고 이에 따른 경제적 피해가 급증하고 있다. 하지만 PC 환경과 비교하여 안드로이드 앱 저작권 보호를 위한 연구는 부족한 실정이다.

본 논문에서는 안드로이드 앱 불법 도용 및 표절을 탐지하기 위한, 앱들 간의 유사성 비교 기법을 3가지 제안하였다. 모두 안드로이드 앱의 실행 파일인 Dex 파일을 정적으로 분석한 결과를 기반으로 한다. 첫 번째 기법에서는, Dex 파일의 바이트코드를 자바 소스코드로 역컴파일한 후, 역컴파일된 소스코드 간의 유사도를 측정하였다. 두 번째로 Dex 파일에 포함된 문자열들을 추출하고 문자열 비교를 기반으로 앱 간의 유사성을 비교하였다. 마시막으로 Dex 파일에 정의된 메서드들로부터 특징정보를 추출하여 유사도를 비교하였다. 실험을 통해 각 제안기법들이 일부 차이는 있지만 신뢰성 및 강인성 측면에서 효과적임을 검증하였다.

향후에는 더 효율적인 안드로이드 앱 유사도 비교 연구를 위해 다양한 기법들에 대하여 연구할 계획이다.

참고문헌

[1] Tamada, H., Nakamura, M., Monden, A. and Matsumoto, K., Design and Evaluation of Birthmarks for Detecting Theft of Java Programs. In Proceedings of the IASTED International Conference on Software Engineering (IASTED SE 2004), pp.569-575, February 2004

[2] Myles, G. and Collberg, C., K-gram based software birthmarks. In Proceedings of the 2005 ACM Symposium on Applied Computing (SAC' 05), March 2005

[3] Myles, G. and Collberg, C., Detecting Software Theft via Whole Program Path Birthmarks. In Proceedings of the Information Security Conference, September 2004

[4] Tamada, H., Okamoto, K., Nakamura, M., Monden, A. and Matsumoto, K., Dynamic Software Birthmarks to Detect the Theft of Windows Applications. In Proceedings of the International Symposium on Future Software Technology 2004 (ISFST 2004), October 2004

[5] Wang, X., Jhi, Y., Zhu, S. and Liu, P., Detecting Software Theft via System Call Based Birthmarks, In Proceedings of the Annual Computer Security Applications Conference (ACSAC '09), 2009

[6] Schuler, D. and Dallmeier, V., Detecting Software Theft with API Call Sequence Sets, In Proceedings of the 8th Workshop Software Reengineering, May 2006

[7] Choi, S., Park, H., Lim, H. and Han, T., A Static Birthmark of Binary Executables Based on API Call Structure, In Proceedings of the 12th Asian Computing Science Conference (ASIAN), December 2007

[8] Myles, G., Software Theft Detection through Program Identification. PhD thesis, Department of Computer Science, The University of Arizona, 2006

[9] Zhou, X., Sun, X., Sun, G. and Yang, Y., A Combined Static and Dynamic Software Birthmark Based on Component Dependence Graph, In Proceedings of the 4th Int'l Conf. on Intelligent Information Hiding and Multimedia Signal Processing (IIH-MSP), pp. 1416-1421, August 2008

[10] Tamada, H., Okamoto, K., Nakamura, M., Monden, A. and Matsumoto, K. Design and evaluation of dynamic software birthmarks based on api calls. Nara Institute of Science and Technology, Technical Report, 2007

[11] Collberg, C. S. and Thomborson, C., Watermarking, Tamper-proofing, and Obfuscation-Tools for Software Protection, IEEE Trans. on Software Engineering, 28(8), Aug. 2002

[12] Dex- Dalvik Executable Format, http:// source.android.com/tech/ dalvik/dex-format.html

[13] Java decompiler: JD-GUI, http://java. decompiler.free.fr/?q=jdgui

[14] A system for detecting software plagiarism - MOSS. [online] http:// theory.stanford.edu/~aiken/moss/

[15] Schleimer, S., Wilkerson, D. S. and Aiken, A., Winnowing: Local Algorithms for Document Fingerprinting, In Proceedings of the 2003 ACM SIGMOD international conference on Management of data, pp. 76-85, Jun. 2003

5. 텍스트 마이닝을 통한 키워드 추출과 머신러닝 기반의 오픈소스 소프트웨어 주제 분류*

대표저자 : 신동명

1. 서론

오픈소스 소프트웨어는 저작권이 존재하지만, 소스코드가 공개된 프로그램으로 누구나 자유롭게 사용하며 수정하고 재배포할 수 있는 소프트웨어이다. 정보통신산업진흥원의 2018 공개 SW 기업 편람에 따르면 오픈소스 SW 시장 규모는 1,890억 규모로 추정되며 이는 1,602억 규모였던 2016년 대비 17.9% 증가 성장한 규모이고 2021년에는 시장규모가 더 성장하여 3,430억 원에 도달할 것으로 전망한다[1]. 오픈소스 소프트웨어의 대표적인 예로는 리눅스, 안드로이드 등이 있다. 시장규모가 커짐에 따라 오픈소스 SW를 사용하고 개발하는 기업이 증가하는 추세이다. 대표적으로 네이버 랩스, 우아한 형제들, 삼성전자 등도 오픈소스 개발에 참여하고 있으며 그 외에도 최근 많이 사용되는 데브옵스(Devops), 퍼블릭 클라우드, 마이크로서비스(Microservice), 딥 러닝 대표 라이브러리인 구글의 텐서플로우 등이 모두 오픈소스 기반이다. 또한, 개방성 정책과는 상당히 먼 기업인 애플마저 2015년 12월 자사가 사용하는 프로그래밍 언어 스위프트(Swift)

---

* 한국소프트웨어감정평가학회 논문지 제14권 제2호, 2018. 12.에 수록된 논문을 일부 보정한 것이다.

를 오픈소스로 공개할 것이라고 발표했다[2]. 이처럼 다수 기업에서 오픈소스를 사용하고 개발하며 이를 기본 사양으로 여기고 있다. 블랙덕소프트웨어에 의한 결과에 따르면 응답자의 78%가 오픈소스 소프트웨어를 기반으로 사업을 운영하고 있다고 답했다[3]. 오픈소스 소프트웨어에 참여하는 기업들이 증가하는 추세이며, 개발자 또는 일반 사용자들도 오픈소스를 사용하는 비중이 늘어나고 있다. 하지만 오픈소스 소프트웨어 주제에 대한 체계적인 분류 체계가 존재하지 않는다. 정보통신산업진흥원은 "공개SW 프로파일을 통해 공개SW 통계를 수집하고 분류하려고 하지만 2016년 통계 이후 이루어지지 않고 있다" 말했다. 현재는 오픈소스 소프트웨어의 분류를 사용자가 직접 입력을 하거나 태깅하는 방식을 사용하고 있다. 이는 사용자가 주제를 직접 입력함으로써 번거로움을 초래하며 주제가 오 분류 될 수 있고 통합적인 분류 체계를 가지지 못하는 문제점이 있다. 이렇게 오픈소스 소프트웨어 환경이 커지는 상황에서 오픈소스 소프트웨어 분류 도구는 소프트웨어 환경의 지속적인 변화와 성장을 위해 필수적으로 갖춰야 하는 기술이다. 이는 다양한 오픈소스 소프트웨어를 쉽게 검색하고 활용할 수 있을 것으로 예상하며 더 나아가 소프트웨어 추천, 평가, 필터링, 관련성 분석 연구의 기반이 될 것이다.

2. 관련 연구

2.1. TF-IDF 기법

검색엔진이나 텍스트 마이닝에서 흔히 볼 수 있는 기법인 TF-IDF 기법은 문서 내의 단어들을 중요한 단어와 중요하지 않은 단어들에 다르게 가중치를 주며 계량화하여 문서의 유사도나 중요도를 계산하는 기법이다.

TF(Term Frequency)는 특정 단어가 문서 내에서 나타나는 빈도수를 나타낸 값으로, 단어가 문서 내에 자주 나타날 때 증가하며 DF(Document Frequency)는 특정한 단어가 전체 문서 내에 포함되는 문서의 수를 나타내는 값이며 IDF(Inverse Document Frequency)는 그 역의 값을 의미한다. TF-IDF는 단일 문서에서 많이 나오지 않고 여러 문서에서 자주 등장하면 단어의 중요도는 낮아진다. TF-IDF 값이 큰 단어일수록 문서의 아이덴티티 (Identity)를 더 높게 반영한다고 할 수 있다.

2.2. 머신러닝 모델 별 특징

[머신러닝 모델 별 특징]

머신러닝 모델	모델 별 특징
로지스틱 회귀 (Logistic regression)	범주형 데이터를 종속 변수로 취급하며 입력 데이터의 결과가 특정 분류로 나뉘는 분류 기법 훈련 속도가 빠르지만 일반화 성능이 떨어짐
선형 지원 벡터 분류 (Linear SVC)	데이터 공간을 가우시안 커널을 이용하여 고차원 특징 공간으로 이동시키는 기법 손실 함수를 선택할 때 더 많은 유연성을 가지며 많은 수의 샘플로 확장해야함
나이브 베이즈 분류 (Naive bayes classification)	특성들 사이에 독립을 가정하는 기법 이론이 어렵지 않고 구현이 간단하고 복잡한 상황에서 잘 작동하기 때문에 다양한 분야에서 사용되는 기법 특성 별로 개별 취급해 파라미터를 학습하여 각 특성에서 클래스 별로 결과를 나타내기 때문에 효율적
랜덤 포레스트 (Random forest)	앙상블 학습 방법의 일종으로 분류, 회귀 분석 등에 사용되는 기법 훈련 과정으로부터 구성된 다수의 결정 트리로부터 분류 혹은 예측 값을 출력하는 기법 로우 데이터를 별도의 가공 없이 테스트 데이터로 바로 사용할 수 있음 데이터 세트가 적을 경우 효율적이지 않고 다른 단일 모델에 비해 예측하는데 많은 시간이 소요

SGD Classifier (Stochastic Gradient Descent Classifier)	퍼셉트론에 쓰이는 일반적인 최적화 방법 한번에 하나의 오 분류된 데이터만을 이용하여 가중치를 조정하는 기법
Gradient Boosting Classifier	Boosting에 Gradient Descent를 접목시킨 머신러닝 기법 함수의 기울기를 측정하여 기울기가 낮은 쪽으로 이동시키면서 극값에 이를 때까지 반복하는 방법 Boosting이란 단순한 모델들을 결합하여 단계적으로 학습함으로써 이전 모델의 약점을 점점 보완해 가는 모델

2.3. InformatiCup 2017 competition

Informaticup은 독일의 컴퓨터 과학협회에서 주최하는 경진대회의 일종으로 매년 컴퓨터 과학과 밀접한 주제를 선정하여 해당 과제의 학습, 프레젠테이션, 문제 해결 능력을 경쟁하는 대회이다. Informaticup 2017의 과제는 git 기반으로 운영되는 Microsoft의 오픈소스 공개 저장소인 Github를 인공 지능 및 데이터 마이닝을 적용하여 자동으로 레파지토리를 분류하는 것이다. 본 대회의 목적은 내용이나 컨트리뷰트 활동에 근거해 레파지토리를 자동으로 분류하고 태그 함으로써 더 나은 검색 결과를 제공함에 있다. 레파지토리를 DEV, HW, EDU, DOCS, WEB, DATA의 6개의 주제로 분류하고, Precision과 Recall을 측정하여 성능을 평가한다.

본 대회에서 우승을 차지한 Andreas Grafberger[4]외 3인이 연구에서는 훈련 데이터를 수집하기 위하여 GitHub API를 이용해 메타데이터, 프로젝트 설명, ReadMe 파일, 소스 코드에 대한 데이터를 수집하고 수치 표현에 해당하는 데이터와 텍스트 표현에 해당하는 데이터를 구분한 뒤 레파지토리에 필요한 정보를 가진 웹사이트를 설정하고 데이터베이스 서버에 저장된 결과 데이터 샘플을 분류하는 작업을 하여 2000개 이상의 분류된 데이터를 훈련 데이터 샘플로 사용했다. 분류기 구축을 위하여 사용된 신경망 이론으로는 경사 하강법을 적용한 LSTM(Long Short-Term Memory)[5], 비 선형 RBF-Kernal 기법을 사용한 SVM(Support Vector Machine)[6], Naive Baye와 앙상블 기법으로 Random Forest, Gradient Tree Boosting[7] 기법을 활용했다. 카테고리별로 40개의 레파지토리를 사용하여 분류기를 검증하였다.

본 연구는 약 58%의 분류 정확도를 보였다. 이는 실제로 카테고리를 자동 분류하기 위해 적용하기에는 낮은 정확도로 판단되며 또한 6개의 카테고리로 오픈소스 소프트웨어를 분류하기에는 한계가 있을 것으로 보인다.

3. 분석 및 설계

본 연구는 오픈소스 소프트웨어에 대한 주제 분류에 대한 모델을 제안하고, 다양한 머신러닝 모델을 적용하여 그 성능을 비교 분석하는 것에 대해 제안한다. 오픈소스 소프트웨어 주제 분류를 위한 머신러닝 모델 성능 비교를 위한 모델은 크게 다섯 가지인 데이터 수집 단계, 데이터 전처리 단계, 데이터 마이닝 단계, 머신러닝 모델 적용 단계, 성능 평가 단계로 나뉜다.

[오픈소스 소프트웨어 주제 분류를 위한 머신러닝 모델 성능비교 구조도]

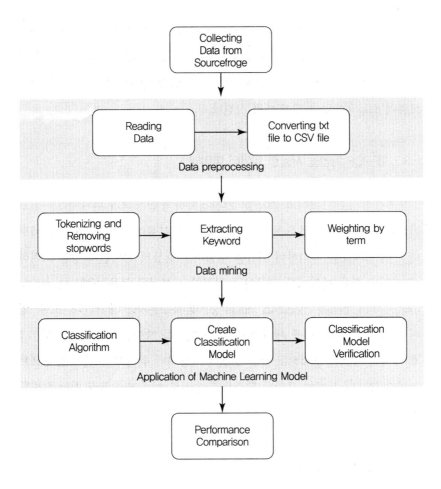

3.1. 데이터 전처리

이 단계에서는 오픈소스 소프트웨어 프로젝트의 텍스트 파일인 Readme, Metadata, CommitMessage, Repository Structure를 읽어 들여 머신러닝 입력 데이터로 사용하기 위해 CSV 파일로 변환하며 각 오픈소스 소프트웨어 프로젝트와 주제를 매핑 시킨다.

3.2. TF-IDF 기법을 사용한 데이터 마이닝

오픈소스 소프트웨어의 주제를 보다 정확하게 분류하기 위하여 TF-IDF 기법을 사용하여 오픈소스 소프트웨어 주제 분류에 사용될 데이터 세트의 단어 형태소를 분석하여 어간을 추출하고 컴퓨터 언어별 특징을 고려하여 키워드 혹은 예약어를 불용어로 선정하고 선정된 불용어(예: abstract, arguments, break, boolean, class 등) 및 특수문자를 제거한다. 또한, 영어의 일반적인 대명사를 제거함으로써 노이즈를 줄이는 과정을 가진다. 그 후 데이터 세트를 분석하고 분류 모델에 적용하기 위해 각 오픈소스 소프트웨어의 데이터 세트에 포함된 텍스트를 수치로 이루어진 특징 벡터로 변환한다.

3.3. 머신러닝 모델 적용

오픈소스 소프트웨어 주제를 분류하기 위해 머신러닝 기법의 하나인 지도학습 기법을 사용한다. 지도학습은 데이터에 대해 명시적 정답을 나타내는 레이블을 준 상태에서 학습시키는 방법으로 본 연구에서는 데이터로 오픈소스 소프트웨어의 Readme, Metadata, CommitMessage, Repository

Structure와 같은 텍스트 파일 사용하며 데이터에 대한 레이블로는 각 오 픈소스 소프트웨어의 주제를 사용한다. 본 연구에서 주제는 오픈소스 소프 트웨어 저장소인 소스포지의 카테고리를 기반으로 동일한 주제들의 오픈 소스 소프트웨어들 간의 응집도는 상대적으로 높고, 다른 주제와 결합도가 상대적으로 낮아 각 오픈소스 소프트웨어 간의 경계가 확실한 Accounting, BBS, Board Games, File Transfer Protocol(FTP), Information Analysis, Side Scrolling Arcade Game, Testing을 활용하며 이를 데이 터 세트의 레이블로 사용한다. 오픈소스 소프트웨어 주제를 분류하기 위해 머신러닝 모델 중 로지스틱 회귀(Logistic regression), 선형 지원 벡터 분 류(LinearSVC), 나이브 베이즈 분류(Navie Bayes Classification), 랜덤 포레스트(Random forest), SGDClassifier(Stochastic Gradient Descent Classifier), GradientBostingClassifier)를 적용시키며 모델별 성능을 비 교 분석한다.

3.4. 모델 평가

k개의 fold를 만들어서 교차 검증을 진행하는 k-교차(k-fold cross validation) 기술을 적용해 모델을 평가하는 기법을 적용한다. 훈련될 훈련 세트, 최적의 매개 변수를 찾는데 사용되는 유효성 검증 세트, 모델의 성능 을 평가하는 테스트 세트로 데이터를 세 부분으로 나누는 것이 일반저이지 만 검증 세트와 테스트 세트를 같이 사용함으로써 훈련 데이터양을 늘려 정 확도를 늘릴 수 있다. 본 연구에서는 k=5개의 검증 세트를 만들어서 모델 평가를 진행하며 scikit-learn의 유틸리티 함수인 cross_val_score를 사용 하여 평가한다.

4. 실험

4.1. TF-IDF기법을 사용한 데이터 마이닝

오픈소스 소프트웨어 프로젝트 파일 중 텍스트 파일을 분류하고 언어별 예약어, 영어 대명사, 불용어 처리 등을 하는 전처리 과정을 거친 뒤 주제별 특징을 파악하기 위해 아래의 표와 같이 상위 10개 키워드를 추출하였다. TF-IDF 기법을 사용해 추출된 주제별 키워드를 살펴본 결과, 아이디 혹은 의미 없는 변수를 나타내는 몇 개의 값을 제외하고는 대부분 주제의 특징을 대표할 수 있는 키워드들이 추출된 것을 확인할 수 있다.

[상위 10개 키워드 추출 결과]

순위	Accounting	BBS	Board Games	Boot	FTP	Info. Analysis	SSAG	Testing
1	derby	sql_query	game	fat	ftp	Swierczek	sprites	testresult
2	income	replies	board	booting	slave	svm	enemies	tests
3	ledger	phpex	cardset	refind	dataproxy	rs422	sdl_rect	test
4	diesel	bbcode	queen	bscript	slaves	national	sprite	eclipse
5	saldo	admin	knight	bootable	mkd	plugin	game	xml
6	expense	avatar	bishop	partitions	retr	mwt	sdl_surface	appsettings
7	petrol	phpbb	rook	bios	rmd	instruments	enemy	junit
8	debit	forum_id	chess	partition	ident	pk	ogg	testname
9	boos	forum	king	mbr	cubnc	labview	sdl	testcase
10	accounts	posts	pawn	boot	bnc	tulp2g	ck1	framework

추출된 키워드들을 TF-IDF 기법을 통해 특징 벡터값으로 변환시키고 그 결과를 시각화시킨 결과는 아래 그림과 같다. 아래 그림의 결과를 통해 보면 주제별로 그래프 상 가까운 위치에 군집되며 각 주제에 속하는 단어들은 비슷한 특징 벡터값을 가지는 것을 확인할 수 있다.

[주제 별 특징 벡터 값 시각화]

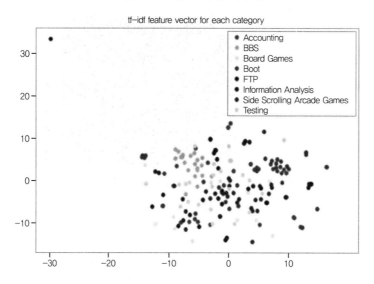

4.2. 주제 별 예측 결과

실제 주제(X축)와 검증 데이터 세트를 통해 예측된 주제(Y축)를 비교
한 결과는 아래 그림과 같다. 그림을 통해 살펴보면, Boot 주제에서 예측
이 가장 정확하며 Board Games와 Information Analysis 주제에서 실제
주제가 아닌 다른 주제로 예측하는 경우가 가장 많이 발생했다. Boot 주
제의 상위 키워드는 주제의 특성을 잘 드러내는 단어들로 구성된 반면에
Information analysis 주제는 의미 없는 단어들이 다수 등장하며 Testing
주제로 예측하는 경우가 많으며, Board Games 주제와 SSAG 주제는 유사한
키워드들로 구성되어 정확한 예측에 어려움을 지니는 것을 확인할 수 있다.

[주제 별 예측 결과]

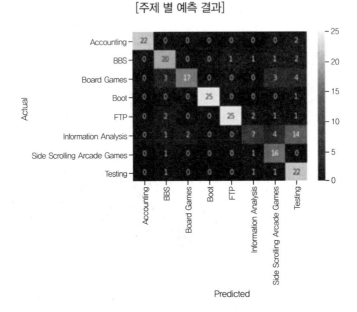

4.3. 머신러닝 모델 별 성능 비교

오픈소스 소프트웨어 주제 분류를 위해 다양한 머신러닝 모델을 적용했다. 머신러닝 모델 중 데이터에 대해 명시적 정답을 나타내는 레이블을 준 상태에서 학습시키는 방법인 지도학습 중 분류기법에 사용되는 모델들을 본 실험에 적용했다. 실험에 사용된 모델은 로지스틱 회귀, 선형 지원 벡터 분류, 나이브 베이즈 분류, 랜덤 포레스트, SGDClassifier, GradientBoostingClassifier를 적용해 보았으며, 머신러닝 모델별 적용 결과는 아래 그림 및 표와 같다. 모델별 정확도 순서로는 SGDClassifier, GradientBoostingClassifier, 랜덤 포레스트, 나이브 베이즈 분류, 선형 지원 벡터 분류, 로지스틱 회귀 순으로 나타났다. 가장 정확도가 높은 모델인 SGDClassifier 모델은 평균 77%의 분류 정확도를 보였으며 검증 모델

별 최고 정확도로 82%의 분류 정확도를 보였다. 가장 분류 정확도가 낮은 모델은 로지스틱 회귀 모델로 최고 73% 분류 정확도와 평균 64.5%의 정확도를 보였다. 가장 성능이 좋은 SGDClassifier와 가장 성능이 떨어지는 로지스틱 회귀 모델의 평균 정확도는 약 17.5%의 분류 성능 차이를 나타냈다.

[모델 별 적용 결과]

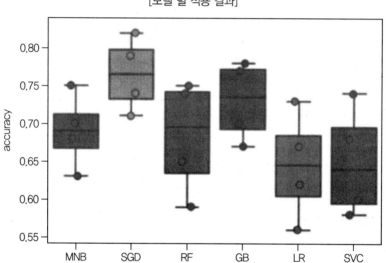

[모델 별 적용 결과]

머신러닝 모델	1	2	3	4
MNB	63%	75%	68%	70%
SGD	82%	74%	71%	79%
RF	59%	65%	74%	75%
GB	78%	77%	70%	67%
LR	67%	73%	62%	56%
SVC	60%	74%	68%	58%

4.4. 기존연구와의 성능 비교

기존연구와의 성능을 비교하기 위해서 분류 모델 평가 척도 중 f-score를 사용한다. f-score는 데이터 분포를 고려한 지표로 precision(정밀도)과 recall(재현율)을 사용하여 계산한다. Precision은 출력결과가 정답을 얼마나 맞혔는지를 나타내는 지표이다. 한편, recall은 출력결과가 실제 정답 중에서 얼마나 맞혔는지를 나타내는 지표다. F-score란 큰 의미상으로 보면 precision과 recall에 대한 평균인데, 그냥 평균을 내면 값의 왜곡 현상이 생기기 때문에, 가중치를 주어 평균값을 구한다. 아래 표는 오픈소스 소프트웨어 주제 분류의 기존연구인 Informaticup 2017 실험 결과를 나타낸 표이며, 그 다음의 표는 본 연구의 실험 결과이다. 기존연구와 본 연구의 주제를 분류하는 방법과 분류된 주제의 개수가 다르므로 정확하게 성능을 비교하기는 어렵지만, 단순히 주제별 평균 f1-score를 비교했을 때, 본 연구는 기존연구와 비교하면 약 19% 향상된 분류 성능을 보인다고 볼 수 있다.

[Informaticup 2017 실험 결과]

카테고리	precision	recall	f1-score
DEV	0.47	0.9	0.62
HW	1	0.17	0.29
EDU	0.83	0.71	0.77
DOCS	0.5	0.33	0.40
WEB	0.67	0.67	0.67
DATA	0	0	0
OTHER	0	0	0
Avg/Total	0.58	0.58	0.58

[오픈소스 소프트웨어 주제 분류 실험 결과]

카테고리	precision	recall	f1-score
Accounting	0.83	0.70	0.76
BBS	0.59	0.68	0.63
Board Games	0.92	0.77	0.84
Boot	1.00	0.64	0.78
FTP	0.55	0.68	0.61
Info.Analysis	0.68	0.72	0.70
SSAG	1.00	0.96	0.98
Testing	0.72	0.96	0.82
Avg/Total	0.79	0.76	0.77

5. 결론

본 논문에서는 다양한 머신러닝 모델을 사용하여 오픈소스 소프트웨어 주제를 분류하는 기법에 대하여 제안하고 머신러닝 모델별 성능 비교에 관하여 연구한다. 이를 통해 기존에 사람이 주제를 직접 입력하거나 태깅함으로써 발생하는 오류나 번거로움 없이 오픈소스 소프트웨어 분류를 자동화하여 기존의 방식보다 빠르고 정확한 분류 작업이 가능할 것으로 보인다. 또한, 다양한 오픈소스 소프트웨어를 쉽게 검색하고 주제별로 오픈소스 소프트웨어를 검색할 수 있을 것이다.

다양한 머신러닝 모델에 오픈소스 소프트웨어 주제 분류를 적용한 결과 SGDClassifier 모델이 최고 82%, 평균 77%를 보이며 가장 높은 정확도를 보였다. 모델 별 정확도 순서는 SGDClassifier, GradientBoostingClassifier, 랜덤 포레스트, 나이브 베이즈 분류, 선형 지원 벡터 분류, 로지스틱 회귀 순으로 나타났다. 기존연구인

Informaticup 2017과의 성능 비교에서도 주제 분류 수를 늘렸음에도 약 19% 정도 향상된 성능을 확인할 수 있었다.

하지만 여전히 9개로 제한된 주제로는 모든 오픈소스 소프트웨어를 분류해내기 어려워서 더 많은 분류 체계를 만들어서 확장 및 적용을 시키는 방안이 필요하며 분류 정확도를 향상하기 위한 추가적인 연구도 필요하다. 또한, 오픈소스 소프트웨어 분류 연구를 기반으로 사용자에게 적당한 오픈소스를 추천해 주는 모델은 다음 연구를 통해 진행될 예정이다.

참고문헌

[1] 정보통신산업진흥원, "2018 공개SW 기업 편람", 2017

[2] Apple, "Apple Releases Swift as Open Source", https://www.apple.com/newsroom/2015/12/03Apple-Releases-Swift-as-Open-Source/, 2015.12

[3] Black Duck Software, "The tenth annual future of open source survey", http://nbvp.northbridge.com/ 2016-future-open-source-survey-results, 2016

[4] A. Grafberger, M. Leimstadtner, S. Grafberger, M. Keßler, "Documentation: GitHub Classifier for the InformatiCup 2017", https://github.com/Ichaelus/ Github-Classifier, 2017

[5] S. Hochreiter, J. Schmidhuber, "Long short-term memory", Neural computation, vol.9, no.8, pp.1735-1780, 1997

[6] M.A. Hearst, S.T Dumais, E. Osuna, J. Platt, B. Scholkopf, "Support vector machines", IEEE Intelligent Systems and their applications vol.13, no.4, pp.18-28, 1998

[7] T. G. Dietterich, A. Ashenfelter, Y. Bulatov, "Training conditional random fields via gradient tree boosting", Proceedings of the twenty-first international conference on Machine learning. ACM, p. 28, 2004

제3장

저소프트웨어 저작권 감정의 경험

1. 정보기기 감정에서 세부항목 설정 사례*

1. 서론

저작권주장에 의한 분쟁 당사자 간의 저작물 감정은 감정전문기관에서 수행되고, 감정전문기관은 해당 감정목적물에 전문성이 있는 감정인에게 유사성 판단을 위한 보고서를 요청하게 된다. 분쟁의 유형에 따라 감정요청 항목이 정해주는 경우와, 전체적인 저작권의 침해 여부를 비교 검토하는 방법 등 감정수행은 감정요청기관의 감정항목에 집중된다.[1] 그러나 감정요청 항목이 지정되는 경우에도 감정인이 저작물 제작과정의 단계별 절차와 각 단계마다 적용되는 기술의 난이도 등에 따라 세부적인 기술 검토 작업이 필요하게 된다. 이때 감정요청에 의한 감정 수행 시 목적물에 대한 유사성 비교를 위한 세부검사 항목이 도출되어야 하는데, 세부항목은 감정인의 전문성과 감정요청 목적물의 구현기술에 의해 정해지는 것으로 감정수행기간 많은 고민과 노하우를 포함하게 된다.

즉, 세부항목이 작성되기까지의 기술적 이론 및 감정 목적물의 제작과정에 대한 충분한 이해와 기술 수준에 대한 설명과 기술을 위한 감정인의 준

---

* 한국소프트웨어감정평가학회 논문지 제12권 제2호, 2016. 12.에 수록된 논문을 일부 보정한 것이다.

비가 요구되는 부분이다.

특히 세부항목의 설정과정에서 세부 항목간 가중치가 부여될 필요성이 있을 때는 감정인의 전문성에 따라 주관적으로 설정하게 되며, 이때 객관적인 기술적 이유를 서술하더라도, 논란의 여지를 갖는다.

본 연구에서는 감정사례를 통해 세부항목이 설정되는 과정과 이에 대한 감정결과를 검토하고 분석하였다.

2. 감정사례 구조적 특징

2.1. 감정목적물의 특징

감정대상 제품은 건강스포츠 운동기구인 런닝머신을 구성하는 시스템 및 구동 프로그램으로 저작권자의 프로그램을 침해자가 무단 도용하여 유사제품을 제작한 것으로 의심되어 제기된 사건으로, 침해자의 프로그램이 고소인의 고유기능 프로그램을 도용한 것인지에 대한 판단을 위한 사례이다. 감정대상 제품의 특징은 모터에 의해 구동되는 런닝벨트 장치에 마이크로프로세서를 응용한 제어회로를 연결하여, 모터 및 센서 입력, 디스플레이 정보 등을 제어하는 프로그램을 개발한 기기이다. 장치는 프로세서의 순차적 제어에 의해 런닝머신 모터가 구동되고, 운동자의 운동량을 센싱하여 개인의 운동 정보를 저장 및 전송하는 기능을 갖는다.

즉 아래 그림과 같이 하드웨어가 구성되고, 프로세서 보드가 완성되면, 제품의 사용 흐름도를 작성하고, 이 흐름도에 해당하는 프로그램을 작성하여, 프로세서의 내부에 기계어(hex) 파일을 포팅하는 과정으로 제품개발이 완성된다.

[시스템 개발 단계]

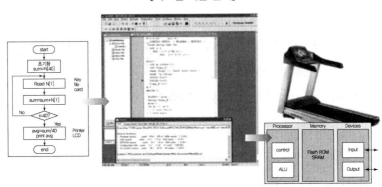

이러한 제품은 하드웨어가 구성되고, 각각의 하드웨어 기능을 제어하는 제어기가 장착되는데, 이때 사용되는 제어기는 하드웨어의 고유한 기능에 일치되도록 작성되어야하기 때문에 프로그램이 범용성을 갖지 못하고, 인터페이스 방식 또한 제품(하드웨어)의 특성에 일치하도록 작성된다.

2.2. 감정소스의 분석

제어프로그램은 마이크로프로세서 Atmega에 C 언어로 작성되었으며, 저작권자 측 1개의 main.c(3012 lines) 프로그램과 침해자 측 main-p9.c(3627 lines), main-p8.c(3787 lines), main-t8.c(3413 lines) 의 3개 파일에 대한 유사성 및 독창성에 대한 분석이다. 편의상 저작권자의 파일을 KS, 침해자의 파일은 A, B, C로 한다.

[파일 종류]

1	main.c(3012 lines)	저작권자	KS
2	main-p9.c(3627 lines)	침해자	A
3	main-p8.c(3787 lines)	침해자	B
4	main-t8.c(3413 lines)	침해자	C

제출된 자료로부터 소스코드를 비교하는 감정도구는 Scooter Software 의 Beyond Compare를 사용하였으며, 비교대상 파일의 텍스트비교, 이진 코드비교 등 비교검색이 가능한 상용프로그램으로 두 파일의 유사성을 비 교하는 방법으로 사용된다. main.c 프로그램은 background 프로그램 부 분을 중심으로 이벤트마다 동작되는 함수의 개수를 도출하고, 각 함수별 비교를 수행하여, 침해자의 파일에 저작권자의 영업비밀에 해당되는 소스 가 부가되었는지 감정한다. 프로그램 소스의 독창성 여부는 프로그램 개발 자의 입장에서, 공지기술을 제외한 기능을 구현한 경우가 해당되며, 제품 의 주요기능을 구현한 경우에는 영업비밀이 될 가능성이 있다. 따라서, 해 당 소스코드 부분에 대한 공지기술이 있는지 여부 및 없는 경우 개발자가 독자적으로 개발한 내용인지를 전문가 소견으로 판단하는 방법을 사용한다.

[beyond compare 도구의 비교 예]

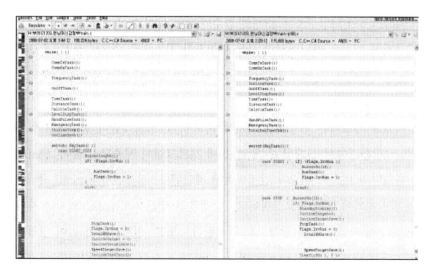

3. 세부감정사항

감정대상 프로그램은 마이크로프로세서에서 실행되는 C언어로 작성된 소스코드이며, 목적물인 런닝머신의 동작특성상 프로그램은 background processing 이라고 하는 무한반복 동작을 하는 함수에 의해 구동된다. 보통 while 함수로 작성되는데, 이 함수내부에 런닝머신 기기에서 동작되는 기능을 입력상황에 따라 선택적으로 실행되도록 작성된다. 저작권자의 main.c 프로그램을 보면 아래 그림과 같이 프로그램 마지막 부분에 main() 함수가 위치하고, 이 함수내부에 while() 문으로 무한 실행을 하는 상황에서 case 문으로 선택 조작을 가능하도록 작성된다. 선택조작에 의한 기능구성은 개발자의 아이디어에 의해 작성되며, 선택조작의 종류 및 해당 기능의 프로그램 구성내용은 개발자의 독창적인 작업에 의한 결과물로 저작권에 해당된다.

저작권자의 파일구조는 13개의 함수가 while()함수 내에 작성되어 있다. 세부적인 기능은 런닝머신의 사용에 필요한 기능으로, 동작/ 정지, 속도제어, 경사도제어, 운동강도 제어 등의 선택적 기능이 반복적으로 수행되도록 구성되어 있다.

제출된 자료에는 런닝머신 기기의 회로도 및 프로그램이 첨부되어 있으나, 개발환경에서 실행될 수 있는 전체 프로그램이 제출되지 않아, main.c 파일만의 텍스트 비교가 감정범위에 해당된다. 저작권자의 main.c는 런닝머신 기기에 대한 프로그램이고, 감정은 저작권자의 main.c와 침해자의 main.c의 파일에 대한 감정으로 한정된다. 또한 실행파일(hex)이 영업비밀이라는 견해도 있으나, hex 파일은 main.c 소스 파일을 번역하는 과정에서 산출되는 것이고, 이 hex 파일이 고유성을 갖기 위해서는 동일한 하드웨어 구조일 때 가능한 특성이 있는 것이므로, hex 파일이 영업비밀을 가진다고 할 수 없어 이 부분은 감정범위에서 제외된다.

결과적으로 감정사항은 저작권자의 main.c와 침해자의 main.c 파일의 비교가 되며, 세부항목의 설정은 소스코드에서 수행하는 각각의 기능이 항목별로 구분되어 비교된다.

4. 세부감정 수행

파일을 비교하는 방법은 1차적으로 감정도구를 활용한 소스코드 비교방법을 적용하여 라인단위 비교에 의한 유사성을 도출한다. 2차적으로 독창성 부분을 조사하기 위해 main.c 파일의 함수들을 추적하여 함수별 유사성 및 함수의 기능이 일반적인 것인지, 프로그램개발자가 고유의 아이디어를 부가한 것인지를 비교하는 것을 감정 기준으로 한다.

main.c 프로그램은 background 프로그램 부분을 중심으로 이벤트마다 동작되는 함수의 개수를 도출하고, 각 함수별 비교를 수행하여, 침해자의 파일에 저작권자의 영업비밀에 해당되는 소스가 부가되었는지 감정한다. 프로그램 소스의 독창성 여부는 프로그램 개발자의 입장에서, 공지기술을 제외한 기능을 구현한 경우가 해당되며, 제품의 주요기능을 구현한 경우에는 영업비밀이 될 가능성이 있다. 따라서, 해당 소스코드 부분에 대한 공지기술이 있는지 여부 및 없는 경우 개발자가 독자적으로 개발한 내용인지를 전문가 소견으로 판단하는 방법을 사용한다. 다음 각각의 비교항목은 목적물의 특성에 따라 9가지로 설정하였다.

4.1. 선언부 비교

#define으로 선언된 저작권자과 침해자의 파일부분을 발췌하여 비교한

결과 125개 line 중에서 60개 line이 동일한 것으로 판단되어 48%의 유사도가 검출되었으며, 그림과 같이 일부분은 주석으로 사용된 부분도 동일한 것으로 확인되었다.

4.2. 변수선언부 비교

변수선언부는 프로그램에서 사용되는 임시저장소의 형태를 정의하는 부분으로 저작권자와 침해자의 파일부분을 발췌하여 비교한 결과 200개 line 중에서 87개 line이 동일한 것으로 판단되어 43.5%의 유사도가 검출되었다. 그러나 동일하게 검출된 부분이 일반적인 port의 선언문으로 구성되어 독창성을 부여하기 어렵다.

4.3. 통신인터럽트부 비교

통신인터럽트 부분은 프로그램에서 직렬통신을 위한 인터럽트 발생시 송수신 방식을 정의하는 부분으로 저작권자와 침해자의 파일부분을 발췌하여 비교한 결과 25개 line 중에서 25개 line이 동일한 것으로 판단되어 100%의 유사도가 검출되었다.

4.4. 타이머 인터럽트 부

프로세서 내부에 정의된 타이머간격마다 인터럽트가 발생시 처리되는 부분으로 저작권자와 침해자의 파일부분을 발췌하여 비교한 결과 203개 line 중에서 86개 line이 동일한 것으로 판단되어 42.3%의 유사도가 검출되었다. 기기의 상태를 주기적으로 감시하는 기능이 설정되는 부분으로 유사도의 값은 독창성을 도용한 것으로 판단하게 한다.

4.5. 디스플레이 함수

디스플레이함수는 런닝머신의 상태를 주기적으로 사용자에게 표시하는 부분으로 저작권자과 침해자의 파일부분을 발췌하여 비교한 결과 397개 line 중에서 86개 line이 동일한 것으로 판단되어 21.6%의 유사도가 검출되었다.

4.6. 시간 거리, 칼로리 함수

운동시간 및 거리, 운동소모량(칼로리)를 계산하고 저장하는 부분으로 저작권자와 침해자의 파일부분을 발췌하여 비교한 결과 139개 line 중에서 122개 line이 동일한 것으로 판단되어 87.7%의 유사도가 검출되었다.

4.7. 심박수, 운동시작/정지 함수

운동 시작, 정지 및 심박수를 센서로부터 입력하는 부분으로 저작권자와 침해자의 파일부분을 발췌하여 비교한 결과 95개 line 중에서 38개 line이 동일한 것으로 판단되어 40.0%의 유사도가 검출되었다.

4.8. main 함수 초기화, 시작버튼/정지버튼

프로그램의 시작함수인 main 함수에서 초기화 부분과 while 함수의 시작 정지 기능의 부분으로 저작권자와 침해자의 파일부분을 발췌하여 비교한 결과 60개 line 중에서 21개 line이 동일한 것으로 판단되어 35.0%의 유사도가 검출되었다.

4.9. main 증가, 감소 함수

런닝머신의 동작 중 plus 버튼과 minus 버튼이 터치 되었을때의 기능부분
으로 저작권자와 침해자의 파일부분을 발췌하여 비교한 결과 158개 line 중
에서 72개 line이 동일한 것으로 판단되어 45.5%의 유사도가 검출되었다.

프로그램의 세부적인 기능을 추적하면서 검사하기는 어려운 상황이나,
소스프로그램의 내용을 통해 범죄일람표의 항목을 검사한 결과 아래 표와
같이 평균 51.5%의 소스코드 유사도를 보이고 있다.

이것은 객체지향형 프로그램과 같이 자동으로 작성되는 코드가 없고, 런
닝머신에 관한 공지된 소스코드가 없는 상황에서 매우 높은 수치로써 피고
소인의 도용이 의심되었다.

[세부항목 비교결과]

구분	항목	유사도(%)
1	선언부	48.0
2	변수선언부	43.5
3	통신인터럽트	100
4	타이머인터럽트	42.3
5	디스플레이함수	21.6
6	시간,거리,칼로리 함수	87.7
7	심박수,운동시작,정지,비상정지	40.0
8	main 초기화,시작,정지	35.0
9	main 증가,감소 설정 함수	45.5
	평균	51.51%

5. 결론

저작권분석은 분쟁의 유형에 따라 감정요청 항목이 정해주는 경우와, 전체적인 저작권의 침해 여부를 비교 검토하는 방법 등 감정수행은 감정요청 기관의 감정항목에 집중된다. 감정요청 항목이 지정되는 경우에도 감정인이 저작물 제작과정의 단계별 절차와 각 단계마다 적용되는 기술의 난이도 등에 따라 세부적인 기술 검토작업이 필요하게 된다. 세부항목은 감정인의 전문성과 감정요청 목적물의 구현기술에 의해 정해지는 것으로 감정수행 기간 세부항목의 설정과정에서 세부 항목간 가중치가 부여될 필요성이 있을 때는 감정인의 전문성에 따라 주관적으로 설정하게 되며, 이때 객관적인 기술적 이유를 서술하더라도, 논란의 여지를 갖는다. 본 연구에서는 실제 감정사례를 통하여 감정 세부항목설정에 의한 유사도 비교 과정을 분석하였다.

참고문헌

[1] 정익래 · 홍도원 · 정교일; 디지털포렌식 기술 및 동향; 전자통신동향분석 제22권; 2007. 2

[2] 홍도원, 디지털 포렌식 기술, 한국전자통신연구원, 2007

[3] 임경수 · 박종혁 · 이상진, 디지털포렌식 현황과 대응방안, 보안공학연구논문지, 2008. 11

[4] 류희수, 정보보호: 디지털 세상의 CSI, 그 가능성은?, 정보통신진흥협회, 2007

[5] 조용현, 디지털 포렌식을 위한 절차와 도구의 중요성, (주)시큐아이닷컴 CERT팀, 2007

[6] 김도완 · 윤영선, SW소스코드 저작권보호를 위한 통합 가이드, 컴퓨터프로그램보호위원회, 2009. 4

[7] 길연희 · 홍도원, 디지털 포렌식 기술과 표준화 동향, IT standard & test TTA journal, 2008. 8

[8] 변정수, 한국형 디지털 증거분석 표준화:경찰청 디지털 증거처리 표준가이드라인 및 증거분석 전문매뉴얼의 고찰, 디지털 포렌식 연구 창간호, 2007. 11

[9] 방효근 · 신동명 · 정태명, 소프트웨어 포렌식: 프로그램 소스코드 유사성 비교 및 분석을 중심으로, 디지털 포렌식 연구 창간호, 2007. 11

[10] 전상덕 · 홍동숙 · 한기준, 디지털 포렌식의 기술 동향과 전망, 정보화정책, 2006. 11

[11] 전병태, "프로그램 복제도 감정기법 및 감정비 산출에 관한 연구" 프로그램심의조정위원회 결과보고서, 2002

[12] 이규대, "임베디드시스템의 이진코드 추출 및 분석", 한국소프트웨어감정평가학회 논문지, 5권1호, pp27-38, 2009. 5

2. 감정 대상 소프트웨어의 업그레이드 여부 판정을 위한 감정 방법*

전병태, 정연서

1. 서론

사회가 복잡하여지고 첨단 사회로 갈수록 저작권 침해 사례[1]는 증가하고 있다고 볼 수 있다. 프로그램은 저작권법으로 보호[2]가 되고 있다. 소프트웨어 개발 배포는 업데이트(update) 소프트웨어와 업그레이드(upgrade) 소프트웨어로 구분할 수 있다. 업그레이드 프로그램은 기존 프로그램을 구축하는 대신 소프트웨어 업그레이드는 완전히 새로운 버전의 소프트웨어 제품이다. 업그레이드는 현재 버전의 프로그램을 크게 변경하고 크게 개선하는 데 사용된다. 철저한 사용자 인터페이스, 흥미로운 새로운 기능 또는 주요 구조 변경 사항이 있을 수 있다.

2. 감정 프로그램의 분석

분석대상 프로그램은 건물의 중앙현관이나 각 위치 장소 앞에 디지털 정보 디스플레를 설치하여 방문객들에게 정보를 제공하는 장소(위치) 안내 프로그램이다. 시스템 구성도는 아래 그림과 같다.

---

* 한국소프트웨어감정평가학회 논문지 제16권 제1호, 2020. 6.에 수록된 논문을 일부 보정한 것이다.

[장소(위치) 안내 시스템 구성]

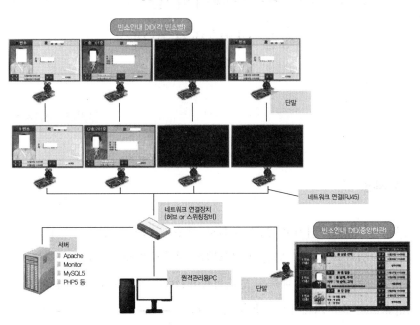

디지털 정보 디스플레이 (DID : Digital Information Display) 장치는 광고 및 정보용으로 설치된 디스플레이, DID는 공항, 지하철역, 기차역, 대형 쇼핑몰, 극장 등 공공장소에서 광고와 정보 등을 표시하는 장치로 공공 디스플레이로 불리기도 한다. TV, 일반 모니터 등 HDMI 인터페이스가 있는 화면 장치는 모두 연결되어 사용가능한 장치이다. 장소안내 프로그램은 여러 프로그램과 장치 등의 소프트웨어, 하드웨어 구성요소들이 연계되어 동작되는 시스템이다. 서버와 단말(A_PC), 디지털정보디스플레이(이하 디스플레이)등 장비들과 웹서버 프로그램(Apache), DB(mysql), 장소관리 프로그램 (DgDid_II), 장소관리사용자 프로그램(DgDid_II)으로 구성되어 있으며 유선네트워크를 통해 연결되어 동작하도록 설계·제작되었다. 비교 대상 소프트웨어는 아래 표에서 보여주고 있다.

2. 감정 대상 소프트웨어의 업그레이드 여부 판정을 위한 감정 방법

[비교 대상 소프트웨어]

대상	비교 대상	비 고
서버	₩Hs_APM₩htdocs₩form₩ScreenWindex.html	A_PC에서 서버로 요청하는 HTML페이지(장소안내 정보)
	₩Hs_APM₩htdocs₩form₩Screen₩fontPhtoto.css	index.html 구성 스타일시트
	₩Hs_APM₩htdocs₩form₩Screen₩StylePhoto.css	index.html 구성 스타일시트
관리 프로그램	DgDid_II install	관리프로그램 설치폴더 내 구성파일 전체(8개 파일)
	DgRemoteUser	관리프로그램 설치폴더 내 구성파일 전체(11개 파일)
단말 (A_PC)	/home/pi/HTML/home.html	A_PC가 처음 동작시 요청하는 웹페이지
	/boot/var.js	A_PC가 처음 동작시 수행되는 설정 스크립트
	/home/pi/mcon.js	A_PC가 처음 동작시 수행되는 설정 스크립트
	/home/pi/HTML/home.js	A_PC가 처음 동작시 서버와 웹소켓 연결 동작 스크립트
	/etc/xdg/lxsession/LXDE/autostart	A_PC가 시작될 때 수행되는 배치파일
	/etc/sudoers.d/kweb.sh	A_PC가 처음 동작시 수행하는 스크립트

3. 감정 내용 및 방법

3.1. 감정 분석 사항

분석 의뢰된 소프트웨어가 현장에서 사용되고 있는 프로그램의 업그레이드 버전인지 혹은 전혀 별개의 프로그램 소스 코드인지 여부를 판단(판별)해 달라는 분석 내용이다.

3.2. 감정 방법

감정 분석 사항은 서버, 관리 프로그램, A_PC에서 주요 프로그램들을 대상으로 해당 파일들의 생성정보와 내용의 일치성을 확인하고, 제출된 프로그램과 현장에 설치된 프로그램의 기능과 화면구성 등을 포함하여 동일여부, 비교대상 간 관련여부(업그레이드 버전 혹은 유사기능 제공)를 판단하는 것이 주요 분석 내용이라 볼 수 있다.

방대한 양의 프로그램 분석을 위해서는 감정도구(exEyes)를 사용하여 유사도를 계산한다. 실행 파일과 라이브러리 파일들은 MD5summer v1.2.0.11(www.md5summer.org)을 이용하여 해시 값을 계산하고 Beyond compare4(4.2.6) 도구를 이용하여 파일의 내용을 비교하였으며 파일의 속성과 실행 후 기능들도 비교하였다.

4. 소프트웨어의 업그레이드 소프트웨어 판정을 위한 감정

4.1. 단말(A_PC) 동일성

분석 의뢰된 프로그램과 현장에서 수집된 프로그램의 동일성을 확인하기 위해 분석 의뢰된 단말에 설치된 내용과 현장에 설치된 단말의 내용 간 동일·유사성 확인을 위해 주요파일 6개를 대상으로 비교한 결과, 분석 요청 당사자가 제출한 파일을 기준으로 계산한 유사도는 100%로 나타났다. 내용을 직접 살펴 본 결과 현장 프로그램의 경우 입력된 수치 값이 다르거나 간단하게 추가된 소스코드가 있었으나, 아래 표와 같이 대부분 일치하는 것으로 확인되었다.

[비교 결과(단말)]

번호	비교대상	① 당사자제출	② 현장	동일여부 ①-②
1	home.html	○	○	일치
2	var.js	○	○	유사
3	mcon.js	○	○	일치
4	home.js	○	○	유사
5	autostart	○	○	일치
6	kweb.sh	○	○	일치

※ 자료출처 구분
- 당사자제출 : 제출된 단말(A_PC)
- 현장 : 현장에 설치된 이미지(gil_img)로 제작한 단말(A_PC)

※ 동일성 여부 평가 기준
- 일치 : 완전히 동일(100%)
- 유사 : 일부 상이하거나 새롭게 추가된 소스코드가 일부 있으나 기능 등에 영향
을 미치지 않는 경우

[소스 코드 유사도 비교결과]

원본파일이름	줄수	확장자	비교본파일이름	줄수	확장자	유사율	ID	비교대상줄수	동일줄	유사줄	분석여부
autostart	8	autos	autostart	8	autos	100.00	8	8	8	0	완전일치
home.html	9	html	home.html	9	html	100.00	22	9	9	0	완전일치
home.js	55	js	home.js	63	js	100.00	36	55	53	2	분석대상
kweb.sh	23	sh	kweb.sh	23	sh	100.00	15	23	23	0	완전일치
mcon.js	4	js	mcon.js	4	js	100.00	1	4	4	0	완전일치
var.js	5	js	var.js	5	js	100.00	29	5	4	1	분석대상

소스 코드 유사도 비교 결과는 위의 그림과 같이 동일하지 않은 부분은
var.js 파일은 서버 IP주소가 달랐고(1라인), home.js는 3라인이 상이하고
소스코드 6라인이 추가되어 있었으나 의미 있는 수준의 코드들로 보기는
어려웠다.

4.2. Hs_APM의 동일성

제출된 서버(노트북)와 현장에 설치되어 있던 서버에 설치된 서버 프로그램의 주요 파일들을 비교한 결과, 대부분 일치하는 것으로 확인되었다.

그 중 주요한 3개의 파일을 비교한 결과는 아래 표와 같으며, 대부분 내용이 일치하거나 동일하였다. 단순하게 수치 값이 상이한 부분(fontPhtoto.css, 2라인), 새롭게 추가된 부분(StylePhoto.css, 1라인), 그리고 사이즈 지정 수치 값이 상이한 것 등(index.html, 14라인)으로 확인되었다.

[비교결과(서버 : Hs_APM)]

번호	비교대상	피고제출	현장	동일여부	비고
1	index.html	○	○	동일	구성요소(테이블)들의 지정 사이즈 등의 차이 (14라인)로 확인
2	fontPhtoto.css	○	○	동일	폰트크기 수치만 두 곳에서 상이함
3	StylePhoto.css	○	○	동일	현장 소스코드에 새롭게 추가되어 있음(1라인)

차이가 있는 라인들의 내용을 직접 확인한 결과 대부분이 수치나 프레임 지정과 관련된 내용으로 중요하지 않은 단순한 내용들로 확인되었다.

[유사도 비교결과(Hs_APM)]

원본파일이름	줄수	확장자	비교본파일이름	줄수	확장자	유사율	ID	비교대상줄수	동일줄	유사줄	분석여부
StylePhoto.css	118	css	StylePhoto.css	119	css	100.00	1	118	118	0	분석대상
fontPhtoto.css	46	css	fontPhtoto.css	46	css	100.00	11	46	44	2	분석대상
index.html	73	html	index.html	55	html	86.30	16	73	49	14	분석대상

4.3. 관리 프로그램의 동일성

설치된 두 개의 관리 프로그램 폴더(DgRemoteUser, DgDid_II install)
를 대상으로 19개 파일의 해시값을 계산하여 동일성을 확인한 결과, 1개 파
일(DidRemoteUser.exe)만 제외하고 모든 파일들이 정확하게 일치하고 있
음을 확인할 수 있었다. 분석 결과는 아래 표와 같다.

[해시값 비교 결과]

순번	설치장소	DidRemoteUser.exe 해시 값	비고
1	(제출) 제출된 노트북에 설치 된 파일	2b078bd12349a79311dd5c76f5b1 136b	해시값이 상이함
2	(현장설치) 현장 컴퓨터에 설치되 어 있던 파일	80b6721d724a8990aa45306ec23 33f14	

제출된 프로그램(DidRemoteUser.exe)과 현장에 설치되어 있는 프로그
램(DidRemoteUser.exe)의 속성정보를 확인한 결과 파일크기는 동일하고
만든 날짜와 해시값은 다른 것을 확인하였다. 그리고 내용을 비교한 결과
0.37% 부분만이 다른 것으로 나타났다. 그리고 제출된 장소 관리 사용자
프로그램(DidRemoteUser.exe) 프로그램과 현장에서 복사해 온 장소 관리
사용자 프로그램(DidRemoteUser.exe)을 복사하여 동일한 환경에서 동작
을 시켜 확인한 결과, 두 개의 장소관리사용자 프로그램은 동작과 구성화
면이 아래 두 그림과 같이 동일함을 확인되었다.

[내용비교(DidRemoteUser.exe) 결과요약]

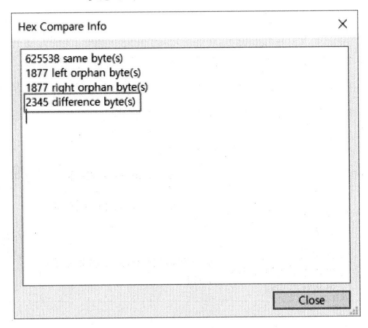

[현장설치된 프로그램 속성 비교]

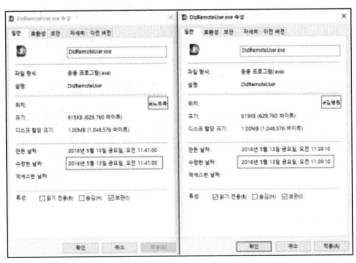

제출한 장소 관리사용자 프로그램과 현장에서 복사한 장소 관리 사용자 프로그램을 동일한 환경에 설치하고 각각 실행하여 비교한 결과, 실행화면 및 메뉴배치 등이 동일함을 아래 두 그림과 같이 확인할 수 있었다.

[당사자 제출 장소관리 사용자 프로그램 실행화면]

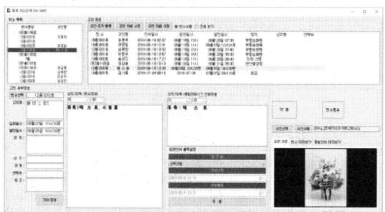

[현장 설치된 프로그램 실행화면]

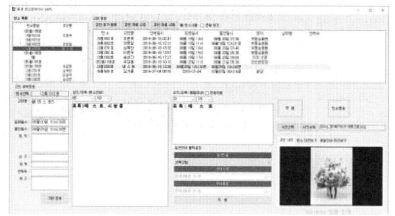

4.4. 비교 및 분석 결과

당사자가 제출한 감정 목적물이 현장에서 사용되고 있는 프로그램의 업그레이드 버전인지 혹은 전혀 별개의 프로그램 소스코드인지 여부 분석 목적물로 제출한 프로그램과 현장에 설치된 프로그램을 비교한 결과, 몇 개의 파일에서 사소한 차이는 발견되었으나 두 프로그램은 대부분 동일하거나 거의 유사한 소스코드를 이용하여 제작된 것임을 확인하였다. 구체적인 비교 결과는 아래 표와 같다.

[비교 및 분석 결과]

구분	내용	결과
단말 (A_PC)	제출된 A_PC 설치용 이미지 파일로 제작한 A_PC의 주요파일들을 선정하여 현장 설치 A_PC 파일과 비교 (home.html, var.js, mcon.js, home.js, autostart, kweb.sh)	대부분 일치함 4개 파일 일치 2개 파일 유사
Hanso_APM	제출된 서버에 설치된 APM의 주요 파일들을 선정하여 현장 설치된 서버 APM 파일과 비교(index.html, fontPhtoto.css, Style Photo.css)	대부분 일치함 - 16라인(차이) /총 220라인
관리 프로그램	제출된 관리 프로그램과 현장 설치된 관리 프로그램과 비교 DongsoungRemoteUser(11개 파일) DongsoungDid_II Install(8개 파일)	대부분 일치함 18개 파일 일치 1개 파일 유사

5. 결론

분석결과를 종합하면, 제출된 장소 관리 사용자 프로그램 프로그램과 현장에서 복사해 온 장소 관리 사용자 프로그램을 복사하여 동일한 환경에서 동작을 시켜 확인한 결과, 두 개의 장소관리사용자 프로그램은 동작과 구성화면이 동일함을 확인되었다. 비교한 결과, 몇 개의 파일에서 사소한 차이는 발견되었으나 두 프로그램은 대부분 동일하거나 거의 유사한 소스코드를 이용하여 제작된 것을 확인하였다.

이에 감정 대상은 업그레이드 소프트웨어 관계에 있다고 판단하였다.

참고문헌

[1] 위키백과, "업그레이드 정의"
   https://ko.wikipedia.org/wiki/%EC%97%85%EA%B7%B8%EB%A0%88%E
   C%9D%B4%EB%93%9C

[2] 김시열 · 강윤수 "소프트웨어 감정의 간이절차 활용 논의에 대한 검토", 한국소프
   트웨어 감정평가학회 논문지 제15권 제1호, pp. 25-34. 2019년

[3] 김시열, 컴퓨터프로그램 저작권 유사도론, 세창출판사, 2018

[4] 전병태, "SNMP MIB 파일의 유사도 분석에 관한 연구", 한국소프트웨어감정평가
   학회 논문지 제15권 제1호, pp. 25-34. 2019년

[5] Robert C. Osterberg and Eric C. Osterberg, "Substantial Similarity in
   Copyright Law", Practising Law Institute New York City, pp.2-28, 2005

[6] 이규대, "유사성 비교에서 세부항목 설정 기준", 한국소프트웨어감정평가학회 논
   문지, 12권1호, pp.21-26, June, 2016

[7] A. Corrente and L. Tura. Security Performance Analysis of SNMPvS
   with Respect to SN-MPv2c. In Proc. IEEE/IFIP NOMS 2004, Seoul,
   April 2004

[8] M. Cheikhrouhou and J. Labetoulle. Efficient Instrumentation of
   Management Information Models with SNMP. In Proc. IEEE/IFIP NOMS
   2000, April 2000

[9] David Perkins, Evan McGinnis, "Under- standing SNMP MIBs",
   Prentice-Hall, Inc. Upper Saddle River, NJ, USA 1997

[10] exEyes, http://www.copyright.or.kr, 2015

[11] Black Duck, "The tenth annual future of open source survey", Black
   Duck Software http://www.blackducksoftware.com/ 2016-future-
   open-source, Oct. 2016

3. 실행코드 비교 감정에서 주변장치
분석의 유효성*

대표저자 : 도경구

1. 서론

소프트웨어는 소스코드가 텍스트 형태로 작성되고, 파일로 저장되어 이동이 가능하기 때문에 항상 복제의 가능성이 있는 결과물의 특징을 갖는다. 최근 스마트미디어 장치와 같은 하드웨어 기반 응용 소프트웨어의 개발로 상품성이 높은 제품이 출시되면서, 이와 유사한 제품의 판매로 원저작권자의 영업피해가 발생되고, 이로 인한 저작권 분쟁 사례가 법원과 경찰청을 통해 나타나고 있다.

분쟁이 발생되면 복제 여부를 판단하기 위한 목적물로 분쟁당사자들의 개발에 사용된 프로그램 소스코드가 제공되어야 한다. 그러나 복제의혹의 피고소인 측은 여러 가지 이유로 원본 소스코드의 제공을 거부하고, 제품에 내장된 실행코드만 제공하여, 소스코드를 대상으로 하는 유사성 비교가 어려운 상황이 증가하고 있다. 한편 원 개발자의 경우도 제3의 업체에 개발 의뢰를 하여 제품을 개발하는 사례가 발생하면서, 상대 제품에 대한 복제 의혹을 가지면서도, 자사의 원본 소스코드를 제공하지 못하는 경우도 발생하고 있다.

* 한국소프트웨어감정평가학회 논문지 제16권 제1호, 2020. 6.에 수록된 논문을 일부 보정한 것이다.

정보기기는 기본적으로 특정 프로세서를 기반으로 하는 하드웨어 회로보드와 입출력장치에 운영체제가 탑재된 임베디드 시스템를 기반으로 하는 응용소프트웨어가 실행되는 일체형으로 제작되고 있다. 개발자는 제품 목적에 부합되는 하드웨어적인 구성과 기능을 설계하고, 이 구조에 연결되는 입출력 인터페이스 프로그램 및 응용프로그램을 구현하여 하드웨어에 탑재하는 과정으로 하드웨어와 프로그램 소프트웨어를 함께 제작한다.

따라서 분쟁이 발생된 경우 소스프로그램에 의한 일대일 비교 방법으로 유사성을 도출하는 것이 객관적인 분석결과의 의미를 갖게 되지만, 하드웨어적인 구조를 기본으로 하는 프로그램 제작과정의 특성상, 소스프로그램에 부가하여, 하드웨어적인 구조나, 운영의 절차 등으로 복제의 가능성을 추론할 수 있는 방법이 가능하다.[1] 또한 실행코드 만으로 양측의 분쟁내용을 감정하는 경우에는 역공학기법, 기능 실행의 시퀀스 비교, 실행화면의 GUI 등의 비교 방법이 적용 될 수 있다.

본 논문에서는 소스코드제공이 어려운 상황에서 시스템과 실행코드 파일을 대상하는 하는 감정 사례를 통해 간접적인 비교결과의 유효성에 대해 분석하고, 감정결과에 활용하는 방안을 제시한다.

2. 감정목적물의 특징

프로그램 소스코드는 프로세서를 기반으로 제작되는 정보기기를 기반으로 개발되는 것으로 작성되는 응용소프트웨어는 주변장치의 연결과 신호체계에 의존하면서 개발되는 특징을 갖는다. 따라서 소프트웨어의 구조는 하드웨어 주변장치와 밀접하게 연동되도록 작성되기 때문에 프로그램이 동작되는 순서와 데이터의 가공과 결과를 저장하는 체계를 비교하면 직접적인 소스코드의 라인비교를 보완하는 유사성 정보를 얻을 수 있다.

일반적인 소형의 휴대가능한 정보기기의 내부구성을 보면 그림1과 같다. 주요기능을 담당하는 프로세서를 중심으로 소스코드 프로그램의 저장소로 사용되는 RAM, 응용프로그램 및 운영체제를 보관하는 FlashROM, 정보 기기의 입출력용으로 키보드, LCD 터치패드, 그리고 외부 통신이 가능한 통신포트(USB, COM) 등이 연결되어 있다.[2]

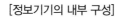

[정보기기의 내부 구성]

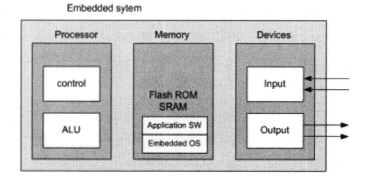

프로그램 작업은 이와 같은 하드웨어 구조를 완성하고, 이들의 신호체계의 연결 및 동작 순서의 시퀀스를 프로그램 언어로 구현하는 것이다. 이 결과는 텍스트 형태의 소스코드로 표현되고, 시스템의 언어로 변환되는 컴파일 작업을 수행하면, 기계어로 알려진 Hexa코드인 실행코드로 완성된다. 소프트웨어가 운영체제를 기반으로 작성되는 경우에는 시스템 메모리에 운영체제를 탑재하고, 운영체제를 기본으로 하는 응용프로그램을 작성한 후, 실행 가능한 프로그램으로 제작하여 운영된다.

3. 목적물의 간접적 비교항목

정보기기는 하드웨어와 소프트웨어로 구분되고 있으며, 기능의 목적과 성능은 소프트웨어의 실행 상황에 따라 달라진다. 따라서 소프트웨어 프로그램이 기기의 목적을 나타내는 중요한 작업이 된다. 두 기기의 유사성을 판단하는 목적물로 소프트웨어 프로그램을 확보해야하는 이유가 된다. 프로그램은 텍스트 형태의 소스코드로 작성되고, 이때 개발자가 지정하는 변수의 이름, 함수의 흐름도, 프로그램의 실행순서 등이 개발자 고유의 아이디어를 포함하고 있다. 따라서 소스코드의 비교는 정확한 유사도를 추출하는데 기본 자료가 된다. 그러나 최근 소스코드의 확보가 어려운 상황의 감정 비교 요구가 발생하고, 한정된 자료만으로 유사성을 도출해야하는 경우가 증가하고 있다.[3]

정보기기는 소프트웨어와 하드웨어로 구성되고, 소프트웨어는 하드웨어를 기초로 하여 작성되는 특징이 있기 때문에 소스코드의 부재 시, 하드웨어의 구성도, 동작의 순서도, 주변기기간의 인터페이스 정보 등을 분석함으로써 간접적인 유사성 비교 자료로 활용 가능한 특징이 있다.

3.1. 시스템의 간접적 특징항목

① 임베디드 시스템으로 구성되는 정보기기는 운영체제와 응용프로그램을 구성되고 있으며, 대부분의 운영체제는 공개프로그램으로 사용하고 있다. 또한 교차개발 방식의 개발과정으로 작업하기 때문에 원본 소스프로그램은 개발용 컴퓨터에 저장되고, 시판용 시스템에는 실행코드만 저장되어 유통된다.[4] 따라서 원 개발자가 소스프로그램의 제공을 거부하면, 시판용 시스템에서 실행코드를 추출하여 유사성을 비교해야하는 상황이 된다. 이

경우에는 시스템의 동작순서도, 하드웨어의 구성도, 시스템의 외관 등을 간접정보로 추출하고, 실행코드가 확보되면, 실행코드의 일대일 비교가 불가능하고, 객관성이 부족하기 때문에 ACSII 코드형태의 정보에서 특정 문자열을 검색함으로써, 유사성 비교 정보를 추출한다.

② 시스템의 주변기기는 프로세서와의 신호교환을 위해 특정 코드를 규정하고, 입출력 데이터를 교환하는 특징이 있다. 이때 사용되는 신호체계는 공개적인 규칙을 사용하는 경우와 개발자의 특정 코드를 사용하는 방식이 있다. 개발자의 특정 코드가 사용되고 있는 정보가 확인되는 경우에는 신호전달 중간단계에서 제어신호를 추출하여, 비교함으로써 도용의 근거자료로 활용이 가능하다.[5][6] 리모컨의 신호방식이나, RS232, TCP/IP 등의 직렬 통신신호체계에서 적용 가능한 방법으로 감정전문가는 개발단계의 전문성을 필요로 한다.

③ 운영체제와 함께 작성되는 프로그램은 공개프로그램으로 제공되는 운영체제를 사용하기 때문에 개발자의 응용프로그램 분량이 공개프로그램에 비교하여 극히 적은 크기로 포함된다. 따라서 전체 커널에 대한 유사성 비교는 90% 이상의 유사성으로 나타나기 때문에 개발자의 고유 저작권을 확인하기 어렵다. 이 경우는 커널내의 디바이스 드라이버 부분을 분석하여, 부분 소스코드에 대한 비교를 수행한다. 특히 특정 문자, 변수 등이 확인되는 경우, 유사성을 증명하는 자료로 활용이 가능한 특징 있다.

3.2. 비교도구

유사성 비교에 사용되는 도구는 FlexHEX, exEyes, Beyondcompare,등 여러 가지 응용 프로그램이 상업용으로 활용되고 있다. 라인단위비교, 실행코드 비교, 함수단위 비교 등 목적에 따라 혼합해서 사용한다. 일대일 비교가 불가능한, 특정되지 않는 파일의 경우 다대다(N:N) 비교방법이 가능한 exEyes 비교도구를 사용한다.[7][8] 이 도구는 저작권위원회에서 보유하고 있는 파일간의 유사도 검출을 위해 제작되어, 감정에 적합한 범위를 유사성 비교 기준으로 하고, 유사도를 분석할 수 있는 있다. exEyes를 사용한 비교수행 결과는 지정된 유사도 이상을 갖는 파일에 대해 세부 분석을 수행한다. 이 방법은 1차적으로 전체 파일에서 가능성이 있는 부분을 확인하는 것으로, 선별된 파일에 대해서만 육안 분석을 수행하여, 유사라인과 동일라인의 유의미성을 정밀하게 분석 판단한다. 분석도구는 유사성판별에서 참고자료를 제고하는 역할이며, 최종적인 유사성을 판단은 라인단위의 육안판독으로 도출하여야 오류를 줄일 수 있다.

[exEyes v5.0 실행화면]

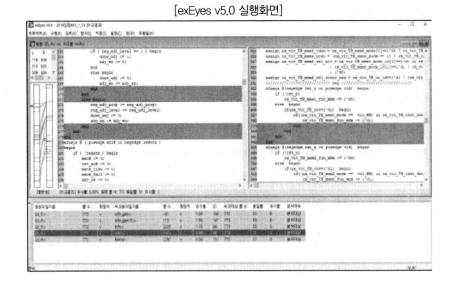

4. 유사성 분석 사례

4.1. 사례1

IPTV(Internet Protocol Television)는 디지털 텔레비젼 서비스가 IP 네트워크를 통해 전달되는 시스템으로 정의된다. 인터넷 망의 데이터 속도가 증가하면서 비디오스트리밍을 제공하는 인터넷 프로토콜의 사용으로 IPTV 서비스가 가능해 진 것으로, 텔레비젼 콘텐츠가 STB(Set Top Box)의 디스플레이로 방송서비스가 가능하도록 제작된 시스템이다.

임베디드 정보기기는 프로세서를 기본으로 인터페이스 장치와 디바이스 드라이버 및 응용프로그램을 포함하는 소프트웨어가 연동되어 운영되는 특징이 있다.[12] 특히 임베디드 시스템과 같이 운영체제가 포함되는 정보기기는 교차개발방법으로 제작되기 때문에 소스코드가 개발용 컴퓨터에 내장되고, 목적물 시스템에는 아래 그림과 같이 실행 파일만 저장되어 운영되는 기기로, 주로 셋톱박스, IOT 기능이 부가된 IPTV 등에 적용되고 있다.[9][10]

[임베디드시스템 교차개발 환경]

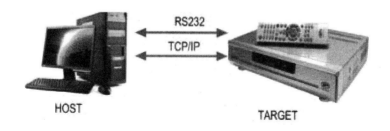

당사자 일방은 소스코드제공, 타방 당사자는 시스템과 시스템 내부의 실행파일만 제공 경우에는 간접적인 동작 시퀀스, 시스템의 구조적, 회로적

특징 비교가 가능하다.

 운영체제의 공개프로그램 사용으로 동작 메뉴의 구조가 유사한 경우의
분석 사례로 개발자의 독자적 개발로 판단할 수 없는 사례를 보인다.

[운영체제 메뉴의 구조분석]

 실행코드의 ASCII 코드 분석에서 특정 문자(제품의 모델명) 추출에 의한
도용의 의혹이 가능한 분석이 가능하다.

[실행코드에 포함된 특정 문자열]

```
36ec470  68 04 73 00 66 70 73 aa 02 74 0c a0 06 04 6f 6c   h.s.fps².t. .ol
36ec480  6c 5f 73 70 65 5a 17 35 01 c0 14 02 75 73 61 67   l_speZ.5.À..usag
36ec490  65 9c 03 06 76 66 64 5f 78 63 6f 72 65 42 01 74   e...vfd_xcoreB.t
36ec4a0  13 42 02 6c 63 00 04 0a 73 74 61 6e 64 62 79 70   .B.lc...standbyp
36ec4b0  6f 77 65 72 6c 5d 06 67 e3 21 63 6f 6e 09 36 61   overl]g.ã!con.6a
```

도용의혹에 대한 항목을 분석한 결과 동작절차부분은 공개프로그램의 사용으로 분석되었으며, 실행코드에서의 특정 문자열은 신제품이 개발되는 경우 공개프로그램의 규정으로 공지되는 시점에서 포함되는 것으로 확인되어 도용의 근거가 부족한 것으로 판단된 사례이다.

4.2. 사례2

감정대상 시스템은 리눅스 운영체제를 기반으로 하는 고객 서비스 프로그램으로, 디스플레이화면에 홍보자료를 게시하는 셋톱박스(STB: set-top box)로 구성된다. 시스템은 하드웨어 개발과 소프트웨어로 설계 개발이 복합적으로 적용된 시스템이다. 양측은 소스코드 제출이 없으며, 제작된 시스템을 목적물로 제공한 사례이다.

[임베디드시스템 구성도]

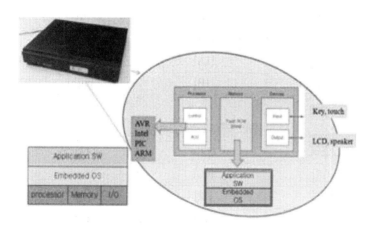

두 시스템의 실행코드 추출이 불가하였고, 시스템의 보드와 회로부품 배치 등을 분석 수행하였고, 시스템에 사용되는 리모컨의 동작이 유사하여,

리모컨 신호분석으로 유사성을 도출하고, 유의미한 결과를 제시하였다. 목적물의 리모컨 신호와 일반적으로 사용되는 리모컨의 신호코드가 상이함에도, 분쟁대상 시스템에 동일한 리모컨 신호가 동작되는 부분을 특정하여 유사성의 특징으로 도출한 사례로 소스프로그램이 제공되지 않은 상태에서도 분석 가능한 요소로 활용할 수 있다.

리모컨에서 송수신되는 적외선 신호체계가 혼신을 방지하기 위해 기기마다 다른 코드로 조합되도록 제작되는 특징임에도 두 시스템에 동일하게 적용되는 현상을 확인하고, 유사성을 도출한 결과를 보였다. 목적물의 코드는 아래 표와 같이 분석되었으며, 일반 코드는 아래 두 번째 표와 같이 동일 기능에 상이한 코드가 할당되어 있는 비교결과를 예시하였다.

[목적물의 리모컨 코드]

custom	code	function
[08]	[16]	OK
[08]	[10]	power
[08]	[18]	up
[08]	[19]	down
[08]	[1A]	left
[08]	[1B]	right

[일반 IPTV의 리모컨코드]

custom	code	function
[3915]	[00]	power
[3915]	[11]	up
[3915]	[15]	down
[3915]	[12]	left
[3915]	[14]	right

4.3. 사례3

감정대상 시스템은 디지털앰프를 내장한 영업장용 BGM(Back ground musicplayer) STB(set-top box)로 리모컨과 전면패널의 터치센서에 의한 동작제어가 가능하도록 제작되었으며, 내부의 하드웨어 회로는 상업용 프로세서를 사용하였고, 탑재된 소프트웨어는 임베디드방식의 운영체제인 Linux kernel에 응용프로그램을 작성하였다.

운영체제는 방대한 소스코드가 공개되어 있고, 개발자의 프로그램은 일부만 사용되고 있는 것으로 전체 프로그램의 비교는 아래 표와 같이 독창성을 표현하지 못하고 있다. 원본과 비교본의 커널파일 비교에서 개발자의 독창적인 부분이 전체 커널의 일부로 작성되어, 유사성 결과는 동일한 코드로 판단되는 오류가 나타난다.

[커널의 파일수 비교(공개커널 기준)]

기준커널		비교커널		유사 파일수	유사도(%) 비교본기준
기준	파일수(MB)	비교본	파일수(MB)		
A	25617	B1	26196	25504	97.3
		C1	25700	25540	99.3

유사성 비교를 위해 커널에 포함된 디바이스 드라이버 파일의 유사기능을 부분을 추출하고, 선별된 파일의 라인 비교를 수행하여, 코드의 유사성을 분석하였다. 디바이스 드라이버는 하드웨어 주변기기와 밀접하게 관련되는 신호체계를 구현하는 부분으로 하드웨어가 동일하면, 디바이스 드라이버의 코드도 유사성이 높게 작성되는 특징을 활용하는 방법이다. 본 사례에서는 그림과 같이 특정 기기를 나타내는 텍스트가 검출되어 유사성의 근거로 확인한 결과를 보인다.

[원본과 비교본의 특정 파일이 주석비교]

이와 같이 하드웨어 정보기기와 연동되는 프로그램 소스코드의 비교는 장치의 구성과 주변기기의 신호체계를 분석함으로써 실행코드의 비교 결과를 보완하는 중요정보로 활용이 가능하다.

5. 결론

스마트미디어 기기의 복제 의혹에 따른 분쟁이 발생되면서, 복제 여부를 판단하기 위한 목적물로 개발에 사용된 프로그램 소스코드가 제공되어야 하나, 복제 의혹의 대상자는 원본 소스코드의 제공을 거부하고, 제품에 내장된 실행코드만 제공하게 되어, 소스코드를 대상으로 하는 유사성 비교가 어려운 경우가 발생하고 있다. 정보기기는 구조적으로 특정 프로세서를 기반으로 하는 하드웨어 회로보드와 입출력장치에 운영체제가 탑재된 임베디드 시스템을 기반으로 하는 응용소프트웨어가 실행되는 일체형으로 제작되고 있다. 따라서 분쟁이 발생된 경우 소스프로그램에 의한 일대일 비교 방법이 불가능 한 경우, 하드웨어적인 구조를 기본으로 하는 프로그램 제작과정의 특성상, 실행코드와 하드웨어적인 구조, 운영의 절차 등으로 복제의 추론이 가능하다. 본 연구결과에서는 실제적인 감정 사례를 통해 정보기기의 분석 및 유사성 도출 결과를 제시하였다. 이와 같이 개발과정에서 필연적으로 삽입되어야 하는 기능 외에 개발자의 전문 기술이 적용된 특징을 도출하고, 이와 유사하거나 동일한 부분이 다른 기기에서 추출되는 경우, 복제의 의심이 가능한 유의미한 결과의 활용 가능성을 제시하였다. 최근 지능적인 복제시도가 다양하게 적용되는 환경에서 감정전문가는 개발자의 입장에서 분석 및 유사성을 도출하는 과정으로 원 개발자의 저작권 보호에 활용될 수 있을 것으로 기대된다.

참고문헌

[1] Raj Kamal. Embedded systems Architecture Programming and Design. 2nd ed. MacGraw Hill Companies; 2015. p.5.(Book)

[2] http://blogspot.designonchip.com/2009/10/rtl-engineer.html

[3] Kyu-Tae Lee, Hyun-Chang Lee, Jang-Geun Ki. Establishment of the Subtitle on Materials for Evaluating Intellectual Ownership: International Journal of Signal Processing, Image Processing and Pattern Recognition. 2017 Sep; 10(9): 79-88

[4] M. M. Swift, B. N. Bershad, and H. M. Levy. Improving the Reliability of Commodity Operating Systems: ACM Trans. on Computer Systems. 2003 Sep; 23(1): 77-110

[5] M. M. Swift, M. Annamalai, B. N. Bershad, and H. M. Levy. Recovering Device Drivers: ACM Trans. on Computer Systems. 2006 Nov; 24(4): 333-360

[6] M. Rajagopalan, M. A. Hiltunen, T. Jim, and R. D. Schlichting. System Call Monitoring Using Authenticated System Calls: IEEE Trans. on Dependable and Secure Computing. 2006 July; 216-229

[7] T. Naughton, W. Bland, G. Vallee, C. Engelmann, and S. L. Scott. Fault Injection Framework for system Resilience Evaluation: Proc. of the Resilience"09. 2009 June; 23-28

[8] Compare files and folders [Internet], 2018 [updated 2018 Oct 10; cited 2018 Oct 10]

[9] V.J. Mooney, D.M. Blough. A hardware-software real-time operating system framework for SoCs: IEEE Design & Test of Computers. 2002 Nov; 19(6): 44-51

[10] Do-Hyeun Kim, KyuTae Lee, Management of Reliability and Delivery for Software Object Material, Journal of Software Assessment and Valuation(JSAV) 2019 Dec., Vol.15, No2, pp.51-57

4. 정보기기 시스템 감정에서
유사성 설정 기준*

대표저자 : 이규대

1. 서론

정보기기는 하드웨어, 소프트웨어로 구성되며, 하드웨어는 전자회로, 프로세서, 로직회로 그리고 이들을 하나로 연결하여 일체화한 PCB 기판 와 케이스로 구성된다. 소프트웨어는 프로그램 소스코드와 운영체제가 해당된다. 일반적인 감정은 이들 전체에 대한 유사성을 비교하고, 차이점에 대한 유의미를 검증하는 작업이다. 이때 공지기술에 해당하는 회로나, 부품, 또는 공개 프로그램이 적용된 경우는 유사성 검증에서 제외된다. 감정요청의 경우는 크게 다음과 같은 종류로 나타낼 수 있다.

- 전체적인 비교감정을 수행하는 경우
- 표준 하드웨어 사용으로 프로그램 소스코드에 대한 감정이 수행되는 경우
- 하드웨어 관련 전자회로부 또는 프로세서를 중심으로 하는 로직 회로 감정을 수행하는 경우
- 하드웨어나 프로그램의 특정 부분에 대한 유사성 비교를 요청하는 경우

* 한국소프트웨어감정평가학회 논문지 제13권 제2호, 2017. 12.에 수록된 논문을 일부 보정한 것이다.

위의 경우는 고소인과 피고소인의 감정 목적물 자료가 정상적으로 제출된 경우에 해당된다. 즉, 일대일 비교가 가능한 자료가 제출되었을 때, 감정도구를 사용하여 유사도 도출이 가능하고, 이에 대한 기술적인 복제 여부를 판단할 수 있다.

프로그램 소스코드와 달리 하드웨어 부분은 일대일 비교의 기준이 모호한 경우가 있다. 하드웨어부분의 도용은 회로도의 변형, 프로세서의 대체 모델 사용, PCB의 개작, 사용되는 부품의 형식 변경 등에 따라, 일대일 비교로는 유사성이 노출되지 않는 상황이 발생된다. 프로그램 소스코드 도용에서 변수명이나, 함수명을 대체하는 방법과 같이 시스템의 동작이나, 동작순서는 동일해도, 일대일 비교로는 동일하다고 판정하기 모호한 상황이 하드웨어에서도 존재한다. 본 연구에서는 하드웨어감정에 대한 감정기준 및 유사성 판단 기준에 대해 감정사례를 통하여, 객관적인 감정기준의 설정에 대해 분석하였다.

2. 감정 목적물의 특징

2.1. 감정 목적물의 특징

감정대상 시스템은 관속에서 저속으로 흐르는 액체의 속도를 측정하는 장치로 초음파 방식의 유속 측정 기능을 갖는 제품이며, 해당 시스템은 유동성 액체가 관속으로 이동하는 상태에서 액체의 이동속도에 영향을 주지 않으면서 정확한 측정이 가능해야하는 특징을 갖는다.

시스템은 원통형의 유관을 통해 흐르는 액체의 유속을 측정하는 시스템으로 그림과 같이 초음파센서를 양쪽에 거리를 두고 설치하여, 양쪽의 초음파가 도달하는 시간차를 측정하여, 속도를 계산하는 방식으로 구성된다.

아래 그림과 같이 A에서 초음파를 발사한 후 B에 도달하는 시간차를 측정하여 액체 속에서 초음파가 진행하는 속도를 계산하는 원리로 동작된다. 초음파의 발생과 수신 및 속도계산은 제어기로 표현된 부분에서 수행된다. 제어기(Controller)로 표현된 부분에는 펄스발생기, 초음파 모듈을 제어하는 CPU, 속도를 계산하는 구동프로그램, 정밀시간을 카운트하는 계수기 및 아날로그 회로로 구성된다. 초음파를 이용하는 유속측정기술은 도플러효과를 이용하는 원리로서, 많은 논문과 저서에 기술되어 있는 공지기술로 판단된다. 그러나 제품을 제작하는 과정에서 사용되는 부품과 지연시간을 계산하는 구현기술은 개발자 고유의 독창성이 포함된 것으로 보아야한다.

감정대상 시스템은 유속이 30m/s 이하의 저속용 측정을 목적으로 하기 때문에 정밀한 시간을 계산하는 기술이 사용된다. 감정대상 시스템의 주요 특징은 정밀속도 계산을 위해 측정된 펄스의 개수에서, 추가적인 마지막 한주기 이하의 펄스에 대해 미세시간을 추출하는 콘덴서의 충·방전 기술로 보인다. 즉, 빠른 충전과 느린 방전회로의 구현 및 방전기간 동안 단위 펄스의 1000배의 정밀도로 시간측정을 하는 기술이며, 이 방법으로 유속이 느린 경우의 정밀속도를 측정할 수 있는 시스템이 제작된다.

[초음파 flowmeter]

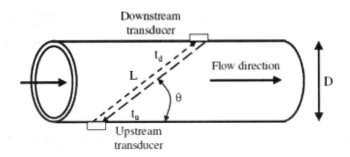

초음파유량계의 측정원리는 도플러효과(Doppler effect)를 이용하여 시간지연 구간을 속도로 계산하는 이론을 적용한 것으로, 1896년 L. Rayleigh에 의해 발표된 'The theory of sound' 논문을 시작으로 많은 논문이나 특허를 통해 알려진 기술이다. 이 기술은 파이프를 통과는 액체나 가스(Gas)의 속도, 용량을 측정하는 분야에 계속 적용되고 있다.

[coarse-fine 시간 구간]

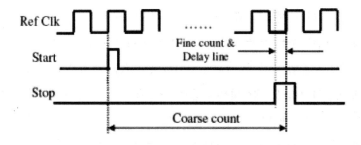

그러나 실제적인 구현과정에서 사용되는 환경, 센서의 성능, 정밀 측정을 위한 사용부품의 종류, 그리고 정밀 조정(calibration)및 속도계산을 위한 구동프로그램 등에 개발자의 고유기술이 적용되기 때문에 시스템 고유의 특징을 갖는다.

정밀시간을 측정하는 기술이 2007년 논문 "The Development of CPLD-Based Ultrasonic Flowmeter"에서 소개되고 , 구현결과를 검증한 내용이 발표되어 1펄스 이하의 구간을 측정하는 기술 개념이 알려져 있다.

2.2. 감정대상 소스코드의 분석

저작권자의 시스템은 80386계열의 프로세서가 초음파센서제어와 시스템의 디스플레이에 사용되도록 구현 되었으며, 침해자 시스템은 도시바의 프로세서가 초음파센서 제어용과 디스플레이용으로 각각 구현 되어 있다.

일반적으로 프로세서가 상이하면 같은 C계열의 소스코드인 경우도, 사용하는 문법과 프로그램 작성 과정이 다르다.

본 감정에서도 고소인의 소스코드 10개 파일(10170 라인), 피고소인의 소스코드 11개 파일(3827 라인)로 설계되었지만, 상이한 파일명으로 작성되어 있다.

[감정사례 파일 종류]

NO	suspected	lines
1	ini92ml.c	227
2	int.c	944
3	int.h	84
4	io92cy23.h	796
5	lnc92.lcf	22
6	main.c	820
7	main.h	84
8	speed.c	671
9	speed.h	77
10	stc92ml.asm	102
11	typedef.h	182
Total		3,827

비교 도구는 Scooter Software의 Beyond Compare ver3.1.11을 사용하였다. 이 도구는 아래 그림과 같이 text 단위, 파일 단위, 폴더 단위의 비교가 가능한 기능을 가지고 있다.

[Beyond compare 비교도구]

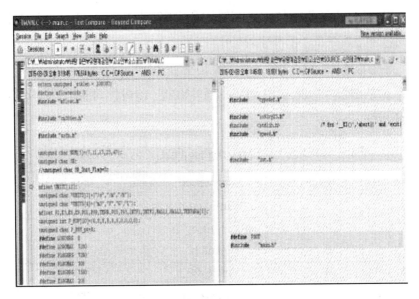

펌웨어의 실행파일은 HEX 코드 단위의 비교가 가능하나, 본 사례의 감정목적물 비교는 대부분 파일 단위 비교를 수행하여, 파일 내의 라인 단위 텍스트 검사를 통해 동일성 여부를 도출하였다. 화면의 적색으로 표시되는 부분은 두 파일간의 동일성이 검출된 부분을 나타내며, 육안판별이 가능한 상황을 제공한다.

3. 하드웨어 감정 기준

감정 대상에서 예시한 회로도의 경우 아래의 그림들과 같이 동일한 회로도로 보이지만, 원으로 표시한 위치와 같이 회로의 일부 모습을 변형한 것이고, 부품의 이름도 다시 설정한 회로도로 보인다. 이러한 경우 일대일로 매칭되는 기준으로 보면 동일하지 않은 회로도로 판정된다. 그러나 부품의

형식이 동일하고, IC 칩의 핀배치가 동일한 관점에서 보면, 회로의 기능과
동작에 있어서 같은 동작으로 하는 것으로 판단할 수 있다. 그러나 9, 10번
핀에 연결된 두 개의 저항으로 보면, 실제 동작에서의 영향이 어떠한지는
판단할 수 없는 상황에서도 다른 회로로 판단할 수 있는 근거가 된다.

[원회로도]

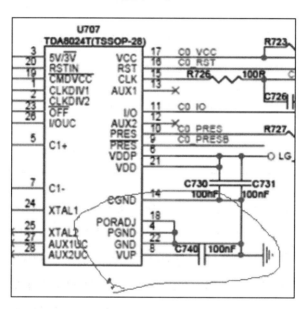

실제 동작회로에서 각 핀에서의 로직파형이나 신호파형을 비교하면 동작
의 유사성을 판단할 수 있으나, 회로도면 만으로 판단하는 경우 두 회로는
동일하지 않은 것으로 감정결과를 도출하는 것이 타당함을 알 수 있다.

[변형된 회로도]

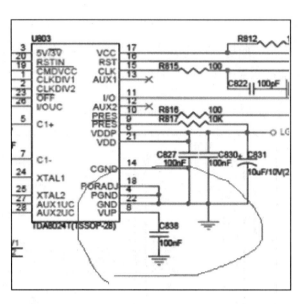

　따라서 회로도의 감정 기준은 일대일 동일하게 매칭되는 경우 동일성이
있다고 판단하고, 일대일 매칭이 되지 않는 경우에는 감정전문가의 기술적
판단에 따라 보완적인 유사성 결과를 추가하는 것이 타당하다.

　PCB의 비교감정에서 유사성은 회로도와 같이 일대일 매칭의 결과를 동
일성으로 판정한다. 그러나 개발에 참여하거나, 실제 개발자인 경우 개발
도구를 활용한 개작(변형)이 가능하여, 이런 경우 피의자의 생산품은 기능
은 같아도 회로패턴이 다르게 구성된다.

　아래 그림들과 같은 사례에서 좌하단의 패턴은 일대일도 매핑되어, 동일
한 PCB로 판단할수 있으나, 좌상단의 패턴은 동일 PCB 에서 다른 모습의
패턴을 구성하고 있는 것을 확인할 수 있다. 이 경우 두 개의 PCB는 동일
성이 없다고 판단된다. 일부패턴이 같아도, 전체적인 시스템에 영향을 주
는 정도를 판단할 수 없고, 피의자가 원개발자의 PCB를 참조하여 독자적

으로 개발하였다고 보아야하는 기술적용이 포함된다.

[원개발자의 PCB 패턴]

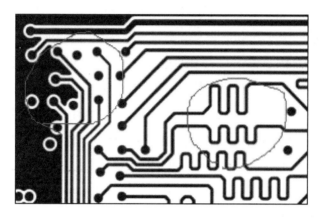

[도용이 의심되는 PCB 패턴]

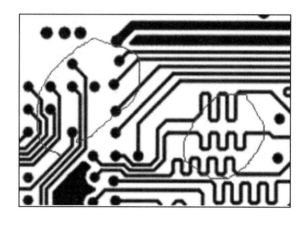

4. 하드웨어 감정 수행

감정목적물의 파일을 비교하는 방법은 1차적으로 감정 도구를 활용한 소
스코드 비교 방법을 적용하여 라인 단위 비교에 의한 유사성을 도출한다. 2

차적으로 독창성 부분을 조사하기 위해 main.c 파일의 함수들을 추적하여 함수별 유사성 및 함수의 기능이 일반적인 것인지, 프로그램 개발자가 고유의 아이디어를 부가한 것인지를 비교하는 것을 감정 기준으로 한다. 주프로그램은 background 프로그램 부분을 중심으로 이벤트마다 동작되는 함수의 개수를 도출하고, 각 함수별 비교를 수행하여, 피고소인의 파일에 고소인의 영업비밀에 해당되는 소스가 부가되었는지 확인한다. 프로그램 소스의 독창성 여부는 프로그램 개발자의 입장에서, 공지 기술을 제외한 기능을 구현한 경우가 해당되며, 제품의 주요 기능을 구현한 경우에는 영업비밀이 될 가능성에 대한 분석을 추가한다. 해당 소스코드 부분에 대한 공지 기술이 있는지 여부 및 창적성은 전문가 기술분석을 근거로 판단하는 방법을 사용한다.

본 감정대상에 사용된 기술의 특징에서 적외선 터치 방식은 적외선 빛의 직진성을 이용한 것으로, 패널 상에 장애물이 있으면 가로, 세로 방향의 빛이 차단되어 (X, Y) 좌표가 감지되는 원리로 동작한다. 휴대용 기기보다는 대형 스크린을 사용하는 산업용으로 사용되고 있으며, 적외선 송수신 모듈의 분해능에 따라 휴대 단말기에도 가능하다. 적외선 방식은 저항막, 정전용량 방식과 달리 적외선 발신 및 수신 센서가 패널의 가장자리에 설치되는 구조로 제작되기 때문에 패널의 내구성이 우수하고, 디스플레이에 연동되지 않아도 되는 장점을 갖는다. 또한 저항막 방식 등의 경우, 필름이 덧씌워져 LCD의 밝기가 감소되는 반면 적외선 방식 100%의 빛 투과력을 갖는 장점이 있다. 개발자는 1차 작업에서 IR 방식에 의한 터치스크린의 패널 설계, 패널의 구동을 위한 펌웨어 설계, PC와의 인터페이스 가능한 드라이버 설계를 하고 구현하였다. 이후 특허 관련 기술을 구현하기 위한 2차 개발 작업을 통하여 기능을 구현하는 내용으로 멀티 터치스크린 프로그램을 개발하고 있다.

4.1. 펌웨어 비교

펌웨어 부분에서 싱글 터치 프로그램의 경우 IR 패널의 빛이 차단되면 해당 지점의 좌표 값을 계산하여, (X,Y) 위치 값을 판독하고 USB로 전송하는 부분이다. 적외선센서의 송수신 주기, 화면 스캔, ADC(analog to Digital convertor)변환 등의 과정을 통해 좌표 값을 판독하면, USB 직렬 통신 인터페이스를 위해 아래 그림과 같은 좌표 전달을 위한 데이터 포맷을 작성한다. 터치 방식의 인터페이스는 단순 포인트 터치에 부가하여 점을 끌고가는(drag) 기능이 가능함으로, 이에 대한 정보를 전달하기 위해 그림 3과 같이 처음 터치된 지점과 선을 그은 후 터치를 떼는 지점의 정보를 각각 전달하기 위해 터치정보의 헤더 정보를 0x81과 0x80의 형식으로 구분하여 처리한다.

일반적인 프로그램 개발 과정은 아래 그림과 같이 구현하고자 하는 프로그램의 입출력이 정해지고, 프로그램의 실행 과정인 프로그램 흐름도(flowchart)가 제공된 상태에서 프로그램 개발을 수행한다.

본 사례의 경우는 프로그램의 목표 및 프로그램의 흐름도 설계를 개발자가 기존의 단순 프로그램을 개선하여 아이디어를 추가하고, 검증 과정을 반복해야하는 노력이 추가된 특징이 있다. 정량적 분석에 의해 비교된 펌웨어의 결과는 싱글 터치에서 10.9% 정도의 코드가 수정되어 멀티 터치 펌웨어가 제작된 것으로 도출되었지만, 아이디어 생산과 프로그램 개발 과정에서 아이디어의 수정 보완에 대한 기술이 부가되었다.

[일반 프로그램 작성 흐름]

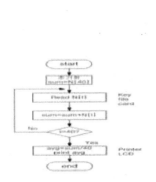 

4.2. 드라이버 비교

드라이버의 기능은 펌웨어에서 직렬 통신 USB로 전달하는 데이터를 수신하고, 분석하는 부분과 다수의 좌표(멀티 좌표)를 가공하는 부분, 그리고 사용자의 편의를 위한 기능 설정 GUI 등이 해당된다. 사용된 4개의 드라이버 폴더 명은 싱글 터치와 멀티 터치에서 핵심 기능을 담당하는 부분으로 이들의 비교를 통해 기능의 차이를 검증한다. 싱글 터치의 폴더는 가상 마우스를 연결하며 싱글 포인트 좌표를 수신하는 기능을 수행한다. 그러나 멀티 터치의 폴더는 다 지점의 좌표 인식이 가능하여, 이 정보를 이용다 지점으로 형성되는 다각형의 면적을 계산하여 SDK에 전달하는 기능을 수행한다. 이 부분은 싱글 터치에서 구현이 불가능한 새로운 동작으로 멀티 터치를 이용한 응용 프로그램의 개발이 가능하게 한 기능이다. 즉, 펌웨어로부터 수신된 멀티 포인트 좌표를 활용하여, 좌표 집합과 면적 집합으로 구분하는 기능, 메트릭스방식의 허상 제거 기능을 수행하는 응용프로그램을 구현하고 있다.

싱글 터치 기능을 제공하는 드라이버 기능은 사용자가 화면을 터치하는 경우(동시에 여러 점이 터치되는 경우도) 한 점으로 인식한 후, 인식된 지점의 위치 정보를 사용하여 가상 마우스로 동작하도록 하는 부분이다. 즉, 여러 지점이 동시에 터치된 경우 중심점 하나를 계산하도록 설정되어 있다. 그러나 멀티 터치의 경우, 예를 들어 두 개의 지점이 동시에 터치된 경우, 드라이버는 두 지점에 대한 정보(또는 다지점에 대한 정보)를 SDK에 전달한다.

감정사례에서의 유사성 비교결과는 아래 표와 같이 회로도와 PCB의 비교결과에 구동프로그램의 유사성 결과를 포함한 종합결과를 나타내었다. 하드웨어 부분은 회로도와 PCB 부분을 중심으로 비교 판정한 결과이며, 동일성의 판단에 대한 기술적 판단을 포함하기 위하여, '△'의 판정을 사용하여 동일하지는 않아도 개작을 통한 유사성이 인정되는 결과를 표현한다.

[감정사항의 결과]

구분	동일 · 유사성 여부
회로도	△
PCB	×
구동프로그램	×

5. 결론

감정수행에서 프로그램 소스코드와 달리 하드웨어 부분은 일대일 비교의 기준이 모호한 경우가 있으며, 하드웨어 부분의 도용은 회로도의 변형,

프로세서의 대체 모델 사용, PCB의 개작, 사용되는 부품의 형식 변경 등에 따라, 일대일 비교로는 유사성이 노출되지 않는 상황이 발생된다. 프로그램 소스코드 도용에서 변수명이나, 함수명을 대체하는 방법과 같이 시스템의 동작이나, 동작순서는 동일해도, 일대일 비교로는 동일하다고 판정하기 모호한 상황이 하드웨어에서도 존재한다. 본 연구에서는 하드웨어감정에 대한 감정기준 및 유사성 판단 기준에 대해 감정사례를 통하여, 객관적인 감정기준의 설정에 대해 분석하여 회로도와 PCB 등의 감정에서 판정 기준을 제시하였다. 프로그램의 경우와 달리 지능적인 도용의 경우가 많이 발생하는 이유로, 감정인의 전문성이 요구되는 부분이다.

참고문헌

[1] Ian Maxwell, Information_ Display_article.pdf Information display 2007.12

[2] 이규대, "유사성 비교에서 세부항목 설정 기준", 한국소프트웨어감정평가학회 논문지, 12권1호, pp21-26, 2016. 6

[3] 임경수 · 박종혁 · 이상진; 디지털포렌식 현황과 대응방안; 보안공학연구논문지, 2008. 11

[4] 류희수, 정보보호: 디지털 세상의 CSI, 그 가능성은, 정보통신진흥협회, 2007

[5] 조용현, 디지털 포렌식을 위한 절차와 도구의 중요성, (주)시큐아이닷컴 CERT팀, 2007

[6] 김도완 · 윤영선; SW소스코드 저작권보호를 위한 통합 가이드, 컴퓨터프로그램보호위원회, 2009. 4

[7] 길연희 · 홍도원, 디지털 포렌식 기술과 표준화 동향, IT standard & test TTA journal, 2008. 8

[8] 변정수, 한국형 디지털 증거분석 표준화: 경찰청 디지털 증거처리 표준가이드라인 및 증거분석 전문매뉴얼의 고찰, 디지털 포렌식 연구 창간호, 2007. 11

[9] 방효근 · 신동명 · 정태명, 소프트웨어 포렌식: 프로그램 소스코드 유사성 비교 및 분석을 중심으로, 디지털 포렌식 연구 창간호, 2007. 11

[10] 이규대, "임베디드시스템의 이진코드 추출 및 분석", 한국소프트웨어감정평가학회 논문지, 5권1호, pp27-38, 2009. 5

[11] 전병태, "프로그램 복제도 감정기법 및 감정비 산출에 관한 연구" 프로그램심의조정위원회 결과보고서, 2002

[12] 이규대, 권기영, "정보기기 감정에서 세부항목 설정 사례", 한국소프트웨어감정평가학회 논문지, 12권2호, pp9-14, 2016. 12

5. 정보기기감정에서의 PCB 유사성 비교*

이규대

1. 서론

하드웨어 제품에 대한 복제 및 기술도용이 증가하면서, 이에 대한 저작권 분쟁이 발생하고 있다. 이러한 정보기기의 도용은 주로 개발과정에 참여한 내부 기술자가 이직을 통해 다른 업체로 이동하여, 동일한 제품을 제작하거나, 개작을 통해 유사제품을 생산 판매함으로써 최초 개발업체의 제품판매에 영향을 주면서 발생된다.

이 경우 유사제품 개발자는 공지기술을 사용하여 독자적으로 개발하였다고, 주장하게 되고, 원 개발자는 공지기술을 포함하기는 하나, 개발과정에서 고유의 기술이 포함된 부분을 강조하고, 이 부분에 대한 기술유출 또는 기술도용을 확인하여, 저작권을 인정받고자 감정을 의뢰하게 된다.[1]

특히 시스템을 구성하는 PCB작업에서의 유사성이 의심되면, 개발자는 피개발자의 도용을 의심하여, 주요 감정항목으로 제시하는 사례도 있다.

감정을 진행하기 위해서는 개발자와 피개발자가 감정목적물을 제출해야 하고, 또한 개발자가 도용이 의심되는 부분의 분석자료를 첨부해야 한다. 또한 피개발자는 자신의 개발품이 공지기술을 사용한 독자적인 시스템이라

---

* 한국소프트웨어감정평가학회 논문지 제11권 제2호, 2015. 12.에 수록된 논문을 일부 보정한 것이다.

는 것을 중명하기 위한 원개발자의 주장을 반박하는 자료를 제공하여야 한다. 이는 감정인이 제품의 모든 기술을 확인할 수 없고, 분쟁 시스템은 개발자가 가장 많은 지식을 가지고 있음이다. 예를 들어 환자가 병원을 방문하여, 의사에게 몸의 어느 특정부분에 대한 증상을 이야기함으로써 정확한 치료가 가능한 것과 같다, 만일 환자가 증상에 대한 정보를 주지 않고, 의사에게 자신의 아픈 곳을 찾아서 치료해 달라고 한다면, 의사는 엉뚱한 부분의 치료하게 되는 오류와 같다.

본 연구에서는 하드웨어 정보기기의 분쟁시 여러 가지 검증항목 중에서 PCB에 대한 부분을 중심으로 하는 감정항목에 대하여 분석해 보았다.

2. 감정사례 구조적 특징

정보단말기로 사용되는 대부분의 정보기기는 프로세서를 기반으로 하는 입출력 하드웨어와 운영체제를 기반으로 하는 응용소프트웨어의 일체형으로 제작되고 있다. 정보기기의 제작자 관점에서는 독자적인 기능의 구현과 성능개선을 위한 목적으로 특정한 프로세서와 특정 입출력 인터페이스를 갖는 하드웨어를 설계하고 구현한다.[1] 특히 임베디드 시스템의 구성으로 제작되는 경우에는 운영체제를 사용한 응용기기를 제작하게 되며, 이 경우 많이 사용되는 OS가 Linux Kernel 이다.[2] 그러나 리눅스커널은 개발과정에서 실행파일형태로 시스템에 탑재되어, 소스의 내용을 판독하기 어렵게 구성된다. 정보기기는 기존의 대형시스템을 기반으로 개발되는 소프트웨어 중심의 기능에서, 휴대 가능한 소형 시스템으로 구현되고 있다. 제품이 휴대가능한 정도의 크기로 제작되기 위해서는 전원사용의 시간과 내부 프로세서의 처리용량의 제한으로 기능의 제한이 따르는 단점이 있다.

휴대가능한 정보기기의 내부구성을 보면 아래 그림과 같이 핵심기능을 담당하는 프로세서를 중심으로 프로그램의 임시저장소로 활용하는 RAM, 응용프로그램을 저장하는 FLASH ROM, 정보기기의 입출력용으로 사용되는 키보드, LCD 및 터치패드, 그리고 외부 통신이 가능하도록 하는 통신 포트(USB, COM) 등이 연결된다.

감정대상 시스템은 휴대용 정보기기의 일종으로 디지털방송방식인 ISDB-T를 공중파수신하고, 수신된 신호를 7인치 LCD에 디스플레이하고 음성신호를 자체 스피커 앰프와 FM 주파수로 송출하는 기능을 갖는다.

이러한 정보기기시스템은 하드웨어기능과 소프트웨어 운용기능이 포함되는 임베디드시스템 구조로 구성되며, 특정 프로세서를 중심으로 하는 인터페이스 하드웨어 부품 모듈과 이를 구동하는 드라이버소프트웨어의 결합으로 제작된다. 본 기기에서는 공중파 RF 신호를 안정적으로 수신하고 디지털 방송 패킷을 복원하여 LCD에 표현하는 특징이 있다.

이와 같은 하드웨어적인 구성을 바탕으로 개발자에 익숙한 프로그램언어를 사용하여, 응용프로그램을 제작하고, 완성된 프로그램 실행코드를 FlashROM에 저장하고, 전원을 입력하여 동작시킨다. 이때 응용프로그램은 프로세서의 각종 기능과 주변장치(key pad, LCD monitor, LCD touch screen, 통신포트)를 효과적으로 활용하여, 사용자에게 유용한 기능의 단말기기를 제공한다.

작성한 프로그램은 compile 과정을 통해 특정 프로세서에 일치하는 실행코드로 완성된다.

이상의 내부구조를 갖는 하드웨어는 design 작업을 통해 아래 그림과 같이 사용하기 용이한 제품으로 완성된다.

[마이크로 컨트롤러 인터페이스 구성]

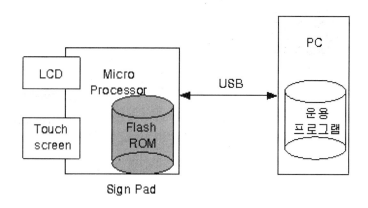

 단말기의 기능이 다양해지고 핵심프로세서의 기능이 향상됨에 따라 임베디드 구조로 개발된 정보기기는 아래 그림과 같이 운영체제(OS)로 알려진 시스템관리용 프로그램이 탑재되어 제작된다. 운영체제는 일반 컴퓨터의 OS와 유사한 기능으로 주변기기, 메모리, 파일, 인터페이스 등 시스템의 모든 기능을 관리하는 능력을 가진 소프트웨어를 의미한다. 이러한 OS가 탑재되어, 단말기를 실시간으로 동작시키는 기기를 임베디드 정보기기라 한다. 따라서 소프트웨어 부분은 단순기능의 응용프로그램에 운영체제가 추가되어, 실행 가능한 프로그램을 제작하고 실행하게 된다.

[OS 기반 정보기기 구조]

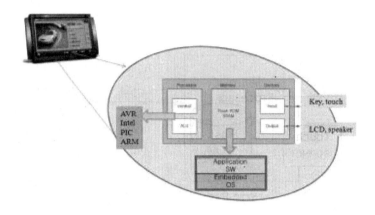

　시스템 제작에서의 기술은 일반적으로 하드웨어와 소프트웨어 두 부분 동일한 비중으로 핵심적인 개발자의 노력이 집중된다고 본다. 하지만, 최근에는 하드웨어부분이 모듈화 되면서, 인터페이스 프로그램 및 운영체제를 기반으로 하는 응용소프트웨어의 기술비중이 높아지는 경향이 있다.

　이러한 시스템의 감정은 감정대상 시스템에 사용된 프로세서, 인터페이스 모듈, 인터페이스 프로그램, 시스템 프로그램 및 응용프로그램의 분석을 통해 유사도를 도출할 수 있다.

　본 감정대상 시스템은 분쟁대상이 하드웨어에 국한되어 있어 기술적인 중요도를 판단하는데 있어 전체시스템의 50% 미만으로 한정된다고 할 수 있다.

　하드웨어의 개발과정을 보면, 아래 그림과 같이 시스템의 입출력 신호 흐름도를 나타내는 블록다이어그램이 작성되고, 그 기능에 적합한 프로세서와 인터페이스 모듈을 선정하게 된다. 사용할 부품이 정해지면 프로세서를 중심으로 하는 전체회로도를 작성하고, 필요한 경우 검증을 위해 브레드보드(bread board) 등에 구성하여 동작을 확인한다.

전체회로의 동작에 대한 검증이 완료되면, 마지막으로 시제품제작을 위한 PCB회로기판 작업을 하게 되는데, 일반적으로 PCB제조업체에 PADS 등의 tool을 운용하는 기술자가 있어, 의뢰자는 회로도만 전달하면 PCB기판을 받게 된다.

기기의 특성상 회로기판의 패턴과 부품간의 임피던스 문제로 특정 패턴의 PCB설계가 필요한 경우는 개발자가 직접 PCB작업을 하는 경우도 있으며, 이 경우 개발자마다 사용하는 설계도구의 종류가 상이하여(Orcad, PADS 등) PCB 기판제작업체에서 통일된 PCB 파일인 거버파일(Gerber)을 요구한다. 따라서 개발자가 직접 PCB 설계를 한 경우는 거버파일을 제작하여야 한다. 결국 거버파일은 PCB 기판제작에 필요한 과정으로 기술적인 중요성은 갖지 않는다.

[하드웨어 제작 흐름도]

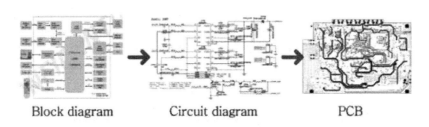

Block diagram   Circuit diagram   PCB

정보기기 시스템의 분석은 일반적으로 하드웨어와 소프트웨어로 구분하고, 각각에 대해 도출된 유사도에 가중치를 부여하여 최종 유사도를 판단한다.

3. 정보기기 감정항목

기기를 구성하는 회로도는 시스템의 하드웨어를 구성하는 부품의 연결 상황을 나타내는 자료로서, 사용된 부품 및 부품간의 연결과정의 분석을 통하여 제작자의 기술적 난이도를 알아볼 수 있다.

저작권자의 제품으로는 두 개의 회로도가 제출되었으며, 침해자는 회로 도를 제출하였다. 회로도는 임베디드시스템과 유사한 구조로 작성된 것으로 판단되며, 본 사례에서는 아래 표와 같이 저작권자의 두 제품에 대한 침해자의 회로도를 비교한다.

[감정검토 항목]

구분	저작권자	침해자	감정대상
1	(A1)	(B)	회로도파일 PCB 거버파일
2	(A2)	(B)	회로도파일 PCB 거버파일

본 사례에서는 편의상 저작권자의 기기1을 A1, 기기2를 A2, 침해자의 기기를 B로 약칭해서 사용한다. 정보기기는 프로세서를 기본으로 인터페이스 장치와 소프트웨어가 연결 운영되는 특징이 있다. 따라서 사례의 감정 분석은 다음의 사항을 고려하여 유사성을 도출할 수 있다.

① 전체 시스템의 크기, 형태
② PCB 보드의 크기
③ 회로도

④ 소프트웨어 소스

⑤ 동작특성

본 사례에서는 PCB 아트워크에 한정하였다.

4. PCB 감정 비교사례

4.1. PCB 패턴 비교

PCB(Printed Circuit Board)는 회로도의 설계내용을 실물로 연결하기 위한 회로기판으로, 특정크기의 판위에 동판으로 연결선을 만들고, 회로부품을 연결한 것으로, PCB의 크기, 연결패턴의 형태, 부품의 위치, 부품간의 간격 등 관련된 모든 것이 개발자 고유의 설계기술을 포함한다. 따라서 상기한 내용의 항목에 유사성이 보인다면, 개발기술을 도용한 근거로 볼 수 있다.

정보기기 제작에 있어서 PCB작업은 회로도가 완성된 후, 이를 PCB 제작업체에 의뢰하는 것으로, PCB업체는 소정의 수수료를 받고 부품실장이 가능한 회로기판을 만들어 주는 과정이다. 이때 개발자가 특정 부품의 위치와 배선거리등을 지정하지 않으면 회로기판 설계자가 임의로 작업을 하여 의뢰인에게 제공하는 절차를 갖는다.

따라서 PCB의 상태는 정보기기 개발자의 의도보다는 회로기판 제작자에 따라 달라지는 특징이 있다.

그러나 기기의 동작특성상 PCB의 부품배치나 배선에 기술적인 중요성을 갖는 경우는 해당부분에 대한 요구사항을 PCB설계자에게 지정하는 때도 있다. 즉, 고주파에 민감하고, 간섭에 의한 데이터 전송 불량이 발생하는 것을 고려한 특정 패턴을 설계한 경우가 될 수 있다.

사례에서 감정을 위한 자료로 사건 당사자가 제시한 PADS 파일은 PADS(ver 9.0)으로 작성되었다. 이에 사례의 감정은 저작권자의 A1보드에 해당하는 파일과, A2보드에 해당하는 파일을 PADs layout 9.3.1 툴을 사용하여 검증하였다. 양측에서 pdf로 제공한 거버파일은 PCB파일과 같은 내용이므로 판독이 용이한 상황에 따라 병행 사용하였다. 두 개의 PCB 비교 결과는 아래의 표와 같다.

[A1과 B의 PCB비교]

PCB layer	검토결과
top side(top)	상이함
plane2 GND	상이함
plane3(inner layer3)	상이함
lane4 (inner layer4)	상이함
layer5 VCC	상이함
Bottom side	상이함
silk screen top	상이함
silk screen bottom	상이함

[A2와 B의 PCB비교]

PCB layer	검토결과
top side(top)	상이함
plane2 GND	상이함
plane3(inner layer3)	상이함
plane4 (inner layer4)	상이함
plane5 VCC	상이함
Bottom side	상이함
silk screen top	상이함
silk screen bottom	상이함

4.2. CPU와 DDR 간 댐핑저항 비교

댐핑저항은(Damping resistor) 400MHz 이상의 고속데이터 전송이 발생하는 DDR 메모리와 CPU 간에 주로 발생되는 임피던스 매칭 및 노이즈 억제 목적으로 사용된다. 이는 CPU와 DDR 제조사에서 권고하는 항목을 포함하며, 임피던스 또는 댐핑 저항값 등으로 권고한다.

일반적으로는 회로설계자가 PCB 제조사에 이러한 사양을 회로도와 함께 전달하면, PCB 업체에서는 시뮬레이터나 내부 기술을 적용하여, 데이터 전송에 이상이 없는 보드의 패턴을 작업하게 된다. 따라서 CPU와 DDR이 동일한 경우에는 대부분 유사한 패턴의 PCB가 제작될 가능성이 높아진다.

피고소인이 참고한 고소인의 해당부분의 PCB를 확대해 보면, 감정단계의 레이어별 비교에서는 상이하게 판단하였으나, 댐핑 부분은 2개의 다른 층(layer) 및 다른 위치에서 동일한 패턴구조로 확인되었다.

그러나 앞서 기술한 바와 같이 댐핑저항의 PCB패턴 구성은 PCB업체에서 제작하는 기술로 인식되고 있고, 본 시스템의 경우 A1의 제작자와 B의 제작자가 동일하여, 편의상 사용하던 패턴을 활용한 것으로 판단하였다.

동일개발자가 사용하던 동일 패턴을 활용한 면에서는 기술도용의 의미를 가질 수 있으나, PCB의 제작 특성상 독창적인 기술 및 경제적가치가 있는 기술로 인정할 수 있는 중요도는 미약한 것으로 판단된다.

5. 결론

하드웨어로 분류되는 정보기기 시스템의 유사성을 검증하기 위해서는 개발자와 피개발자가 감정목적물을 제출해야하고, 도용이 의심되는 부분의 분석자료를 첨부해야한다. 또한 피개발자는 자신의 개발품이 공지기술을 사용한 독자적인 시스템이라는 것을 증명하기 위한 원개발자의 주장을 반박하는 자료를 제공하여야 한다. 그러나 분쟁의 경우 대부분 피개발자가 도용 또는 참고로 개발한 경우가 많아, 자료제출에 소극적이고, 부실하게 제출하는 경우가 많다. 따라서 감정인은 주어진 목적물에 한정하여, 감정인의 전문성을 활용하여 감정을 진행한다.

본 연구에서는 PCB를 중심으로 감정사례를 분석하였으며, PCB 기판의 패턴 작업은 시스템을 구성하는 회로도가 완성되면 PCB 전문제작 업체에서 안정된 동작이 가능한 패턴을 작성해 주는 부분으로 패턴의 유사성이 감정의 요소로 사용되는데 한계가 있는 것으로 보았다.

유사성 분석에서 기술하였듯이 유사한 회로부분과 부품이 검출되었고, 댐핑저항 부분에서 PCB 패턴의 동일성이 검출되었으나, 이 부분은 PCB 제작업체에서 의뢰인의 요구에 따라 시뮬레이터 등의 방법으로 해결이 가능한 사항으로써, 저작권자의 기술을 활용하였다고 볼 수 있으나, 이 부분이 시스템을 구성하는 중요기술 및 경제적 가치를 갖는 것으로 보기는 미약하였다.

결국 PCB 패턴에서 창작성 또는 고유성이 미미하므로, 개발자는 회로도, 소프트웨어 등에 개발자의 고유성을 포함하는 것이 요구된다.

참고문헌

[1] 정익래·홍도원·정교일, 디지털포렌식 기술 및 동향, 전자통신동향분석 제22권, 2007. 2

[2] 홍도원, 디지털 포렌식 기술, 한국전자통신연구원, 2007

[3] 임경수·박종혁·이상진, 디지털포렌식 현황과 대응방안, 보안공학연구논문지, 2008. 11

[4] 류희수, 정보보호: 디지털 세상의 CSI, 그 가능성은?, 정보통신진흥협회, 2007

[5] 조용현, 디지털 포렌식을 위한 절차와 도구의 중요성, (주)시큐아이닷컴 CERT팀, 2007

[6] 김도완·윤영선, SW소스코드 저작권보호를 위한 통합 가이드, 컴퓨터프로그램보호위원회, 2009. 4

[7] 길연희·홍도원, 디지털 포렌식 기술과 표준화 동향, ; IT standard & test TTA journal, 2008. 8

[8] 변정수, 한국형 디지털 증거분석 표준화: 경찰청 디지털 증거처리 표준가이드라인 및 증거분석 전문매뉴얼의 고찰, 디지털 포렌식 연구 창간호, 2007. 11

[9] 방효근·신동명·정태명, 소프트웨어 포렌식: 프로그램 소스코드 유사성 비교 및 분석을 중심으로, 디지털 포렌식 연구 창간호, 2007. 11

[10] 전상덕·홍동숙·한기준, 디지털 포렌식의 기술 동향과 전망, 정보화정책, 2006. 11

[11] 전병태, "프로그램 복제도 감정기법 및 감정비 산출에 관한 연구" 프로그램심의조정위원회 결과보고서, 2002

[12] 이규대, "임베디드시스템의 이진코드 추출 및 분석", 한국소프트웨어감정평가학회 논문지, 5권1호, pp27-38, 2009. 5

6. 임베디드 기기 감정에서 디바이스 드라이버 유사성 설정*

이규대

1. 서론

정보기기는 프로세서를 기반으로 하는 입출력 하드웨어와 운영체제를 기반으로 하는 응용소프트웨어의 일체형으로 구성된다. 시스템의 제작자는 독자적인 기능의 구현과 성능개선을 위한 목적으로 특정한 프로세서와 특정 입출력 인터페이스를 갖는 하드웨어를 설계하고 제품으로 구현하는데, 임베디드 시스템의 구성으로 제작되는 경우에는 운영체제를 사용한 응용기기를 제작하게 되며, 이 경우 많이 사용되는 OS가 Linux Kernel 이다[1]. 그러나 리눅스커널은 압축파일형태로 시스템에 탑재되어, 소스의 내용을 판독하기 어렵게 구성된다.

정보기기 분쟁에서 소스코드 기준의 감정을 어렵게 하는 부분이 프로그램 소스의 불성실한 제공이다. 감정인이 정확한 유사성 도출을 위해서는 분쟁 당사자들의 자료제공이 선행되어야 하나, 복제 의심을 받는 측에서 소스코드를 거부하는 경우, 제품의 내부에 저장된 실행코드만으로 검증해야 하는 상황들이 발생한다.

본 연구는 커널코드에 대한 양측의 소스코드가 제공된 상황을 가정하고,

한국소프트웨어감정평가학회 논문지 제14권 제1호, 2018. 6.에 수록된 논문을 일부 보정한 것이다.

디바이스 드라이버의 유사성비교 과정 및 유사도의 객관성 확보에 대해 다룬다.

2. IT 정보기기 하드웨어 구성

정보기기는 휴대가능한 정도의 크기로 제작되는 경우, 전원사용의 시간과 내부 프로세서의 처리용량의 제한으로 기능의 제한이 따르는 단점이 있다. 이러한 시스템의 내부구성을 보면 아래 그림과 같이 프로세서를 중심으로 프로그램의 임시저장소로 활용하는 RAM, 응용프로그램을 저장하는 FLASH ROM, 정보기기의 입출력용으로 사용되는 키보드, 디스플레이장치 및 터치패드, 그리고 외부 통신이 가능하도록 하는 통신포트(TCP/IP, USB, COM) 등이 연결된다.

설계된 하드웨어적인 구성을 바탕으로 개발자는 익숙한 프로그램언어를 사용하여, 응용프로그램을 제작하고, 번역하고, 완성된 프로그램 실행코드를 FlashROM에 저장하여 완성한다. 이때 응용프로그램은 프로세서의 주요 인터페이스 기능과 각종 주변장치(key pad, LCD monitor, LCD touch screen, 통신포트)를 효과적으로 활용하여, 사용자에게 유용한 기능의 단말기기를 제작한다.

작성한 프로그램은 compile 과정을 통해 특정 프로세서에 일치하는 실행코드로 완성된다. 하드웨어는 design 작업을 통해 아래 그림과 같이 사용하기 용이한 제품으로 완성된다.

[마이크로 컨트롤러 인터페이스 구성]

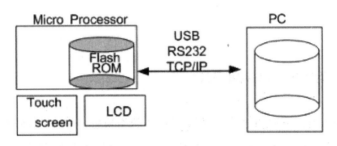

단말기의 기능이 다양해지고, 핵심프로세서의 기능이 고기능화 됨에 따라서, 임베디드 구조로 개발된 정보기기는 아래 그림과 같이 운영체제(OS)로 알려진 시스템관리용 운영프로그램이 탑재되어 제작된다. 운영체제는 일반 컴퓨터의 OS와 유사한 기능으로 주변기기, 메모리, 파일, 인터페이스 등 시스템의 모든 기능을 관리하는 능력을 가진 소프트웨어를 의미한다. 이러한 OS가 탑재되어, 단말기를 실시간으로 동작시키는 기기를 임베디드 정보기기라 하고, 소프트웨어 부분은 특정기능의 응용프로그램에 운영체제가 추가되어 실행 가능한 프로그램으로 제작된다.

[OS 기반 정보기기 구조]

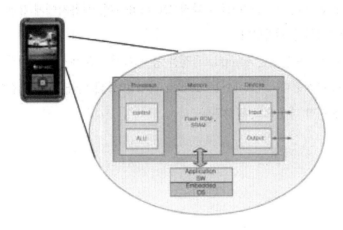

3. 임베디드운영체제 구성

정보단말기는 사용자의 요구에 의해 새로운 기능이 계속 추가되고 있으며, 특히 동일한 입력장치에서 다양한 기능을 구분하기 위해 시퀀스 지연 기능을 사용하고 있다. 이 방법은 하드웨어적인 기술 및 소프트웨어적 기술이 연결된 기능으로 유사도 감정시 응용 프로그램이나 하드웨어 모듈만의 비교방법에 포함되어야 할 항목이다.

정보기기의 하드웨어는 아래 그림과 같이 프로세서를 중심으로 하는 입출력부분, 프로그램저장부분, 통신부분으로 구분할 수 있다. 최근에 출시되는 프로세서는 자체적으로 다양한 인터페이스 블록을 내장하고 있기 때문에 프로세서가 입출력 기능을 포함하는 경우가 많아지고 있다. 정보기기하드웨어의 기능에 따른 유사성 비교는 표준화된 방식에 의한 부분을 제외하고, 응용프로그램에서 작성된 프로그램을 비교하고, 특정 인터페이스 칩이 사용되는 경우를 고려하여 판단하는 것이 타당하다.

[임베디드 시스템 구조]

Application SW		
Embedded OS		
processor	Memory	I/O

응용프로그램은 사용자인터페이스 부분으로 사용자에게 편리한 입력기능과 출력기능을 제공하여, 정보기기 사용자의 기기활용도를 높이는 부분이다. 사용목적에 따라 기기의 하드웨어 부분과 접속되며, 운영체제의 기능을 효과적으로 사용한다.

정보기기의 기능은 이 응용프로그램의 동작에 의해 결정되는 것으로 제

213

작자는 사용자의 요구에 적합한 응용프로그램은 많이 제작해서 보급하고 있다. 따라서 응용프로그램은 제작자 고유의 기능과 아이디어가 포함된 부분으로 응용프로그램의 기능비교를 통해 기기의 유사성 여부를 도출할 수 있다.

3.1. 시스템의 설치 환경

임베디드 시스템이란 특정 프로세서의 메모리에 운영체제(OS)와 운영프로그램(kernel)을 장착하고, 이를 이용하여 특정한 입출력장치(LCD, button)로 동작되는 시스템을 말한다. 이러한 시스템을 구성하기 위해서는 동작에 적당한 프로세서를 선정하고, 그 프로세서에 설치 가능한 운영체제(OS)를 선정한 후, 적정한 방법으로 프로세서의 메모리에 실장을 시키고 동작이 가능하도록 설치하여야 한다. 초기 아무것도 설치되어있지 않은 시스템에 OS와 kernel을 설치하는 과정을 알아보고, 이러한 시스템을 운영하기위한 절차 및 개발방법을 기술한다.

3.2. 임베디드시스템의 설치

임베디드 시스템은 사용하는 프로세서와 운영체제에 따라 설치방법이 상이하기 때문에 여기서는 EMPOS-tiny 보드를 중심으로 설치과정을 알아본다. 이 보드는 intel Xscale PXA255 프로세서를 사용하고 있으며, 유용한 I/O장치(LCD, button, IrDA, GPIO, Ethernet 등)를 가지고 있다. 초기 아무것도 설치되어있지 않은 시스템에 운영체제와 사용자프로그램을 설치하기 위해서는 시스템에 전원이 들어왔을 때 동작이 가능한 부트로더라는 프로그램을 설치해 주어야 하고, 이 부트로더에 의해 운영체제(OS)가 설치된다.

모든 프로세서는 초기 전원이 들어왔을 때 처음 시작하는 주소에서 프로그램이 시작되도록 만들어지기 때문에, 보통 이 시작주소에 부트로더가 있는 곳으로 이동하는 명령이 위치한다. 부트로더가 실행되면 몇 가지 명령어에 의해 자체 실행을 하거나, 포팅할 OS를 메모리의 특정 위치에 저장하고 실행하는 역할을 담당한다. 또한 사용하는 운영체제 및 사용자 프로그램의 개발결과를 시스템에 이식하기 위해서는 시스템과 PC와의 연결이 필요하며, 이를 위해 PC와 target 시스템 간에 모니터링을 위한 RS232 케이블, 고속전송을 위한 Ethernet 케이블, Flash Rom의 read/write를 위한 JTAG cable이 연결된다.

이러한 케이블은 시스템의 개발 및 업그레이드를 위한 것이며, 실제 사용을 할 때는 사용되지 않는다. 호스트 PC는 target 시스템의 개발에 사용되는 것으로, 필요한 유틸리티와 개발 툴(tool)이 설치되어야 한다. 이때 타겟 시스템의 OS와 같은 운영체제가 요구되므로, 리눅스 OS가 사용되는 경우는 PC에도 운영체제는 리눅스로 설치되어 있어야 한다.

4. 디바이스 드라이버 비교

디바이스 드라이버는 커널과 제어를 필요로 하는 하드웨어 사이의 계층(layer)이다. 이 디바이스 드라이버는 추상적 개념으로, 커널이 장치와 직접 통신하지 않고 정의된 인터페이스로 각 디바이스 드라이버에게 맡기는 방식이다. 디바이스 드라이버는 문자 디바이스 드라이버, 블록 디바이스 드라이버, 네트워크 디바이스 드라이버의 3가지로 분류한다. 디바이스 드라이버들은 커널에 정적으로 링크 되어서 사용되기도 하며, 때로는 동적으로 운영체제가 실행중인 상태에서 커널과 링크 되거나 제거 될 수 있으며,

이를 위해 리눅스에서는 모듈기능을 제공하여 디바이스의 동적 적재, 제거를 가능하게 한다.

[디바이스 드라이버 계층]

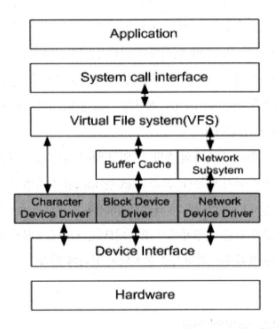

위의 그림과 같이 어플리케이션에서는 시스템 콜을 통하여 VFS(Virtual File System) 안의 장치 디바이스를 읽어 디바이스 드라이버에게 명령을 내리면 디바이스 드라이버는 해당되는 함수를 호출하여 하드웨어를 제어한다. 즉 디바이스 드라이버는 커널 레벨 프로그램이기 때문에 일반적인 사용자 어플리케이션을 작성할 때와 다른 규칙과 형태를 갖는다.

- 커널은 모드를 전환할 때 프로세스의 실수형 변수로 저장하지 않는다.
- 커널 레벨 프로그램에서는 CPU를 완전히 독점할 수 있으므로 다른 작

업이 방해되지 않도록 작성한다.

- 커널 공간에서의 디버깅은 훨씬 더 어렵고, 드라이버는 하드웨어를 다룰 때 정교한 타이밍을 종종 필요로 하기 때문에 가능한 간결한 코드로 작성한다.

디바이스 드라이버 함수의 작성은 헤더를 정의 하고, 사용될 함수들을 작성한다. 기본적으로 어플리케이션에서 open하고 close할 때 대응하여 동작하는 open과 release함수를 작성하고 디바이스 특징에 따라 file_operations의 구조체에 나와있는 함수를 작성한다. 다음으로 작성된 함수들의 특성에 맞게 file_operations 구조체에 등록하고 init_module함수와 cleanup_module함수를 이용하여 디바이스 드라이버를 커널에 삽입하고 제거할 때 사용되는 함수를 구현한다. 리눅스에서 모든 장치 디바이스는 하나의 파일처럼 동작하므로 각, 함수들의 file_operations구조체가 등록된다.

작성된 함수는 다음 아래 그림과 같다.

[디바이스 드라이버 소스코드]

```c
// Device driver sample.c
#include <linux/module.h>
#include <linux/kernel.h>
#include <linux/init.h>
int init_module(void)
{
printf("Hello. Device driver!\n");
return 0:
}
void cleanup_module(void)
{
printf("End. Driver !\n");
}
```

 작성된 소스코드(sample.c)컴파일 과정을 통해 실행파일(sample.o)
로 작성된다. 커널의 삽입은 실행코드 파일로 작업되고, 해당 드라이버는
insmod와 rmmod 를 사용하여 커널에 디바이스 드라이버를 삽입하고, 해
제된다.

 디바이스 드라이버의 특징은 하드웨어와 연결되는 위치(level)에 있기
때문에 아래 그림과 같이 LED가 하드웨어적으로 연결된 경우, 물리적인
주소(address)가 지정되어야 한다. 그림에서와 같이 지정된 포트의 주소
(LEDIOPORT_ADDRESS 0xf1600000)가 동일한 값으로 표기된 소스코드
가 발견된 경우는 디바이스 드라이버와 연관되는 하드웨어도 복제 도용의
가능성이 의심되는 상황으로 정밀 점검해야하는 근거로 도출된다.

[디바이스 드라이버 led.c 소스코드]

```
// Device driver ledport.c
#include <linux/ioport.h>
#include <asm/uaccess.h>
#include <linux/module.h>
#include <linux/fs.h>
#include <asm/io.h>
#define LEDIOPORT_MAJOR 0
#define LEDIOPORT_NAME "LED IO PORT"
#define LEDIOPORT_MODULE_VERSION "LED
IO PORT V0.1"
#define LEDIOPORT_ADDRESS 0xf1600000
#define LEDIOPORT_ADDRESS_RANGE 1
//Global variable
static int ledioport_usage = 0;
static int ledioport_major = 0;
// define functions...
int  ledioport_open(struct  inode  *minode,
struct file *mfile) {
if(ledioport_usage != 0) return -EBUSY;
70 HBE-EMPOS-Tiny Software Manual
MOD_INC_USE_COUNT;
ledioport_usage = 1;
return 0;
}
```

커널소스의 비교는 공개프로그램이 차지하는 비중이 높아, 전체 커널을 대상으로 하는 비교는 유사도 결과의 객관성에 논란의 여지가 있다. 따라서 디바이스 드라이버, 라이브러리, 유틸리티 등의 세부프로그램을 대상으로 하는 유사성 비교가 요구된다.

이상과 같이 디바이스 드라이버는 소스코드가 확보되는 경우, 일반적인 방법으로 라인단위 유사도 검증을 통해 드라이버의 코드 유사성을 도출할 수 있다. 그러나 실행파일(sample.o)로 제공되거나, 커널의 이미지로 제공되는 경우는 일반 감정의 실행파일 감정으로 수행되고, 감정의 결과에 정확성이 감소된다.

5. 결론

리눅스 커널은 운영체제와 연결된 하드웨어 인터페이스 구성으로 디바이스 드라이버 프로그램으로 링크시키는 방법으로 구현된다. 따라서 커널의 비교는 개발환경에서 사용된 프로그램 소스가 제공되어야 비교가 가능하다, 그러나 많은 경우 개발소스를 제공하지 않는 사례가 있고, 이 경우 zImage 파일을 확보하여 간접적인 비교가 수행된다.

본 연구에서는 디바이스 드라이버의 작성과정을 예시하여, 유사성 도출과정을 점검하였다. 커널소스의 전체비교는 공개프로그램의 비중이 높아 개발자의 소스코드내용이 유의성을 갖지 못하는 것으로 확인되었다. 따라서 커널소스의 유사성 비교시에는 커널소스 전체비교보다는 라이브러리, 디바이스, 유틸리티 소스 등으로 세분화 하여야 원저작권자의 독창적 내용을 판단할 수 있으며, 감정목적물 확보시 소스코드의 검증이 우성되어야 한다.

참고문헌

[1] Ian Maxwell, Information_ Display_article.pdf Information display Dec. 2007

[2] 이규대, "유사성 비교에서 세부항목 설정 기준", 한국소프트웨어감정평가학회 논문지, 12권1호, pp.21-26, June, 2016

[3] 임경수 · 박종혁 · 이상진, "디지털포렌식 현황과 대응방안", 보안공학연구논문지, Nov. 2008

[4] 류희수, "정보보호: 디지털 세상의 CSI, 그 가능성은", 정보통신진흥협회, 2007

[5] 조용현, "디지털 포렌식을 위한 절차와 도구의 중요성", (주)시큐아이닷컴 CERT 팀, 2007

[6] 김도완 · 윤영선, "SW소스코드 저작권보호를 위한 통합 가이드", 컴퓨터프로그램보호위원회, April, 2009

[7] 길연희 · 홍도원, "디지털 포렌식 기술과 표준화 동향", IT standard & test TTA journal, Aug. 2008

[8] 변정수, "한국형 디지털 증거분석 표준화: 경찰청 디지털 증거처리 표준가이드라인 및 증거분석 전문매뉴얼의 고찰", 디지털 포렌식 연구 창간호, Nov. 2007

[9] 방효근 · 신동명 · 정태명, "소프트웨어 포렌식: 프로그램 소스코드 유사성 비교 및 분석을 중심으로", 디지털 포렌식 연구 창간호, Nov. 2007

[10] 이규대, "임베디드시스템의 이진코드 추출 및 분석", 한국소프트웨어감정평가학회 논문지, 5권1호, pp.27-38, May, 2009

[11] 전병태, "프로그램 복제도 감정기법 및 감정비 산출에 관한 연구", 프로그램심의조정위원회 결과보고서, 2002

[12] 이규대 · 권기영, "정보기기 감정에서 세부항목 설정 사례", 한국소프트웨어감정평가학회 논문지, 12권2호, pp.9-14, Dec. 2016

7. STB시스템의 목적물과 프로그램의 유사성 분석 및 평가*

대표저자 : 김도현

1. 서론

인터넷과 연결되는 정보기기의 활용성이 증가하면서 하드웨어와 소프트웨어가 연동되는 임베디드 시스템을 기반으로 하는 응용제품에 대한 개발이 높아지고 있다. 운영체제를 기반으로 제작되는 시스템은 응용프로그램의 개발에 따라 IPTV, STB, IoT 등의 서비스 제품으로 운용되고 있다.

다양한 서비스를 제공하는 시스템의 제작을 추진하는 개발자는 생산시간을 단축하기 위해 정당하지 않은 방법을 적용하는 경우가 발생한다. 이로 인해 저작권이 있는 제품의 복제품이 불법적으로 제작되어 원 개발자의 권리를 침해하는 분쟁이 발생하고 있다. 유사성 감정을 위해서는 양측에서 개발단계에서 사용한 자료를 제공해야 하나, 복제의혹을 갖는 측에서 자료제출에 불성실한 상황이 발생하고 있다.

임베디드 시스템 형태의 제품은 교차개발 방법으로 제작되기 때문에 판매되는 제품에는 개발시점의 프로그램 소스코드가 내장되어 있지 않고, 실행파일이 압축형태로 저장되어 있다.[1][3] 따라서 개발환경에서의 소스코드 자료가 주어지지 않으면, 양측의 제품만으로 유사성을 판단하여야 한다.

---

* 한국소프트웨어감정평가학회 논문지 제14권 제2호, 2018. 12.에 수록된 논문을 일부 보정한 것이다.

이러한 다툼에서 목적물의 유사성 감정이 요청되면, 제품 내부의 소스코드나, 회로보드의 도면이 제공되지 않은 상태로 감정이 수행되어야 한다.

본 연구는 목적물에 해당되는 개발 자료가 제공되지 않는 경우에 대한 유사성 분석 방법과 분석 결과에 대해 다룬다.

2. 감정목적물의 특징

2.1. 임베디드 시스템 구조

정보단말기로 사용되는 대부분의 정보기기는 프로세서를 기반으로 하는 입출력 하드웨어와 운영체제를 기반으로 하는 응용소프트웨어의 일체형으로 제작되고 있다. 운영체제는 Linux Kernel 과 같은 공개프로그램을 사용하고, 하드웨어 인터페이스가 가능하도록 디바이스 드라이버를 개발하여, 커널에 추가하는 방법으로 고유의 기능을 구현한다.[3]

휴대 가능한 정보기기의 내부구조는 아래 그림과 같이 핵심기능의 역할을 담당하는 프로세서를 중심으로 소스코드의 임시저장소로 활용하는 RAM, 응용프로그램이 저장되는 FLASH ROM, 정보기기의 입출력용으로 인터페이스 되는 키보드, LCD, 버튼 및 터치패드, 그리고 외부 통신이 가능하도록 하는 구성되는 통신포트(USB, COM) 등이 연결된다.[2]

[임베디드 시스템 구조]

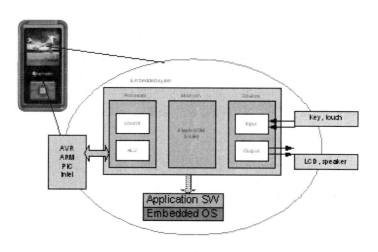

이러한 하드웨어적인 구성을 바탕으로 개발자는 사용에 숙달된 프로그램언어를 사용하여, 응용프로그램과 디바이스 드라이버 코드를 작성하고, 완성된 프로그램 실행코드를 FlashROM에 저장한다. 이때 응용프로그램은 프로세서의 각종 기능과 주변장치(key pad, LCD monitor, LCD touch screen, 통신포트)를 유기적으로 연결하고 활용하여, 사용자에게 편리한 기능의 단말기기를 제공한다.[4][5][6]

단말기의 기능이 다양해지고, 핵심프로세서의 기능이 향상됨에 개선된 기기들이 개발되고 있다. 임베디드 구조로 개발된 정보기기는 운영체제(OS)로 알려진 시스템관리용 프로그램이 탑재되어 제작된다.[7][8] 운영체제는 일반 컴퓨터의 OS와 유사한 기능으로 주변기기, 메모리, 파일, 인터페이스 등 시스템의 모든 기능을 관리하는 상위레벨의 소프트웨어를 의미한다.

2.2. IPTV 시스템

IPTV(Internet Protocol Television)는 디지털 방송 서비스가 IP 네트워크를 통해 전달되는 시스템으로 정의된다. 인터넷 망의 데이터 속도가 증가하면서 비디오스트리밍을 제공하는 인터넷 프로토콜의 사용으로 IPTV 서비스가 가능하게 된 것으로, 텔레비젼 콘텐츠가 STB(Set Top Box) 의 디스플레이로 방송서비스가 가능하도록 제작된 시스템이다.

IPTV는 양방향 TV가 지원되는 기능을 갖는 것으로, 이것은 서비스제공자가 다양한 TV 응용서비스를 대화형으로 사용 가능하도록 하는 주요기능이다. 즉, 표준 생방송, HDTV(High Definition TV), 대화형게임, 고속인터넷 브라우징 등이 양방향으로 제공된다. 또한 비디오리코더와 결합된 서비스로 방송되는 프로그램의 시간이동이 가능한 기능이 가능한 특징이 있다.

사업자와 사용자간 양방향 통신이 가능한 기능은 사용자의 시청취향을 분석하여, 맞춤형 콘텐츠를 제공할 수 있다. 시청자가 무엇을 시청할 것인지, 언제 시청할 것인지를 선택하도록 제공하는 기능이 가능하다. 영화나 드라마의 원격시청이 가능한 주문형비디오(Video On Demand)는 시청자가 시청을 원하는 프로그램을 언제든지 선택적으로 시청하도록 제공하는 서비스로 IPTV에서 다양하게 활용되는 기능이다. 기기에서 VOD용으로 활용되는 코덱은 MPEG-2, MPEG-4가 사용된다.[9]

IPTV의 제작에는 IPTV 전용 칩이 개발되고 있으며, SMP8671 개발보드의 경우, ARM11의 구조로 어플리케이션 구현이 가능한 CortexA8 기능을 제공하면서도 저가로 시장에 출시되고 있다. 칩의 출력 단에는 인터넷에 직접연결이 가능한 포트가 있고, DVR 과 같은 오디오 비디오콘텐츠를 보낼 수 있는 기능이 제공된다. 디스플레이를 위한 1920*1080p 급의 다양한 비디오 형식을 지원하고, DTS, DOLBY7.1 과 같은 고품질 오디오출력을 제공하고 있다.[10] 아래 그림과 같이 개발자는 핵심 칩에 FLASHROM 과 DDRRAM 그리고 기기에 사용될 출력포트를 연결하는 것으로 하드웨어적 인 구성이 되고, 내부의 동작은 운영체제를 중심으로 하는 프로그램을 개 발하고, 사용자 인터페이스 프로그램을 설계, 작성하는 것으로 목적에 요 구되는 제작이 가능하다.[11]

[IPTV 개발보드용 부품 구성도]

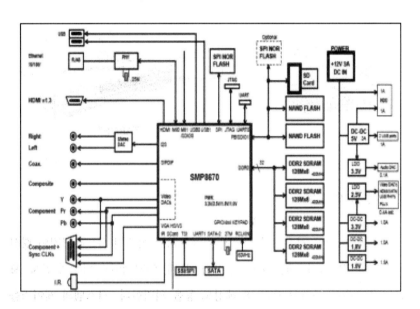

3. 감정목적물의 비교항목

임베디드 정보기기는 프로세서를 기본으로 인터페이스 장치와 디바이스 드라이버 및 응용프로그램을 포함하는 소프트웨어가 연동되어 운영되는 특 징이 있다.[12] 특히 임베디드 시스템과 같이 운영체제가 포함되는 정보기 기는 교차개발 방법으로 제작되기 때문에 소스코드가 개발용 컴퓨터에 내

장되고, 목적물 시스템에는 아래 그림과 같이 실행 파일만 저장되어 운영
되는 기기로, 목적물 기기에는 소스코드가 내장되지 않는 특성이 있다. 이
는 목적물로 제품이 제공되는 경우, 프로그램 소스 코드를 확인할 수 없게
되는 주요 원인이 된다. 이러한 방식의 기기는 주로 셋톱박스, IOT 기능이
부가된 IPTV 등에 적용되고 있다.

[임베디드시스템 교차개발 환경]

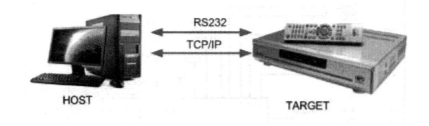

3.1. 시스템의 정보

시스템이라 함은 사용자가 사용하는 정보기기 형태의 하드웨어적인 형상
의 제품을 의미하며, 제품의 크기, 색상, 무게, 인터페이스 버튼의 위치, 모
양, 디스플레이 화면의 크기 및 해상도 등을 의미한다. 시스템의 케이스를
기본으로 일반적 표현인 '제품' 사양으로 알려진 요소들이 모두 감정항목으
로 고려될 수 있다. 이는 새로운 제품을 개발하는 개발자의 입장에서 보면
모든 사항들이 개발자의 아이디어에서 출발하고 구현되기 때문이다.

3.2. PCB 보드 정보

PCB(Printed Circuit Board)는 회로도의 설계내용을 실물로 연결하기

위한 회로기판으로, 특정크기의 판위에 동판으로 연결선을 만들고, 회로부품을 연결한 것으로, PCB의 크기, 연결패턴의 형태, 부품의 위치, 부품간의 간격 등 관련된 모든 것이 개발자 고유의 설계기술을 포함한다.

3.3. 회로도 정보

회로도는 정보기기의 하드웨어를 구성하는 부품의 종류 및 부품간의 연결선을 도시한 회로도면으로 개발자의 고유기술이 포함된 정보로 인정되는 것이며, 도면내의 부품의 크기 위치, 및 부품 단자간의 연결선 및 연결선의 길이 형태, 연결선에 부여된 이름 등이 모두 개발자의 고유 정보이다.

3.4. 소프트웨어 정보

시스템에 적용된 프로세서에 따라 사용된 언어나 운영체제에 차이가 존재한다. 운영체제가 적용된 경우에는 커널의 구조, 사용모델, 디바이스 드라이버, 응용프로그램 등이 비교대상이 된다. 또한 개발에 사용된 언어의 종류 및 프로그램 순서도는 중요한 소프트웨어 비교 요소로 활용된다.

3.5. 동작특성 정보

본 논문에서 의미하는 동작특성정보는 정보기기시스템의 사용에 있어서 전원을 ON 하고, 디스플레이의 상황에 따라 조작하게 되는 사용자의 스위치, 터치패드, 정보입력 등 의 순서적 단계를 말한다. 이 과정은 개발자가 시스템의 사용편의성을 고려해 설계한 것으로, 이 절차를 기준으로 프로그램이 작성되고, 사용자 입출력 기능이 부가 된 것으로 인정되기 때문이다.

4. 비교항목 유사성

프로그램 소스코드가 없는 경우의 목적물에 대한 유사성 비교는 제품이 개발되는 과정에서의 독창적 아이디어로 판단되는 모든 요소를 감정항목으로 설정함으로써, 도용의 유무를 판단하는 근거로 활용된다. 시스템의 개발단계에서 도출할 수 있는 비교항목 중에서 주요한 내용은 다음과 같다.

4.1 PCB 보드 비교

프린트기판 형상은 아래 그림과 같이 부품의 배치에 따른 연결선의 패턴이 굵기와 연결위치 및 연결 길이가 PCB 작업자의 고유특성에 따라 작성되는 것으로 비교 보드를 매칭 시켰을 때, 동일한 형상이 일치하는 부분이 발견되는 경우, 복제의 의심을 갖는다. 이러한 근거는 회로도를 근거로 작성되는 PCB의 크기, 부품의 위치, 연결패턴의 형상이 모두 개발자가 독자적으로 작업한 결과로, 동일한 형상의 보드를 만들 수 있는 확률이 희박하기 때문이다. 그럼에도 패턴이 1:1로 일치되는 부분이 확인되면 유사성의 판단 근거로 활용할 수 있다.

[PCB 비교]

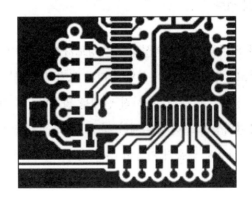

4.2. 회로도 비교

회로도면은 부품의 배치와 연결선의 위치 크기 등이 개발자가 임의로 작성하는 것으로 아래 그림과 같이 모든 선과 문자가 독창성을 갖는다. 따라서 아래 그림과 같이 회로의 일부분이 다른 회로도에서 유사하게 발견되는 경우에는 복제의 의심을 갖는다.

[회로도 비교]

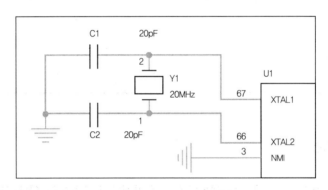

4.3. 소스코드 비교

응용프로그램과 디바이스드라이버 등의 프로그램 소스코드에 대한 비교는 일반적인 비교방법과 같은 라인단위, 또는 블록단위 비교를 수행하여, 원본기준 비교방법 또는 비교본 기준 비교방법으로 유사도를 산출한다. 비교도구는 상용화프로그램 활용되는 것 중에서 활용한다. 일례로 beyond compare는 파일단위, 라인단위, 실행파일 단위의 비교가 가능한 기능을 제공하는 도구 목적으로 사용된다. 도구의 비교화면은 다음 그림과 같다.

[Beyond Compare 실행 화면]

5. 결론

최근 IPTV로 활용되는 셋톱박스는 운영체제가 포함되는 임베디드시스템으로 복제의 가능성이 용이하여 분쟁이 발생한다. 그러나 분쟁당사자들의 목적물에 포함되어야 하는 프로그램 소스코드 제출이 미흡하여, 소스코드만의 비교가 불가능한 경우가 발생한다. 본 연구에서는 시스템이 하드웨어 기반으로 소프트웨어가 작성되는 정보기기의 특성을 사용하는 비교항목을 제안하였다. 제안된 비교항목으로 시스템을 구성하는 회로도, 동작순서, 인터페이스 방식 등이 유사성 판단 목적으로 사용가능하고, 목적물에 대한 양측의 항목별 분석을 수행함으로써, 유사성 판단의 근거로 활용이 가능한 것을 제시하였다.

참고문헌

[1] Raj Kamal. Embedded systems Architecture Programming and Design. 2nd ed. MacGraw Hill Companies; 2015. p.5

[2] V.J. Mooney, D.M. Blough. A hardware-software real-time operating system framework for SoCs: IEEE Design & Test of Computers. 2002 Nov; 19(6): 44-51

[3] Kyu-Tae Lee, Hyun-Chang Lee, Jang-Geun Ki. Establishment of the Subtitle on Materials for Evaluating Intellectual Ownership: International Journal of Signal Processing, Image Processing and Pattern Recognition. 2017 Sep; 10(9): 79-88

[4] M. M. Swift, B. N. Bershad, and H. M. Levy. Improving the Reliability of Commodity Operating Systems: ACM Trans. on Computer Systems. 2003 Sep; 23(1): 77-110

[5] M. M. Swift, M. Annamalai, B. N. Bershad, and H. M. Levy. Recovering Device Drivers: ACM Trans. on Computer Systems. 2006 Nov; 24(4): 333-360.

[6] G. Heiser. The Role of Virtualization in Embedded Systems: Proc. of First Workshop on Isolation and Integration in Embedded Systems. 2008 April; 11-16

[7] M. Rajagopalan, M. A. Hiltunen, T. Jim, and R. D. Schlichting. System Call Monitoring Using Authenticated System Calls: IEEE Trans. on Dependable and Secure Computing. 2006 July; 216-229

[8] W. Gu, Z. Kalbarczyk, R, K. Iyer, and Z. Yang. Characterization of Linux Kernel Behavior under Errors: Proc. of the 2003 Int. Conf. on Dependable Systems and Networks. 2003 Dec; 459-468

[9] T. Naughton, W. Bland, G. Vallee, C. Engelmann, and S. L. Scott. Fault Injection Framework for system Resilience Evaluation: Proc. of the Resilience"09. 2009 June; 23-28

[10] Compare files and folders [Internet], 2018 [updated 2018 Oct 10; cited 2018 Oct 10]

[11] NEC code format[internet], 2018 [cited 2018 Oct 10]

[12] David E. Simon. An Embedded Software Primer . 12th ed. Pearson; 2005. p.191

제4장

미래 소프트웨어 저작권 소송에서
감정의 대응

1. 디지털포렌식과 정보기기 하드웨어 감정*

1. 서론

디지털포렌식은 디지털 기기의 메모리, 디스크 등을 분석하여 범행 행각이나 증거, 기록 등을 분석해 내는 행위를 말한다. 현대의 정보화 사회는 생활의 많은 부분에 디지털기기가 설치 운영되고 있으며, 이 기기에 사용자, 사용시간, 작업내용, 이동상황 등 모든 내용들이 기록되도록 운영되고 있기 때문에 유사시에 이를 활용한 추적이 가능한 환경을 제공한다. 거리에 설치된 CCTV, 대중교통내 CCTV, 대중교통 승차시 교통카드 TAG, 회사 출입할 때 현관 CCTV, SNS, 휴대폰 문자메시지, 메신져 등 모든 행위가 서버에 또는 개별 단말기에 기록되고 있다.

디지털포렌식 기술은 이러한 저장된 정보를 활용하여 범죄 예방, 검거에 도움을 주기위한 기술이다.[1]

최근 새로운 기능의 IT 정보기기가 개발되면서, 활용도가 높은 정보기기의 경우 이를 무단 동요하거나, 개발자의 일부가 이직하여 유사한 기기를 생산

---

* 한국소프트웨어감정평가학회 논문지 제9권 제1호, 2013. 6.에 수록된 논문을 일부 보정한 것이다.

판매함으로써 원 저작권자의 지적재산권을 침해하는 경우가 발생되고 있다.

이런 유형의 분쟁시 유사기기의 소프트웨어와 하드웨어를 비교 감정을 수행하게 되는데, 소프트웨어는 기능이나 소스코드의 유사성을 판단하여 도용여부를 판단한다. 하드웨어의 경우 많은 부분이 공지된 회로나 부품을 사용하는 경우가 많아, 도용의 여부를 판단하는데 어려움이 있어왔다.

본 연구에서는 하드웨어 감정시 유사한 부품과 회로를 사용하여 구현한 경우, 디지털포렌식 방법으로 원저작권자의 저작권을 판단하는 근거로 사용될 수 있는 부분을 제시하였다.

2. 정보기기 하드웨어

정보기기의 핵심인 프로세서는 초기의 8bit/ 16bit 컨트롤러에 제한된 동작을 하도록 하는 소프트웨어가 탑재된 시스템이었으나 이후 고성능 마이크로프로세서와 Digital Signal Processing(DSP) 칩의 등장으로 사용영역이 넓어지고 그에 따른 소프트웨어도 발달하게 되었다.

[정보기기 시스템 구조]

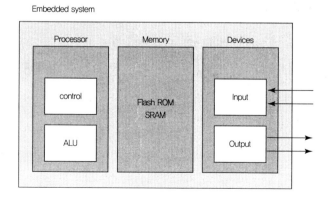

2.1. 시스템구성요소

2.1.1. 마이크로프로세서

마이크로프로세서는 버스 동작을 제어하고, 계산을 실행하며 결정을 한다. 마이크로프로세서는 프로그램이 가능하며, 시퀀스 명령에 의해 제어된다. 명령은 데이터 전송명령, 산술과 논리 명령, 프로그램 제어 명령 등의 3가지 형태를 갖는다. 이때 소스코드로 작성된 마이크로프로세서 명령 시퀀스를 프로그램 또는 소프트웨어라고 부른다.

2.1.2. 메모리

기억장치로 사용되는 메모리는 마이크로프로세서의 프로그램과 데이터를 저장하기 위한 것으로 시스템에 적용되는 여러 가지 형식의 메모리 디바이스가 있으며 버스 시스템에 접속한 메모리를 메인 메모리라고 부른다. 메모리의 종류에는 사용의 유용성에 따라 RAM, ROM, EPROM, FlashROM등이 있다.

2.1.3. I/O 장치

I/O 장치는 마이크로컴퓨터와 외부와의 인터페이스를 제공하는 LCD display, 키패드, 터치스크린 등의 기능을 포함한다. 최근 새롭게 개발되는 정보기기는 새로운 I/O 모듈의 개발에 따라, 휴먼 인터페이스기능과 네트워크나 머신 인터페이스가 부가되면서 발전하고 있다.

2.1.4. 소프트웨어

정보기기 시스템은 일반적인 시스템과는 달리 특정한 작업만을 하도록 설계되며 초기의 임베디드 시스템은 운영체제가 필요 없이 사람이 순차적인 프로그램을 작성해서 실행하고 중간에 인터럽트가 발생되는 경우에 서비스 프로그램을 수행하고 돌아오는 구조로 동작한다. 이전의 시스템들은 주로 간단하고 단순한 순차적인 작업에 관련되었기 때문에 OS의 필요성이 없었으나 최근의 시스템 개발 분야에서는 기능이 많아지고, 네트워크나 멀티미디어가 요구되면서 시스템이 해야 할 일들도 많아지고 복잡해 졌기 때문에 순차적인 프로그램 작성이 매우 어렵게 되었다. 따라서 시스템에서도 운영체제의 개념이 필요하게 되었고 실시간이라는 요소를 만족해야 했으므로 실시간 운영체제가 정보기기 시스템에 도입되었던 것이다. 지금도 실시간 OS를 채택하여 개발된 제품들이 점점 늘어나고 있다. 이제는 많은 시스템에서 그 목적에 맞게 실시간 운영체제를 적절하게 사용하고 있다.

최근의 IT 기술은 마이크로프로세서의 가격이 낮아지고 소형화 및 고성능화가 진행됨에 따라 제품 경쟁력의 핵심이 하드웨어 생산 기술에서 소프트웨어 최적화 기술로 이동하는 추세로 임베디드 소프트웨어가 탑재된 기기의 가치가 하드웨어보다는 소프트웨어에 의해 좌우되는 방향으로 발전하고 있다. 초창기 소프트웨어는 간단한 제어 프로그램만으로 산업용 기기를 제어하는데 그쳤으나, 최근에는 멀티미디어 처리와 같은 점차 복잡한 기능을 위해 멀티태스크 및 네트워크기능을 제공하는 실시간 OS를 이용하고 있다.

2.1.5. 프로그램의 특징

• 실시간 처리 지원: 입력장치의 신호 및 내부 처리결과를 바로 출력
• 고신뢰성: 다양한 환경에서 안정된 동작

- 최적화 기술 지원: 임베디드 시스템은 크기, 가격 및 발열 등을 이유로 제한된 하드웨어 자원으로 구성되기 때문에 임베디드 소프트웨어는 경량화, 저전력 지원, 자원의 효율적 관리 등의 측면에서 하드웨어에 최적화되는 기술을 지원해야 한다.
- 특정 시스템 전용: 범용 데스크탑 또는 서버에서 실행되는 패키지 소프트웨어와 달리 특정 시스템의 실행을 목적으로 개발되는 소프트웨어이다.
- 네트워크 및 멀티미디어 처리기능 지원: 임베디드 시스템들이 단독형 시스템뿐만 아니라 유무선 네트워크를 통해 연결될 수 있어야 하고, 멀티미디어 정보를 처리하는 기술이 필요한 디지털 TV, PDA 및 스마트폰 등과 같은 임베디드 시스템을 지원해야 한다.
- 다양한 솔루션과 개발 도구 필요: 다양한 기종과 규격의 마이크로프로세서에 최적화된 별도의 솔루션이 동시에 제공되어야 하며, 임베디드 소프트웨어 애플리케이션을 빠르고 안정되게 개발하기 위해 사용하기 쉬운 개발 도구가 필요하다.

3. 정보기기 포렌식

정보기기를 개발하는 하드웨어 기술자는 요구사항을 만족하는 기능을 구현하기 위해 상업용으로 개발된 다양한 인터페이스 부품을 사용하게 된다. 이때 인터페이스작업을 위한 지원으로 표준회로도를 제공하는 경우가 많다. 따라서 동일한 부품을 사용하는 개발자들은 유사한 프로그램과 회로도를 작성하게 되는 특징이 있다. 그러나 실제 구현에 있어서는 정보기기의 디자인과 사용자 취급을 용이하게 하기 위해 부품의 배치, PCB 설계 등이 개발자 고유의 창작성으로 제작된다.

따라서 유사한 기능의 정보기기의 경우 원 개발자의 고유한 특징을 포렌식 자료로 활용하게 되면, 기존의 유사도 감정의 정확도를 향상할 수 있는 장점이 있다.

다음은 동일한 기능의 하드웨어 구성 정보기기에서 두 장치의 유사성을 검증시 나타날 수 있는 저작권자의 고유 특징점을 예시한다.

3.1. 동일한 포트의 사용 예

감정대상 프로세서에는 사용가능한 포트가 7개(A,B,C,D,E,F,G) 있으며, 동일한 포트 PORTG가 사용되는 경우라도, PG0에는 WR, PG1에는 RD가 동일하게 연결된 경우를 보인다.

[동일포트 사용 예]

WR	33	PG0 (#WR)
RD	34	PG1 (#RD)
ALE	43	PG2 (ALE)
	18	PG3 (TOSC2)
	19	PG4 (TOSC1)

3.2. 동일 데이터의 전달방향 사용 예

buffer로 사용되고 있는 74HC245의 경우 DIR의 상태에 따라 전달방향이 바뀔 수 있으며, 이를 고정시키기 위해 DIR을 0이나 +5V로 고정시킨다. 그런데 74HC245의 경우 A에서 B로 전달하는 방법도 있으나, 동일하게 B에서 A로 전달하는 방법을 사용하고 있는 경우를 보인다.

[동일 데이터 전달방향 사용 예]

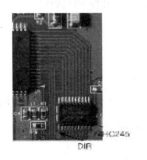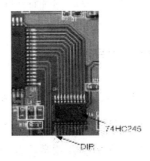

3.3. 수동소자의 사용 예

핵심부품의 배치가 동일하며, 사용된 IC와 수동소자(저항, 콘덴서, 코일)들도 동일하게 배치되어 있다. 또한 PCB 기판설계에서 배선연결의 꺾임이나 각도, 연결된 거리 등도 동일한 경우를 보인다.

[수동소자의 동일 배치 사용 예]

위의 예에서 나타나듯이 동일하게 보이는 회로와 PCB의 패턴에서 개발자 고유의 포렌식 자료를 검출할 수 있음을 알 수 있다. 동일한 기능을 보

이는 회로임에도 구현과정에서 동일할 확률이 희박한 상황이 재연되는 경우를 분류하여 포렌식 정보로 활용하게 되면, 의미있는 정보가 될 수 있다.

4. 결론

정보기기 하드웨어의 개발은 인터페이스 부품들이 모듈화 되고 있어서 동일하거나 유사한 부품을 사용하는 경우가 증가하고 있다. 이때 동일한 부품과 회로를 사용하여 구현하더라도 개발자의 아이디어에 따라 다른 PCB 패턴이 만들어지거나, 부품의 배치에 고유의 특이점이 내재되는 특징이 있다. 본 연구에서는 이러한 특징점을 포렌식 정보로 활용하는 방법을 제시하였다.

다양한 특이점을 정의함으로써 정보기기 하드웨어의 분쟁시, 회로가 동일하고, 사용된 부품이 동일한 경우도 원 개발자의 저작권이 보호되는 방법으로 활용될 수 있을 것으로 보인다.

참고문헌

[1] 정익래 · 홍도원 · 정교일, 디지털포렌식 기술 및 동향, 전자통신동향분석 제22권, 2007. 2

[2] 홍도원, 디지털 포렌식 기술, 한국전자통신연구원, 2007

[3] 임경수 · 박종혁 · 이상진, 디지털포렌식 현황과 대응방안, 보안공학연구논문지, 2008. 11

[4] 류희수, 정보보호: 디지털 세상의 CSI, 그 가능성은?, 정보통신진흥협회, 2007

[5] 조용현, 디지털 포렌식을 위한 절차와 도구의 중요성, (주)시큐아이닷컴 CERT팀, 2007

[6] 김도완 · 윤영선, SW소스코드 저작권보호를 위한 통합 가이드, 컴퓨터프로그램보호위원회, 2009. 4

[7] 길연희 · 홍도원, 디지털 포렌식 기술과 표준화 동향, IT standard & test TTA journal, 2008, 8

[8] 변정수, 한국형 디지털 증거분석 표준화: 경찰청 디지털 증거처리 표준가이드라인 및 증거분석 전문매뉴얼의 고찰, 디지털 포렌식 연구 창간호, 2007. 11

[9] 방효근 · 신동명 · 정태명, 소프트웨어 포렌식: 프로그램 소스코드 유사성 비교 및 분석을 중심으로, 디지털 포렌식 연구 창간호, 2007. 11

[10] 전상덕 · 홍동숙 · 한기준, 디지털 포렌식의 기술 동향과 전망, 정보화정책, 2006. 11

[11] 전병태, "프로그램 복제도 감정기법 및 감정비 산출에 관한 연구" 프로그램심의조정위원회 결과보고서, 2002

[12] 이규대, "임베디드시스템의 이진코드 추출 및 분석", 한국소프트웨어감정평가학회 논문지, 5권1호, pp27-38, 2009. 5

2. POSAR 테스트의 소개와 소프트웨어 감정에의 시사점*

김시열

I. 서론

컴퓨터프로그램저작물에 대한 저작권 침해 소송에 있어서 중요한 판단 요소인 실질적 유사성을 밝히는 데는 미국의 제2연방항소법원에서 1992년 제시한 3단계 테스트의 활용이 최적의 방법이라는 인식이 최근 어느 정도 공감을 얻고 있다. 우리나라의 경우에는 법원에서 이를 전면적으로 받아들였다고 보기는 어려우나, 서울고등법원 2009. 5. 27. 선고 2006나113835, 2006나113842(병합) 판결에서와 같이 '추상화―여과―비교'의 과정을 적용하여 실질적 유사성을 판단한 사례도 발견할 수 있다. 물론 미국의 3단계 테스트를 정확히 반영하지 않은 것이라 하더라도 저작권법 기본원칙에 따른 분석은 어느 정도 이와 연관되는 특징이 높다는 점에 우리 역시 크게 거부감 없이 3단계 테스트를 어느 정도 받아들이고 있는 것으로 볼 수도 있다. 다만, 이 테스트가 실무적으로는 중요한 문제를 내포하고 있어 이에 대한 한계가 논의되기도 한다. 이러한 상황에서 미국에서 기존 3단계 테스트에 대한 반성으로 새로운 실질적 유사성 판단 방식인 POSAR 테스트가 제시된 바 있어 그 내용을 살펴보고 우리 소프트웨어 감정에 있어서 어떠한 시사점이 있는지 생각해본다.

---

* 한국소프트웨어감정평가학회 논문지 제12권 제1호, 2016. 6.에 수록된 논문을 일부 보정한 것이다.

2. 우리나라에서의 3단계 테스트

2.1. 저작권 침해입증 요건

컴퓨터프로그램저작물에 대한 저작권 침해 분쟁에 있어서 저작권 침해 여부를 입증하기 위한 요건은 완전히 일치하지 않으나[1], 판례의 입장이나 최근 학계의 주장 등을 보면 대체로 세 가지 요건을 충족할 것을 요구하는 것이 일반적이다.

이에 저작권 침해 여부를 입증하기 위해서 첫째, 원고가 유효한 저작권을 소유하고 있을 것, 둘째, 피고가 원고의 저작물에 의거(依據)하여 자신의 컴퓨터프로그램을 작성하였을 것, 셋째, 피고와 원고의 컴퓨터프로그램 사이에 동일성 내지 실질적 유사성이 존재할 것을 요건으로 하는 것이 보통이다[2][3][4][5].

저작권 침해 입증을 위한 세 가지 요건 중 가장 중요한 것은 실질적 유사성의 존재를 입증하여야 하는 세 번째 요건이다. 실질적 유사성은 완전히 동일하거나 혹은 완전히 상이하지 않은 상태에서 어느 정도로 유사한 경우를 저작권 침해에 이르렀다고 볼 수 있을 것인가에 대한 문제이다. 즉 실질적이라는 점은 피고에게 저작권 침해의 책임을 물을 수 있을 정도의 유사성을 갖춘 경우를 의미하는 것이다.

물론 완전히 동일하게 복제한 것이 아닌 상태에서 피고의 컴퓨터프로그램이 원고의 것과 어느 정도 유사한 상태에 있는지, 또는 양자가 실질적인 정도로 유사한 상태에 있는지 여부를 판단하는 것은 그리 간단하지 않다. 실질적 유사성의 문제는 극단적으로 유사하지 않은 한쪽 끝에서부터 완전히 문자적으로 동일한 다른 한쪽 사이에 실질적 유사성의 경계를 긋는 선을 그리는 것이며[6], 이 경계선은 저작권의 보호와 공정한 이용의 도모 사이에서 균형을 이루게 된다는 개념적 기준을 갖고 있다[7].

실질적 유사성은 아이디어가 아니라 창작성 있는 표현만을 궁극적인 보호의 대상으로 한다. 그런데 컴퓨터프로그램저작물에 대한 실질적 유사성 판단은 상당히 난해한 면이 있다. 실질적 유사성을 판단하기 위해서는 해당되는 저작물의 양적, 질적인 면을 고려하여야 하며, 문언적 표현 뿐만 아니라 비문언적 표현까지도 충분히 고려하여야 하는데, 컴퓨터프로그램의 경우에 있어서 그 특성상 이러한 구분이 정치하게 이루어지기란 매우 어렵기 때문이다. 특히 컴퓨터프로그램과 같은 기능적 저작물의 경우에는 기능적 요소와 표현적 요소의 경계가 분명하지 않으며, 기능을 구현하는 것이라는 자체의 목적으로 인하여 그 보호의 대상이 다른 문예적 저작물에 비하여 매우 협소할 수 밖에 없다.

컴퓨터프로그램저작물에 대한 실질적 유사성 판단을 위한 다양한 방식이 제시되고 활용되었음에도 많은 문제점들을 내포하고 있음에 따라 1992년 미국의 제2항소법원의 Altai 판결[8]을 통하여 3단계 테스트(3-step test)가 제시되었다.

2.2. 3단계 테스트의 개념

Altai 판결에서 Walker 판사는 컴퓨터프로그램의 기능에 필연적으로 수반되는 요소들은 저작권법상 보호대상이 아니라는 점을 전제하며, 컴퓨터프로그램 구조 등에 대한 실질적 유사성을 추상화(abstraction), 여과(filteration) 및 비교(comparison) 과정을 거쳐 판단하도록 제시하였다.

[3단계테스트의 구조]

```
Start → Abstraction Phase → Filtration Phase → Comparison Phase → End
```

보호받는 표현과 보호받지 못하는 표현
및 아이디어를 분리

유사성 도출 및
실질적유사성 판단

　추상화 과정은 프로그램의 소스코드로부터 시작하여 프로그램의 궁극적 기능에서 끝나는 것으로 역분석(reverse engineering)과 유사한 방식으로 비문언적 표현 요소를 구분하고, 아이디어와 표현을 구분하는 것이다. 여과 과정은 보호받지 못하는 표현으로부터 보호받는 표현을 분리하기 위한 것인데, 추상화를 거친 구조적 요소(structural components)들을 효율성에 의해서 지배되는 요소들(elements dictated by efficiency)인지, 외부요인에 의하여 지배되는 요소들(elements dictated by external factoers)인지 및 공유영역으로부터 가져온 요소들(elements taken from the public domain)인지 여부를 살펴보고 이를 제거한다. 이러한 요소들을 여과(제거)하는 과정을 거치게 되면 컴퓨터프로그램에서 보호받는 표현의 핵심(core)만 남게 된다. 이에 비교 과정에서는 핵심(core)에 해당하는 표현에 대해 피고가 보호받는 표현의 실질적인 부분을 복제 하였는지에 대해 판단하게 된다[9].

　미국 제2연방항소법원의 Altai 판결 이후, 3단계 테스트는 제4연방항소법원, 제10연방항소법원 및 제11연방항소법원 등이 주로 활용하는 기준이 되었다. 하지만 실질적 유사성 판단을 위한 절대적 기준으로 적용하는 것이라 할 수는 없다.

2.3. 우리 판례 및 실무상 3단계 테스트

우리나라의 판례를 살펴보면 명시적으로 3단계 테스트를 지칭하여 적용한다는 것을 찾기는 어렵다. 그럼에도 불구하고 실제적인 내용을 보면 3단계 테스트와 유사한 방식을 활용하고 있음을 알 수 있다. 구체적으로는 비교대상 확정작업, 비교대상 제외라인 제거, 비보호라인제거 후 비교 등의 과정이 이루어지고 있는데, 이는 물론 3단계 테스트를 유사하게 적용하였다고 볼 수도 있으며, 반면 저작권의 내재적 본질에 따라 보호받는 표현을 구분해내는 과정이 3단계 테스트와 유사하게 나타난 것에 불과하다고 볼 수도 있다.

미국의 경우와 유사하게 우리나라 역시 3단계 테스트를 어느 정도는 받아들이고 있음은 분명하나 역시 일반적인 기준으로의 지위를 갖고 작용한다고 보기에는 무리가 있다.

2.4. 3단계 테스트 활용상 문제점

3단계 테스트를 활용함에 있어 내재적 문제가 논란이 된다. 그 문제는 여과 과정을 수행할 때 지나치게 이루어지게 되면 저작권 침해 여부를 판단하기 위한 중요한 증거들이 제거되어 최종 판단에 고려되지 못할 수 있다는 점이다[10].

만약 중요한 증거, 즉 피고가 원고의 컴퓨터프로그램을 배껴서 자신의 것을 만들었다는 다양한 증거들이 있음에도 이들이 창작적 표현에 해당하지 못하는 주석 등에 불과하다면, 실질적 유사성의 판단에 이들 요소들이 고려되지 못하게 된다. 그렇다면 실질적 유사성과 저작권 침해여부의 판단이 과연 동일한 논리적 연관 혹은 실체의 연관을 갖고 이루어진다고 할 수 있는지 의문이다. 각각의 요소를 분석하는데 치중하는 나머지 정작 사건의 본질을 고려하는 데는 소홀할 수 밖에 없기 때문이다.

그리고 컴퓨터프로그램 저작권 침해 분쟁의 실무상 침해자는 원저작권자의 컴퓨터프로그램저작물과 자신의 것이 상이함을 입증하는데 용이하도록 분쟁의 진행 과정에서 자신의 컴퓨터프로그램을 수정하는 경향이 있다. 이러한 변경행위는 실질적 유사성 판단결과를 왜곡하게 되며 법관으로 하여금 적절한 판단을 할 수 없도록 하는 장애로 작용한다.

아울러 컴퓨터프로그램저작물의 창작자가 보호받지 못하는 표현 요소들을 결합하여 컴퓨터프로그램을 작성한 경우에는 여과 과정을 거치면서 사용된 표현 요소가 모두 제거되어 결국 보호대상이 남지 않는 결과를 가져오기도 한다. 이러한 점은 컴퓨터프로그램을 개발할 때 오픈소스를 주로 사용하는 최근의 현상에 비추어 보면 큰 문제의 소지가 있다고 생각된다. 왜냐하면 오픈소스도 타인이 창작한 것이므로 여과 과정을 거치게 되면 모두 제거되어야 하는 대상이므로 이를 제거하고 나면 결국 보호받는 컴퓨터프로그램이 존재하지 않게 되기 때문이다.

이와 같은 문제를 해결하기 위해 Julian Velasco는 3단계 테스트의 시행 이후, 여과된 표현요소들을 다시 살펴보아 '편집물'로서 보호할 수 있는 가능성이 있는지를 검토하는 방법을 제시하기도 하였다[11]. 특히 최근에는 기존의 3단계 테스트를 보완하여 5가지의 단계로 구분한 방식인 POSAR 테스트가 제기된 바 있다. 아직 구체적으로 판례에 적용되지는 않았으나 기존의 3단계 테스트의 여과 문제를 직접 해결하고자 하였다는 점에 의미가 있다고 생각한다.

3. POSAR 테스트의 분석

3.1. 발생배경

1992년부터 활용되어 오던 기존의 3단계 테스트가 갖는 한계, 특히 저작권 침해여부를 판단하기 위해 필요한 다양한 중요 증거가 여과 과정을 거치면서 제거될 수 있다는 문제의 인식이 점차 강하게 이루어지고 있었다. 이에 다양한 실질적 유사성 판단 방식 중 최근 3단계 테스트의 확장된 개념으로서 POSAR 테스트가 제시되었다. 즉, 기존의 3단계 테스트가 소프트웨어 저작권 침해소송에서 활용되는 과정에서 법적 가치에 대한 판단 영역에서 한계를 드러내게 됨에 따라 이를 보완한 새로운 분석 및 비교 방식이 필요함에 따른 것이다.

POSAR 테스트는 아직 법원에 의하여 인정을 받고 활용되는 상태는 아니며, 단순히 두 컴퓨터프로그램 사이의 유사성을 탐지하는 것 뿐만 아니라 해당 분석결과가 법정에서 실질적 유사성 판단을 위해 적절히 활용될 수 있도록 하는 것을 목적으로 하고 있다.

POSAR 테스트를 수행하기 위해서는 몇 가지 고려사항이 존재한다. 첫째, 주석 · 실수 · 오류 · 데이터베이스필드의 적절성 · 매뉴얼 · 다큐먼트 등의 사실요소들에 대한 중요성을 평가에 포함시켜 기존에는 방식의 한계 상 분석단계에서 고려되지 못하였던 다양한 요소들을 고려할 수 있어야 한다는 점이다. 둘째, 저작권 침해 시점의 컴퓨터프로그램과 이후 수정한 컴퓨터프로그램의 차이를 구분하여 이를 명확히 제시하고 각 제시도니 결과에 대한 의미를 정확히 부여하도록 하여야 한다는 점이다. 셋째, 분석 및 비교 결과에 대한 보고 시 법적인 관점에서 보고서를 작성하여 기술영역과 법영역의 교량의 역할을 수행할 수 있어야 한다는 점이다.

3.2. POSAR 테스트의 기본구조[12]

POSAR 테스트는 '구도(Planning)-정제(Operationalizatio)-분리(Separation)-분석(Analysis)-보고(Reporting)'의 과정으로 구성된다. 기존의 3단계 테스트와 상이한 점은 과정의 단계가 3개에서 5개로 증가한 것 외에도 일단 특정의 단계에 진입하면 기존의 단계로 회기할 수 없는 단방향적 구성이었던 것에서 탈피하여 이전 단계로 회기하여 오류를 수정할 수 있도록 소프트웨어 공학의 개념적 특징을 반영하여 입체적인 분석과 판단이 가능하도록 하였다는 점이다.

[POSAR 테스트의 구조]

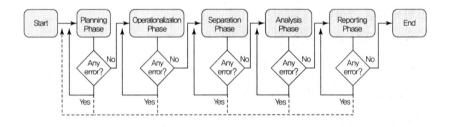

각 단계별로 살펴보도록 한다.

첫째, 구도(Planning) 단계이다. 본 단계는 원고 및 피고의 컴퓨터프로그램을 대상으로 추상화(abstraction)를 진행하는 과정이다. 이를 통하여 저작권 침해판단을 위한 가치 있는 증거(석 · 실수 · 오류 · 데이터베이스필드의 적절성 · 매뉴얼 · 다큐먼트 등)의 최종분석 및 보고 단계까지 유지를 고려하게 된다.

기존 3단계 테스트 등에서 컴퓨터프로그램저작물의 추상화는 ① 목적(the main purpose), ② 프로그램의 구조(the program structure or architecture),

③ 모듈(Modules), ④ 알고리즘 및 데이터 구조(Algorithms and data structure), ⑤ 소스코드(Source code) 및 ⑥ 목적코드(Object code)의 과정으로 진행되는 것이 일반적이다. 그런데 POSAR 테스트에서는 구도 단계에서 추상화를 진행할 때 다음의 세 가지 요구가 추가된다. ① 추상화 단계에서 가치 있는 증거의 고려, ② 컴퓨터프로그램 상 실수(공통의 오류 등)를 가치 있는 증거로서 활용, ③ 가치있는 증거가 추상화 등의 과정에서 분석대상에서 제외되어 버리지 않도록 할 것이 요구된다.

이러한 과정을 거쳐 추상화가 이루어진 원고 및 피고의 컴퓨터프로그램 비교 쌍은 완전히 정제된 것으로 볼 수는 없으며, 다음 단계의 진행을 위한 요소로 작용한다.

둘째, 정제(Operationalizatio) 단계이다. 이는 여과와 비슷한 과정으로 컴퓨터프로그램저작물 중 나타난 표현 중에서 비슷하게 나타날 수 밖에 없는 표현을 유사성의 판단 대상에서 제거하는 것을 의미한다. 이때 제거의 대상인 표현 요소는 ① 효율성의 추구로 인하여 사실상 강제될 수 밖에 없는 표현(아이디어·표현의 합체), ② 하드웨어 시스템의 기능 등과 같이 외부적 요인에 의하여 강제되는 표현, ③ 공유(Public domain)의 영역에 포함되는 표현, ④ 사실에 해당하는 표현이 해당한다.

이러한 정제 과정을 진행할 때에는 저작권 침해 행위 이후 피고의 컴퓨터프로그램 수정행위를 의심하고 이를 탐지할 수 있어야 하며, 컴퓨터프로그램의 패턴 및 디자인과 연관된 사항을 고려하여야 한다.

이러한 과정을 거쳐 어느 정도 정제가 이루어진 원고 및 피고의 컴퓨터프로그램 비교 쌍은 저작권법상 아직 완전히 정제된 것이라 할 수는 없으며, 다음 단계의 진행을 위한 요소로 작용한다.

셋째, 분리(Separation) 단계이다. 본 단계는 저작권 침해행위 이후 소송의 객체인 컴퓨터프로그램저작물의 변경행위를 탐지하고 이를 고려하여 적절한 비교대상을 마련하는 과정이다. 즉, 피고의 입장에서 저작권 침해의 인정을 회피하기 위한 목적으로 일부 침해당시의 컴퓨터프로그램에서 일부 변경을 통하여 유사성을 낮추는 시도를 무력화시키기 위함이다. 피고, 즉 침해자의 저작권 침해행위 이후 수정한 부분을 특정하고 이를 걸러내기 위해서는 복잡한 과정이 수반될 수 밖에 없으며, 증거적 효력을 제공할 수 있는 많은 데이터(소프트웨어 개발 및 유지에 관한 로그정보 등)의 처리가 요구되는 과정이라 할 수 있다.

이러한 분리 과정을 거치게 되면 세 가지의 결과물 쌍이 존재하게 된다. 이는 Set A : 제출된 상태(수정된 컴퓨터프로그램저작물 자체) 상에서의 양 컴퓨터프로그램의 비교 쌍 코드, Set B : 수정되기 전의 상태를 고려한 양 컴퓨터프로그램의 비교 쌍 코드, Set C : 증거적 요소에 대한 비교 쌍이다. 이때 Set C는 유사성 비교의 직접적인 수행대상은 아닐 수 있다.

넷째, 분석(Analysis) 단계이다. 본 단계는 원고 및 피고의 컴퓨터프로그램저작물을 비교하여 분석하는 과정으로, 비교 이외에도 침해자인 피고에 의하여 수정된 부분의 판별, 기술적 제한으로 인하여 유사할 수 밖에 없는 표현요소 분석 등도 수행하게 된다.

분석의 절차를 보면, 먼저 앞에서의 Set A를 비교하여 양자간 유사성과 공통점을 도출한다. 그리고 양자 간의 전체적 느낌 · 컴퓨터프로그램 상의 오류 · 작성상 실수 등과 같은 저작권 침해를 의심할 수 있도록 하는 증거들을 제시하기 위한 비교를 수행한다. 이후 Set B를 각각 분리하여 비교하고, Set C의 각 요소를 분리하여 분석 및 위의 비교 결과를 보완하는 사항을 도출하게 된다.

이러한 과정을 거쳐 코드의 유사성 비교결과, 증거적 요소에 대한 유사성 비교 결과 및 수정된 사항에 대한 분석 결과 등의 결과물이 도출된다. 특히 이 부분은 3단계 테스트와 중요하게 구분되는 부분으로서, 기존 단일한 비교쌍의 도출을 통한 유사성 판단 방식에서 다양한 비교쌍의 도출을 통한 유사성 판단 방식으로 전환될 수 있게 되었다. 특히 비교쌍의 다양화는 수치 등을 통한 정량적 유사성의 활용을 제한하고 다양한 정보를 고려한 정성적 판단을 유도한다는 점에 우리나라에 있어서는 매우 큰 시사점을 준다.

다섯째, 보고(Reporting) 단계이다. 본 단계는 비교 및 분석 결과를 왜곡 없이 정확하게 법관에게 전달할 수 있도록 하는 과정을 의미한다. 이는 판단의 주체가 법관에서 점차 전문가로 이동하고 있는 최근의 전문소송에서의 현상을 고려할 때 매우 중요한 부분이라 볼 수 있다. 이에 분석 및 비교 결과에 대한 보고를 함에 있어서 법적인 관점에서 보고서를 작성하고, 단순히 기술적 측면에서의 사실전달은 제한하도록 하고 있다.

3.3. 3단계 테스트와 POSAR 테스트의 비교

첫째, 순환적인 소프트웨어의 본성을 반영하였다. 저작권 침해판단을 위한 소프트웨어 포렌식이 갖는 순환적인 본성을 고려하여, 기존의 3단계 테스트에서 발생하는 오류들에 대한 대응의 적절성을 확보할 수 있다. 둘째, 저작권 침해 문제의 제기 이후 침해자에 의한 수정 부분을 탐지 및 최종판단에 고려하게 된다. 다양한 증거 등을 통하여 저작권 침해 이후 유사성을 낮추어 보이게 하기 위한 침해자의 수정 부분을 탐지 및 고려하고 이를 최종적인 실질적 유사성 판단에 반영하도록 한다. 셋째, 비교대상에서 제외되는 사항에 대한 면밀한 조사가 이루어진다. 기존의 3단계 테스트에서는 검토되기 전에 분석대상에서 제거되었던 다양한 비보호대상을 면밀히 조사 및 검토함으로써 저작권 침해, 특히 실질적 유사성에 관한 입체적인 판단이 가능하게 될 수 있다. 넷째, 증거수집 및 분석결과에 대한 보고서 작성의 효과성이 높아졌다고 할 수 있다.

이를 현재 통상 활용되는 소프트웨어 감정의 흐름과 비교하여 살펴본다.

현재 소프트웨어 감정은 기본적으로 3단계 테스트 방식을 적용하고 있다고 볼 수 있다. 이는 앞서 살펴본 유사도분석도구인 exEyes의 구현 내용을 보아도 알 수 있는데, 추상화 단계를 엄격하게 다루고 있지는 않지만, 보호받는 표현 부분을 분리하여 보호받지 못하는 대상을 여과한 후 남은 핵심 부분만을 대상으로 비교를 수행하는 방식은 3단계 테스트와 사실 동일한 방식이다. 소프트웨어 감정에서 유사도 도출은 원본기준방식과 비교본기준방식, 공통비교방식과 전체비교방식, 모듈 간 비교, 비문자적 표현 비교, 바이너리 비교 등 다양한 방식으로 이루어지고 있다. 특히 소스코드 중 주석 및 공통의 오류 등 저작권 침해의 증거 요소들은 보고서에 별도로 제시할 의무는 부여하고 있지 않는다. 이러한 방식의 장점으로는 저작권 문제와 관련성이 낮은 것으로 보이더라도 다양한 기술적 정보의 분석결과를 제공함으로써 문제해결에 다양한 활용이 가능하게 한다는 점이다.

이를 POSAR 테스트와 비교하여 생각해보면, 현재 소프트웨어 감정 역시 소스코드의 단순 비교에 머무르고 있지 않으며, 다양한 요소들에 대한 입체적인 고려를 반영하고 있다는 점에 유사한 부분이 있다고 할 수 있다. 다만, 개별적인 계산방식의 통일이 이루어지고 있지는 않으며, 다양한 고려가 정치하게 일관된 하나의 체계를 이루고 있는 것이 아니라는 한계가 존재한다.

4. 시사점

지금까지 3단계 테스트와 최근 논의가 시작된 POSAR 테스트를 비교하고, 이를 현재의 소프트웨어 감정 절차와 비교해 살펴보았다. 그 결과 다음과 같은 시사점을 생각해볼 수 있다.

첫째, 지금까지의 감정방식 및 기준 등을 정리하고 이를 체계적으로 확립할 필요가 있을 것으로 생각된다. POSAR 테스트 역시 기존의 3단계 테스트를 반성적으로 발전시키려는 시도 하에 제시될 수 있었던 것인데, 소프트웨어 감정의 경험적 기준 및 방법을 체계화 시키고 이를 구체화하는 노력이 필요하다. 이에 유사성 판단방식을 적용한 사례를 분석하고 이를 유형화하여 법적 의미를 도출하여야 한다. 실례를 보면 법적으로 동일한 주체의 성격을 갖는 감정이 이루어진 경우에도 다양한 방식이 적용되는데, 개별 사건의 시각이 아닌 감정 전체의 시각에서 보면 각 방식 간 상호 모순되는 현상도 존재하는 것이 사실이다. 지금까지의 상당수 판례 역시 소프트웨어 감정 결과를 반영하고 이를 통하여 확립된 것으로 볼 수도 있으므로, 현재까지 활용 및 연구되어 온 소프트웨어 감정의 방식을 체계화하고 이를 점차 고도화하는 작업이 이제는 필요할 것이다(새로운 방식을 도출하자는 것이 아니라 기존의 방식들을 체계화하여 하나의 방식으로 정립하자는 것이다).

둘째, 감정의 전문성 확대가 필요하다. 기술적 전문성과 감정의 전문성은 동일한 의미가 아니다. 점차 감정의 전문성이 크게 요구되는 상황에서 기술적 전문성의 틀을 벗어나지 못한다면 적절한 감정결과를 도출할 수 없으며, 이는 법관으로 하여금 감정결과에서 큰 효용을 얻지 못하는 결과를 가져온다. 즉, 실무적으로는 그 동안의 감정 경험, 경험적 지식에 의한 감정 전문성을 확대시킬 수 있는 노력이 필요하다. 아울러 융합적 지식 영역에 대한 감정방법을 고민할 필요도 있다.

셋째, 기술 영역과 법 영역의 교량 역할을 확대 및 강화할 필요가 있다. POSAR 테스트도 가장 중요하게 다루던 요소 중 하나가 감정결과를 효율적으로 법관에게 전달할 수 있는지에 대한 방법이었다. 이처럼 기술적 혹은 특수한 법 분야에 대한 전문성이 깊어질수록 해당 분야에 대한 일반지식

을 갖고 있을 뿐인 법관에게 이를 적절히 이해시킬 수 있는 방법을 찾는 것
은 매우 중요한 것이다. 이에 현재의 기술적 분석 및 진술을 법적인 영역에
대입할 수 있도록 중간적 변환작업이 필요하며, 이의 체계적 정리 및 표준
화가 요구된다고 볼 수 있다.

참고문헌

[1] Roger E. Schechter & John R. Thomas, Principles of Copyright Law, Thomson Reuters, 2010, 364면

[2] 정상조 편, 저작권법 주해, 박영사, 2007, 1069면

[3] 오승종, 저작권법, 박영사, 2007, 960면

[4] 허희성, 2011년 신저작권법 축조개설(下), 명문프리컴, 2011, 629면

[5] 2000. 9. 5. 선고 99다41879 판결, 서울중앙지방법원 2009. 5. 27. 선고 2008가합93853 판결 등

[6] Melville B. Nimmer & David Nimmer, Nimmer on Copyright, Vol. IV, LexisNexis, 2010, 13-38면

[7] Nicholas R. Monlux, "An Invitation for Infringement : How the Ninth Circuit's Extrinsic and Intrinsic Similarity Tests Encourage Infringement : An Analysis Using Reece v. Island Treasures Art Gallery", Journal of the Copyright Society of the USA, Vol.56, No.2-3, 2009, 543-544면

[8] Computer Associates International, Inc. v. Altai, Inc., (2d Cir. 1992). 원고는 CA-Schedular라는 프로그램(IBM 주컴퓨터가 수행하는 다양한 작업을 통제 목적, Adapter라는 부속 프로그램 존재)을 개발. IBM 컴퓨터는 크기에 따라 DOS/VSE, MVS 또는 CMS 등 세 가지 운영체제 중 하나를 포함하도록 설계되었는데, 어느 하나의 운영 체계를 위하여 만들어진 프로그램은 다른 운영체계에서는 작동되지 않았다. Adapter의 기능은 한 프로그램의 언어를 해당 컴퓨터의 운영체계가 이해할 수 있는 다른 언어로 번역해 주는 것이다. 피고는 ZEKE라는 프로그램을 제작하였는데, 이 프로그램은 원래 VSE 운영체계에서 작동되도록 만들어졌으나, 소비자들의 요구에 따라 MVS 운영체계에서도 작동이 되도록 수정할 필요가 있었다. 이에 피고는 CA의 컴퓨터 프로그래머이던 A를 채용하여 A는 CA에서 소스코드를 가지고 나와 이를 이용하여 OSCAR 3.4를 개발하였다. 이의 소스코드 약 30% 가량이 Adapter를 베낀 것이다. 이에 OSCAR 3.4가 문제되자 A를 배제하고 다른 직원을 통해 OSCAR 3.5를 제작하였는데, 이때 OSCAR 3.5의 Adapter 저작권 침해 문제가 문제되었다.

[9] 일반적으로 컴퓨터프로그램을 제작하는 과정에서는 대체로 공유영역에 속하는 부분이 많을 수 밖에 없고, 점차 이러한 경향이 강해지고 있기 때문에 3단계테스트 방식이 컴퓨터프로그램의 저작권에 대해 상대적으로 약한 수준의 보호를 제공할 수 밖에 없다는 견해가 있다. David I Bainbridge, Intellectual Property, Pearson Education, fifth edition, 2002, 202면

[10] Vinod Polpaya Bhattathiripad, "Forensic of Software copyright Infringement Crimes: the Modern POSAR Test Juxtaposed with the Dated AFC Test", JDFSL V9N2, 2014, 75면

[11] Julian Velasco, "The copyrightability of nonliteral elements of computer programs", Columbia Law Review, January 1994, 18-19면

[12] POSAR 테스트에 대한 구체적인 설명은, Vinod Polpaya Bhattathiripad, Judiciary-Friendly Forensics of Software Copyright Infringement, IGI Global, 2014, 187-218면에서 정리하였다.

3. 저작권 소송 절차에서 디스커버리
도입에 관한 소고*

김시열

1. 서론

우리나라에서 디스커버리 제도의 도입 논의는 상당히 오래전부터 이루어지고 있었다. 소송에서 증거 등의 구조적 편재 문제는 분쟁의 양태가 복잡·전문화 그리고 규모화 되는 현실에서 실질적으로 무기 평등이 이루어지기 어렵다는 점에 더욱 가속화되어 왔다. 그러한 흐름 속에서 우리 제도하 나름의 방법으로 이 문제의 해결을 위한 노력을 기울여왔으며, 이와 같은 기존의 노력은 어느 정도 긍정적 평가를 받고 있는 것으로 보인다.

다만, 그럼에도 불구하고 증거 등의 구조적 편재문제는 여전히 해소되지 않는 난제로 남아있다. 이에 특허법을 중심으로 한 지식재산권 분야에서 역시 다양한 입법적 시도를 통한 제도 개선을 도모하고 있는 상황이다. 그런데 저작권 침해 소송에 있어서는 이와 같은 논의가 거의 이루어지지 않고 있다는 점은 문제이다. 과거 저작권 침해 소송의 특성에 기술적 배경이 요구되지 않는 경우가 많았을 때는 큰 문제가 아니었으나, 최근에는 저작권 침해 소송 역시 특허권 등과 같이 고도의 기술적 이해를 전제하는 경우가 많을 뿐 아니라 컴퓨터프로그램저작물의 경우 고유한 기술적·재판 실무적 특성이 존재

---

* 한국소프트웨어감정평가학회 논문지 제16권 제2호, 2020. 12.에 수록된 논문을 일부 보정한 것이다.

한다는 점에 증거에 관한 논의의 필요성이 점차 높아지고 있다.

이에 본 글에서는 최근 소송법적 또는 지식재산권 법체계 내에서 활발히 논의되고 있는 디스커버리 제도 도입과 관련하여 저작권법에 관한 시사점을 살펴본다.

2. 디스커버리 제도의 개념과 도입의 정당성

2.1. 디스커버리 제도의 개념

증거의 구조적 편재 문제를 해결하기 위한 절차를 논의할 때는 독일의 독립적 증거절차, 일본의 당사자조회 제도 등 주요국의 관련 제도 역시 미국의 디스커버리(Discovery) 제도를 참고한 것이라는 점에 미국의 디스커버리 제도에 대표성을 부여하는 것이 보통이다. 물론 개념상 대표성을 부여한 것일 뿐 개별 제도가 미국의 제도와 동질성을 갖는 것은 아니다.

미국 연방민사소송규칙(Federal Rules of Civil Procedure: FRCP)에서 규정하고 있는 디스커버리 제도는 민사소송에 적용되는 증거조사절차로서 소송당사자 또는 당사자가 될 자가 소송에 관계되는 정보를 획득하고 보전하기 위하여 서로 각종 정보와 문서 등을 교환하는 것을 의미한다[1]. 소송 과정에서 당사자주의의 본질적 한계로 드러난 증거의 구조적 편재를 극복하기 위해 1938년 연방민사소송절차규칙 개정을 통하여 미국에서 디스커버리 제도가 처음 도입되었다. 연방민사소송절차규칙 제26조 내지 제37조에서 규정하고 있으며, 두 증인신문, 서면 증인신문, 당사자에 대한 질의서, 문서와 물품 제출요구, 장소 조사요구, 개인에 대한 정신적 신체적 조사요구, 인정요구 등으로 구성되어 있다[2]. 디스커버리 제도는 재판 전 반대 측이 무슨 증거와 증인을 제출할지 알 수 없으므로 이를 반박할 만한 증거확보를 불가능하게 하는 소위 습격공판(trial by ambush)을 막기 위한 장치로 기능한다[3]. 이는 당사자주의 원칙에 반하는 것으로 소위 순수 당사자주의의 내재적 한계로 인하여 소송절차 상 정의실현 및 분쟁해결의 효율성 확보 등에 어려움을 개선하기 위함을 목적으로 한다. 디스커버리 제도의 도입은 소제기의 용이성을 확보하게 하였지만, 동시에 실제 소송으로 진행되기 어려운 사안까지도 소송으로 제기될 수 있도록 하는 효과를 가져옴에 따라 약식판결(Summary Judgement)을 도입하여 이를 보완하는 구조를 채택하였다.

디스커버리 제도는 ⅰ) 소장과 답변의 내용보충, ⅱ) 당사자들이 가지고 있는 정보를 초기에 철저하게 공개, ⅲ) 당사자 사이의 능력 차이에 다른 조사자원의 불균등을 완화, ⅳ) 사실과 사건에 대한 상대방 인식에 대한 부분적 조사, ⅴ) 증언의 문서화와 문서의 보존, ⅵ) 쟁점을 정리하고 당사자 자이에 이견이 없는 중요한 사실을 확정, ⅶ) 당사자 자이에 교섭에 의한 합의 촉진, ⅷ) 평결이 추측이나 기습에 근거하기보다는 정확한 사실관계의 제시와 충분한 주장에 근거하도록 보장, ⅸ) 분쟁해결의 경제적 방법제시 등을 목적으로 한다[4].

2.2. 주요국에서의 디스커버리 도입 유형

독일은 민사소송법 제485조 이하에서 '독립적 증거절차'(Selbständiges Beweisverfahren)를 규정하고 있는데, 이는 소송 전의 사실해명이 가능하도록 소가 계속되기 전이나 소가 계속되는 때에 증거조사를 함으로써 미리 사실을 확인하도록 하는 제도이다[5]. 이를 위해서는 신청 상대방의 동의가 존재할 것, 증거방법의 분실 혹은 그 사용이 어렵게 될 우려가 존재할 것, 사람의 상태나 물건의 상태 혹은 물건의 가치 등을 확정할 필요가 있을 것이라는 요건이 전제되어야 한다. 한편, 특허권 침해에 관하여 특허법은 정보청구 및 서류제출 등에 관한 특칙(특허법 제140b조 내지 제140d)을 두고 있다[6].

일본은 민사소송법 제163조에서 '당사자 조회제도'를 규정하고 있는데, 이는 제소 후 당사자 사이에 각자의 주장 및 주장을 준비하는데 필요한 사항에 관하여 상대방에게 조회서를 송부하고 서면으로 회답을 구하는 제도이다. 이 제도는 미국의 디스커버리 제도의 여러 수단 중 질문서(interrogatory) 제도를 도입한 것이라 하며[7], 우리나라의 사실조회절차와 유사하다. 당사자 조회제도를 활용하기 위해서는 소송이 계속되고 있을 것, 조회사항이 주장 혹은 증명을 준비하기 위하여 필요한 사항일 것, 회답 거절사유에 해당하지 않을 것, 주장 혹은 증명과 관련성이 있을 것 등이 전제되어야 한다[8].

2.3. 도입 필요성에 관한 논의

우리나라에서 디스커버리(discovery) 제도 도입 여부에 있어서는 대부분이 찬성하는 입장을 취하고 있으며, 증거 및 정보 불평등이 특히 수반되는 현대형 소송에서 진실발견을 위해 더욱 큰 의의가 있다고 보는 입장이 다수라 할 수 있다[9]. 긍정론의 입장에서, 영미법상의 제도인 디스커버리 제도를 대륙법 체계를 취하고 있는 우리 법체계에서 전면적으로 받아들이기는 어렵더라도 부분 혹은 제한된 범위에서 입법적 혹은 해석론적으로 받아들일 필요도 있다는 견해도 존재한다[10]. 한편, 비경제성 등과 같이 디스커버리 제도가 갖는 한계에 대한 우려와 더불어 제도 운영에 대한 문제를 지나치게 새로운 제도 도입으로 해결하려 한다는 우려[11] 등이 제기되고 있기도 하다.

우리 판례의 주류적 견해는 증거자료에의 접근이 훨씬 용이한 당사자가 상대방 당사자의 증명활동에 협력하지 않아도 된다는 태도(대법원 1996. 4. 23. 선고 95다23835 판결 등)를 취한다. 한편, 증명이 곤란한 경우에 기존 법률요건분류설의 태도에서 벗어나 실질적 근거에 입각하여야 한다는 태도가 나타난 예(대법원 1980. 7. 8. 선고 80다122 판결, 대법원 1992. 7. 28. 선고 91누10909 판결 등)도 있다[12].

이처럼 다양한 논의에도 불구하고 현재 우리 법체계에 적용되고 있는 제도 및 제도 도입을 위한 다양한 입법적 시도들을 고려하면, 증거의 구조적 편재 문제 해결을 위한 디스커버리와 같은 제도 도입 자체의 필요성에는 이론(異論)이 없는 것으로 보인다.

3. 지식재산권 분야에서 디스커버리 관련 절차 도입 양태

3.1. 민사소송법 상의 절차

지식재산권 관련 소송을 포함하여 민사소송의 기본 절차 규범으로 작용하는 민사소송법은 소송 과정에서 나타나는 증거의 구조적 편재 현상을 해소 및 효과적인 증거개시·수집을 위한 제도로서 증거보전, 문서제출명령 등의 제도를 두고 있다[13].

증거보전절차는 소송절차 내에서 본래의 증거조사를 행할 기일까지 기다리면, 그 증거방법의 조사가 불가능하거나 또는 곤란하게 될 사정이 있는 경우 본안의 소송절차와 별도로 미리 증거조사를 하여 그 결과를 확보하여 두는 부수절차를 의미한다(민사소송법 제375조)[14]. 소송 전 미리 증거조사가 되면 일방 당사자의 지배영역 내에 있는 증거의 내용을 상대방에게 알리는 증거 공개의 기능이 가능하므로, 디스커버리 제도를 전면적으로 도입하지 않은 우리나라 법제 하에서 증거보전을 소송 전 증거수집제도로 탄력적으로 확대 운영하는 것이 필요하다는 지적이 존재한다[15][16][17][18].

문서제출명령은 상대방 또는 제3자가 가지고 있는 것으로서 제출의무 있는 문서에 대해 서증신청을 할 때는 그 제출명령을 구하는 신청을 하여야 하며(민사소송법 제343조 후단), 문서제출의무는 일반의무로서 제출을 거부하지 못할 뿐 아니라(동법 제344조) 제3자에 대한 필수적 심문제도(동법 제347조 제3항), 문서의 일부제출제도(동법 제347조 제2항) 및 문서정보공개제도(동법 제346조) 등을 내용으로 한다. 문서제출명령 제도는 디스버커리 제도와 거의 같은 효과를 거둘 수 있도록 구(舊)민사소송법 상의 제도를 신(新)민사소송법에서 확장·강화한 것으로, 소송에서 증거의 구조적 편재 현상을 시정하기 위한 중요한 수단으로 활용되고 있다[19]. 다만, 입법적으로 문서제출명령을 받은 자가 그 제출 요구에 대해 허위진술을 하거나 제출의무를 이행하지 않는 경우 이를 적절하게 제재할 수 있는 법적·실무적 방안이 부족하다는 것이 문제점으로 많이 지적되고 있다[20][21][22]. 또한 실무적으로는 재판부의 적극적인 채부결정이 이루어져야 함에도 불구하고 수동적인 제도운영이 이루어지는 문제도 지적된다[23][24].

한편, 지난 제20대 국회에서는 미국의 디스커버리 제도를 기반으로 한 소제기 전 증거조사 제도 도입을 위한 입법(민사소송법 일부개정법률안(2016. 2. 18.자 발의) 등)이 법원행정처의 '사실심충실화 실무 추진단' 및 '사실심 충실화 사법제도개선위원회'의 논의를 거쳐 시도된 바 있었다. 당시 민사소송법 개정안은 제8절의 '증거보전'을 '증거보전 및 소제기 전 증거조사'로 변경하고 소제기 전이라도 증거조사를 할 수 있도록 규정을 마련한 것인데, 제20대 국회의 임기만료로 처리되지 못하였다.

3.2 특허법 상의 절차

3.2.1. 자료제출명령

특허권의 보호를 강화하기 위한 수단으로 미국의 디스커버리 제도의 도입 요구가 오랫동안 제기되어 왔다. 이에 2016년 3월 29일 개정된 특허법(본래 원혜영 의원 등 13인이 발의한 특허법 개정안(의안번호 1913980)을 대안반영 폐기 후 특허법 제132조 및 제128조의2를 개정 및 신설하는 것을 내용으로 함)은 특허법 제132조에 자료제출명령 제도를 신설함으로써 특허 소송절차의 과정에서 민사소송법 상의 절차 이외에 자료제출명령 제도를 적용할 수 있도록 하였다. 즉, 특허법의 자료제출명령은 민사소송법 상 문서제출명령의 특칙으로서 적용대상을 당사자로 한정한다. 이에 제3자에 대해서는 특허법의 자료제출명령이 적용되지 않고 민사소송법의 일반적인 절차가 적용된다[25]. 자료제출명령은 기존 서류제출명령과 비교하여 ①제출대상을 서류에서 자료로 변경(특허법 제132조 제1항), ②대상을 손해액 산정에 관한 자료에서 침해행위의 증명과 관련된 자료를 포함하는 것으로 확대(동법 제132조 제1항), ③침해의 증명 및 손해액 산정에 반드시 필요한 경우 자료제출명령의 거부 불가(동법 제132조 제3항), ④정당한 이유없는 제출거부 시 제재부여(동법 제132조 제5항) 등을 내용으로 하고 있다.

자료제출명령을 받은 자가 정당한 이유없이 명령을 이행하지 않는 경우, 법원은 자료의 기재에 대한 신청인의 주장을 진실한 것으로 인정할 수 있고, 일정한 경우 신청인이 자료의 기재에 의하여 증명하고자 하는 사실에 관한 주장(입증하려는 사실)을 진실한 것으로 인정할 수 있도록 정하고 있는데, 이러한 제재는 자료제출명령에 불이행 시 침해가 인정될지도 모른다는 압박을 받게 하는 효과를 가져 올 것이어서 자료제출명령 제도의 실효성을 높이는 핵심이 된다[26]. 한편, 과거 민사소송법의 문서제출명령을 활용할 때 문서제출명령에도 불구하고 해당 문서가 영업비밀에 해당함을 이유로 제출을 거부하는 사례가 많았다는 점을 고려하여 제출이 요구된 자료가 영업비밀에 해당하더라도 심리에 반드시 필요한 경우에는 영업비밀을 이유로 하여 제출을 거부할 수 없도록 하였으며, 동시에 영업비밀의 유출 방지를 위하여 해당 자료의 열람 범위 및 사람을 지정할 수 있도록 하였다.

한편, 특허법 상 자료제출명령 제도를 타 분야에서도 도입하여 활용하고자 하는 입법적 시도가 많이 나타나기도 하였다. 독점규제 및 공정거래에 관한 법률에서는 사업자 자료제출명령제의 도입, 기업에 자료제출의무 부가 등을 시도하기도 하였으며, 그 구체적인 절차의 모습은 특허법 제132조의 내용과 유사하게 설계되었다. 그 외 노동위원회법, 하도급거래 공정화에 관한 법률 등에도 유사하게 적용하려는 시도가 있었다.

특허법의 자료제출명령 제도가 갖는 문제점으로는 특허권자가 침해에 대한 확증 없이 모색적으로 소송을 남발한 뒤 침해를 입증하려 하거나 심지어 경쟁자의 영업비밀을 알아내는데 이 제도를 악용할 여지가 있다는 점, 재판이 상대방의 제출거부에 정당한 이유가 있는지 여부에 대한 다툼으로 변질될 가능성이 있다는 점 등이 지적된다[27].

3.2.2. 전문가 사실조사 제도 도입 추진

현행 특허법이 자료제출명령 제도를 운영하고 있고, 민사소송법에서 증거확보를 위한 여러 절차를 운영하고 있음에도 불구하고, 특허침해소송 등에서는 여전히 실효성이 부족하다는 지적이 있다. 이에 최근 독일의 '독립적 증거절차'를 참고[28]한 '전문가 사실조사' 제도를 신설하는 내용의 특허법 개정안(김정호의원 대표발의(2020. 8. 24.)[29], 이수진의원 대표발의(2020. 9. 24.)[30]이 발의된 바 있다.

김정호의원 대표발의안은 제128조의3을 신설하여 법원은 특허권 또는 전용실시권 침해소송에서 침해의 증명 또는 손해액의 산정에 필요한 증거 확보를 위하여 직권으로 또는 당사자의 신청에 따라 관련 분야의 전문가를 지정하여 증거조사를 실시할 수 있도록 하였으며(제1항), 증거조사의 방법으로는 침해행위를 조성한 물건 등 증거자료의 수집, 침해행위에 제공된 시설·설비 등에 대한 증거조사, 당사자·관계엔 등에 대한 질문 등으로 한정한다(제2항). 한편, 이수진의원 대표발의안 역시 제128조의3을 신설하여 법원은 특허권 또는 전용실시권 침해소송에서 직권 또는 당사자의 신청에 의하여 조사할 증거와 관련 분야의 전문가를 지정하고 그 전문가로 하여금 상대방 당사자의 사무실, 공장 및 그 밖의 장소에 출입하여 조사를 받는 당사자 등에게 질문하거나 자료의 열람·복사, 장치의 작동·계측·실험 등 필요한 조사를 하도록 결정할 수 있도록 하였으며(제1항), 증거조사 범위와 전문가 지정을 위해서는 상대방 당사자가 특허권 또는 전용실시권을 침해하였을 가능성이 있는지 여부, 침해의 증명이나 침해로 인한 손해액 산정에 필요한지 여부, 조사의 필요성과 비교하여 상대방 당사자의 부담이 상당한지 여부를 고려하도록 정한다(제1항 각호). 그 밖에도 지정되는 전문가의 자격(제2항), 조사결과보고서 제출기한 및 비밀유지 의무(제3항), 피조사자 우선열람권(제4항), 비관련 조사결과 삭제요청(제5항) 등이 명시되어 있다. 특히 제도의 실효성 확보를 위하여 조사를 거부·방해하는 경우에는 자료의 기재에 의하여 증명하고자 하는 사실에 관한 당사자의 주장을 진실한 것으로 인정할 수 있도록 하고 있다(제8항).

다만, 이 전문가 사실조사 제도의 도입에 관하여는 다소 논란이 있는데, 특허소송이 기본적으로 민사절차임에도 형사절차상의 압수수색 절차와 유사한 방식으로 일방 당사자의 의사에 반한 조사가 이루어지며, 이 과정에서 영업비밀이 유출될 수 있는 것이 현실이고, 외국 기업의 남소 우려가 있

다는 점, 그리고 기업들에 과도한 부담을 준다는 부정적 견해[31]와 당사
자 동의를 전제로 하기 때문에 압수수색 절차와 상이하며, 영업비밀 유출
방지를 위한 절차가 마련되어 있으며, 엄격한 요건을 적용하여 외국기업의
남소 우려는 없고, 중소기업 지원정책을 마련함으로써 부담을 낮출 수 있
다는 긍정적 견해[32]로 나타난다. 사견으로는 현재 개정 법률(안)의 규정
만으로는 부정적 우려를 해소하기는 어려움이 있다고 본다. 특히 문언상
당사자의 동의 요건이 없음에도 이를 전제한 점(독일의 독립적 증거절차를
도입한 것이라고 하나 독일의 경우와 달리 우리 특허법 개정안은 신청 상대
방의 동의를 요건으로 한다는 것이 조문에 명시되어 있지 않음), 당사자 일
방의 방어권을 지나치게 제한하는 점, 기존 민사소송법 상 감정 절차로도
유사한 효과를 도출할 수 있다는 점 등을 고려할 때 현재의 개정안은 조금
더 검토되어야 할 것으로 생각한다.

3.3. 저작권법 상의 절차

저작권 소송 절차는 특허법의 경우와 달리 민사소송법에서 정한 절차 이
외의 특칙을 두지 않고 있다. 따라서 저작권 소송은 민사소송법의 절차가
동일하게 적용된다. 다만 조금 넓은 범위에서 재판과 관련한 사항을 찾아
보면, 법원의 판결 등은 저작권법에 의한 보호를 받을 수 없으므로 자유롭
게 활용이 가능하다는 점(저작권법 제7조 3호), 재판 등을 위해 타인의 저
작물을 허락없이 복제할 수 있다는 점(저작권법 제23조 1호), 재판 과정에
서의 감정을 한국저작권위원회에 촉탁할 수 있다는 점(저작권법 제119조),
법정손해배상 청구에 대한 점(저작권법 제125조의2) 등이 규정되어 있다.
이 가운데 증거와 관련하여 다소나마 의미가 있는 사항은 감정에 관한 저작
권법 제119조 밖에 없다고 할 수 있다. 이는 최근 논의되고 있는 저작권 전

부개정(안)에 있어서도 동일하다.

3.4. 검토

특허법이 민사소송법 등의 일반 절차 이외에 자료제출명령과 같은 별도의 제도를 두고 있는 이유로는 특허침해소송이 갖고 있는 특수성 때문이다. 그 특수성은 결국 기존 민사소송법상 제도에서 제출 대상을 서류로 한정한 것만으로는 특허소송에서 충분히 효과를 얻을 수 없으므로 자료의 제출까지 요구되어야 한다는 점이다. 그런데 이러한 점은 저작권 소송에서도 컴퓨터프로그램저작물과 같은 소위 기능적저작물을 대상으로 할 때 더욱 문제가 되고 있는 사안이다. 컴퓨터프로그램저작물을 대상으로 한 저작권침해 소송의 사례를 보더라도 저작권자가 상대방의 침해를 인식하더라도 소송을 통하여 이를 입증할 수 있도록 그 침해물, 즉 상대방의 소스코드 등을 확보할 수 있는 방법이 특별히 없다 보니 침해자의 방어권이 지나치게 강화되어 있는 상태이다. 이를 해결하기 위해 실무적으로는 침해자의 제품에서 바이너리코드를 추출하여 이를 대상으로 비교를 진행하거나, 침해의 증거가 희석된 침해자의 제출물에서 남아 있는 침해증거를 활용할 수 밖에 없는 등의 우회적인 방법을 사용할 수 밖에 없으므로 저작권자의 정당한 권리 확보 측면에서 상당한 한계를 도출하고 있다[33].

이러한 상황에도 불구하고 그간 저작권 소송에서의 디스커버리 도입에 관한 논의는 거의 이루어지지 않고 있다. 더욱이 지식재산권 분야에서의 디스커버리 도입 논의에 대해서도 주로 특허법 중심으로 이루어질 뿐 저작권법의 문제는 논의에서 벗어나 있던 것이 현실이다. 이는 몇 가지 이유에서 기인하는 것으로 본다. 첫째, 사법기관 및 지식재산권 분야에서 특허권에 관한 분쟁은 특수한 기술적 사안에 대한 분쟁으로 인식하는 것과 달리 저작권에 관한 분쟁은 그렇지 않는 것으로 인식하는 것으로 추정할 수 있다. 지난 2015년 시행된 지식재산권 관할집중에서 저작권 분쟁이 제외된 것 역시 이를 나타낸 예가 아닐까 생각한다. 둘째, 저작권에 관한 분야에서 소송절차에 대한 관심이 그리 높지 않다는 점이다. 재판과정에서의 절차적 문제가 첨예하게 다투어지는 특허법 분야와 달리 저작권법 분야에서는 상대적으로 이 점에 대한 논의가 매우 적다. 셋째, 저작권 분야에서 디스커버리의 필요가 나타나는 경우는 주로 컴퓨터프로그램저작물을 대상으로 하는 사안 정도일 것으로 보인다. 그렇다 보니 전체 저작권 소송 규모에 비하여 디스커버리의 수요가 극히 일부에 한정된 것으로 보이므로 전체 저작권 소송에 대한 제도 도입 논의로 발전하기 어려운 면이 있었을 것으로 본다.

문화 · 예술에 관한 법률로 지칭하던 과거의 저작권법과 달리 현재의 저작권법은 문화 및 예술 뿐 아니라 다양한 분야의 기술 분야 까지도 그 대상으로 하고 있다. 더욱이 최근에는 인공지능, 데이터 등 첨단의 기술 영역까지도 저작권법의 영역으로 포섭되고 있다. 이러한 경향은 저작권 소송에서 점차 증거의 확보를 어렵게 할 수 밖에 없고, 기술적 특성이 고도화됨으로써 법관이 사안을 판단하는데 많은 장애를 가질 수 밖에 없도록 하고 있다. 따라서 다양한 저작권의 대상 중 일부에 한하여 나타나는 문제라고는 하나 이 역시 저작권 소송의 문제이므로 제도적 보완에 대한 당위성을 분명히 인정될 수 있는 것이며, 특허권을 중심으로 한 지식재산권 소송에 대한 특수성이 저작권법에도 당연히 미칠 수 있어야 한다고 보는 것이 필요하다고 생각한다. 즉, 저작권 소송, 특히 컴퓨터프로그램저작물을 대상으로 하는 저작권 침해 소송에 있어서도 증거 등의 구조적 편재 문제를 해결할 수 있는 제도적 보완의 필요성이 있다.

4. 저작권 소송에서의 도입 방법론

4.1. 미국의 디스커버리 제도를 적용하는 방식

이 문제를 해결함에 있어서 통상 가장 먼저 검토되는 것은 미국의 디스커버리 제도를 우리 소송절차에 직접 적용할 수 있는 것인가에 관한 점이다. 이를 저작권법에 직접 받아들임으로써 증거 등의 구조적 편재 문제를 효과적이고 적절하게 해결할 수 있는 방안이 될 수 있을지 생각해본다.

이에 관하여 2019년 민사소송법 개정안이 발의되었던 '소제기 전 증거조사 제도' 도입 시도 사례를 참고할 수 있다. 당시 개정안은 증거개시 절차를 본안절차가 아닌 별도의 절차로 하여 소재기 전 증거조사 및 증거유지명령을 내릴 수 있도록 하였다. 즉각적인 증거조사 실시가 필요한 경우를 고려하여 신속한 증거조사 기일 진행이 가능하게 하였고, 필요 시 법원은 직권 증거조사가 가능하도록 하였다. 또한 절차 진행 중 어느 단계에서나 화해권고, 화해권고결정 및 조정회부가 가능하도록 하였다. 특히 이 절차에 따른 명령을 준수하지 않는 등의 사정을 조서에 기재하도록 하여 이후 본안을 담당하는 수소법원에서 이를 참고할 수 있도록 하였다. 이와 같은 제도 구성(안)은 미국의 디스커버리 제도를 상당한 정도로 우리 소송절차에 직접 받아들인 사례라 볼 수 있다.

생각건대 저작권법에서 미국의 디스커버리 제도를 직접 받아들이는 방식은 이 절차가 기존의 소송절차에 미치는 영향, 민사소송법 및 타법의 관련 규정들과의 관계 등을 고려할 때 적절하지 않을 것으로 본다. 지난 소제기 전 증거조사 제도를 도입하기 위한 민사소송법 개정 시도와 같이 이는 일반적 소송절차에 반영되어야 할 부분이지 저작권법에서 직접 적용하기에는 어려움이 있다고 생각한다.

4.2. 특허법의 자료제출명령을 준용하는 방식

특허법 제132조의 자료제출명령 제도를 준용하는 방식은 앞서 살펴본 바와 같이 독점규제 및 공정거래에 관한 법률, 노동위원회법 등의 다양한 법률에서 적용하기 위해 시도하고 있는 방법이라는 점에 안정성과 보편성을 확보할 수 있다는 장점이 있다. 자료제출명령 제도를 저작권법에도 준용하게 되면 저작물, 특히 컴퓨터프로그램저작물의 경우 저작권 침해 소송에서 민사소송법에 따른 '서류'의 제출이 아닌 보다 넓은 범위인 '자료'를 제출하도록 하여 저작권자의 권리 보호 측면에서는 이익이 존재할 수 있다.

다만, 특허소송과 달리 저작권 소송, 특히 컴퓨터프로그램저작물을 대상으로 한 저작권 침해 소송에서는 자료의 제출이 갖는 의미 보다는 침해물 자체, 즉 침해자의 컴퓨터프로그램저작물(주로 소스코드)을 확보하는 것이 중요한데 이를 자료제출명령 제도 활용으로 충분히 가능할 것인지에 대해 다소 의문이 있다. 자료제출명령을 정당한 이유없이 이행하지 않는 경우에 신청인의 기재 주장을 진실한 것으로 인정한다는 등의 제재조치가 있으나, 컴퓨터프로그램저작물을 대상으로 한 저작권 침해 소송의 경우에는 침해물 자체가 특정되지 않는다는 것이기 때문이 이 상태에서 특허소송과 같이 동일한 제재를 인정하기에는 어려움이 있을 것으로 생각한다. 특허소송의 경우에는 침해물과 특허권의 내용이 확보된 상태에서 그에 관련한 자료의 제출을 요구하는 것이나, 컴퓨터프로그램저작권 침해 소송에서는 침해물 자체에 대한 제출 문제이기 때문에 양자를 동일하게 다루는 것은 적절하지 않기 때문이다. 한편, 컴퓨터프로그램저작권 침해 소송에서는 남소의 우려, 영업비밀 등에 따른 제출거부의 정당한 이유 여부 다툼 등과 같은 특허법상 자료제출명령 제도가 갖는 문제가 더욱 강하게 나타날 우려가 있다는 점도 고려되어야 할 것으로 본다.

생각건대 현행의 자료제출명령 제도를 저작권법에 준용하는 데는 저작권 침해소송에서의 특수성이 적절하게 고려되기 어렵다는 한계가 있다. 오히려 최근 도입을 위한 입법이 추진 중인 전문가 사실조사 제도가 저작권법의 경우에는 효과를 나타낼 수 있을 것으로도 생각한다.

4.3. 저작권법에 별도 제도를 마련하는 방식

전술한 바와 같이 저작권 침해 소송, 특히 컴퓨터프로그램저작물을 대상으로 하는 경우에는 관련된 자료 등의 증거 제출을 명령하고 이를 이행하지 않는 때에는 소송 결과 상 일정한 불이익을 부여하는 제재가 적절하지 않은 측면이 있다. 물론 모든 경우가 부적절한 것은 아니며, 확보가 필요한 증거가 침해물 자체인 경우에 대한 것이다. 단순히 관련 자료가 아닌 침해물 자체를 제공하지 않았다고 하여 그것만으로 권리자의 이익을 반영하는 것은 어려움이 있음을 앞서 언급하였고, 그러한 점을 전제로 실제 저작권을 침해한 침해자의 입장에서 침해물인 소스코드 등을 적절하게 제출하지 않음으로써 얻는 기대 이익이 이를 제출함으로써 얻는 패소가능성 보다 높을 수밖에 없으므로 명령의 이행을 구하는 방식으로는 충분한 효과를 얻기 어렵다고 생각한다.

생각건대 현행 법체계를 크게 벗어나지 않는 범위에서 저작권법 제119조의 감정제도 기능을 확대하는 방안이 유의미한 수단이 될 수 있지 않을까 생각한다. 현재의 감정제도는 법원 등에 의하여 요청되는 사안을 비교·분석한 결과를 제공하는 방식으로 운영된다. 여기에 특허법 개정안에 제시된 것과 유사한 직권 사실조사 기능을 추가함으로써 공적인 대상으로 하여금 정확한 침해물을 탐지하고 확보할 수 있도록 하여 저작권 침해 여부를 실질적으로 다툴 수 있도록 하는 것이 필요하다고 본다. 물론 민사소송법상 절차라는 한계를 고려할 때 그 탐지 범위는 소송을 진행하기 위한 최소한, 즉 구체적인 침해물을 탐지하는 정도로 한정되는 것이 필요하며, 그 조사결과에 대하여 권리자가 접근할 수 없도록 함으로써 혹시 모를 침해자의 영업비밀 등이 부당하게 노출되는 것을 방지할 필요가 있다. 다만, 이 절차를 수행하기 위해서는 전문성 뿐 아니라 고도의 공정성 역시 확보되어야 하므로 이를 수행할 수 있는 대상은 특허법 개정(안)과 같이 전문성을 갖춘 인력으로 특정하기 보다는, 전문성 확보가 전제된 고도의 공적 기관(공공기관, 공공연구소 등)에 의하는 것이 적절할 것으로 생각한다.

5. 결론

소송 절차 내에서 증거 등의 구조적 편재문제를 해결하기 위해 디스커버리와 같은 제도적 보완이 필요하다는 점은 더 이상 논란의 대상은 아닌 것으로 보인다. 이에 소송법을 비롯하여 다양한 영역에서 이의 입법화가 시도되고 있으며, 특히 지식재산권 분야에서는 특허법을 중심으로 활발하게 이루어지고 있는 상황이다. 그러나 과거와 달리 점차 고도의 기술적 특징을 배경으로 하는 저작권 침해 소송, 특히 컴퓨터프로그램저작권 침해 소송에서는 이러한 논의가 거의 발견되지 않는다. 민사소송법 등의 제도가 갖는 한계를 그대로 받아들이고 있는 모습이다. 이는 특허법 등의 경우 디스커버리와 같은 제도를 나름의 형태로 도입함으로써 이 문제를 적극적으로 해결하려는 모습과 대비된다.

다만, 이와 같은 부정적 배경과 달리 저작권법은 오랜 기간 감정제도를 실질적으로 운영하고 있어 특허법이 최근 입법을 추진하는 사실조사제도의 기반을 실무적으로 이미 두고 있다는 점은 문제해결을 위한 유용한 기반이 될 수 있다고 본다. 특히 컴퓨터프로그램저작권 침해 소송에서 증거 등과 관련하여 가장 문제가 되는 점은 단순히 자료의 확보 등이 아닌 침해물의 확보라는 점에 기존 감정제도의 기능 확대를 통하여 유의미한 문제 해결의 실마리를 찾을 수 있을 것으로 본다. 즉, 컴퓨터프로그램저작물을 대상으로 하는 저작권 침해 분쟁에서 증거 확보 문제를 해결하기 위해서는 단순히 자료의 제공을 위한 것 보다는 구체적이고 직접적으로 침해물을 확보할 수 있도록 하는 수단이 저작권법에 근거를 두고 운영될 수 있도록 하는 것이 필요하다. 이와 유사한 기능을 실무적으로 수행하고 있는 현행 감정제도를 확대 및 강화하는 것이 효과적일 것으로 생각한다.

참고문헌

[1] 홍성훈, "한국형 디스커버리 제도 도입에 관한 제언", 한국형 증거개시제도 도입을 위한 정책토론회, p.3, 2019. 6

[2] 변진석, "미국 민사소송에서 증거개시의 역할과 한계, 한국에 도입가능성", 미국헌법연구, 제23권 제3호, p.134, 2012

[3] 이창훈, "미국 특허소송 중 증거개시절차의 면책규정 적용에 대한 고찰 – 국내 대리인의 법률 자문을 중심으로–", 지식재산연구, 제6권 제3호, p.70, 2011

[4] 변진석, "미국 민사소송에서 증거개시의 역할과 한계, 한국에 도입가능성", 미국헌법연구 제23권 제3호, p.136, 2012

[5] 김정환, 효율적인 증거개시 · 수집을 위한 제도 개선 방안에 관한 연구, 사법정책연구원, p.105, 2015

[6] 이미옥, "개정특허법하에서 자료제출명령제도에 대한 소고", 지식재산연구, 제11권 제3호, p.8, 2016

[7] 김상수, "일본민사소송법 개정작업의 현황", 사법행정, 제35권 5호, pp.23-24, 1994

[8] 김정환, 효율적인 증거개시 · 수집을 위한 제도 개선 방안에 관한 연구, 사법정책연구원, pp.122-125, 2015

[9] 김정환, 효율적인 증거개시 · 수집을 위한 제도 개선 방안에 관한 연구, 사법정책연구원, p.157, 2015

[10] 이시윤, "미국의 pretrial discovery– 그 영향과 대책을 중심으로–", 민사소송, 제14권2호, p.844, 2010

[11] 김홍엽, "민사사법제도 개선의 논의와 문제점", 법률신문 〈서초포럼〉, 2015. 5. 18.자

[12] 이시윤, 新民事訴訟法, 박영사, p.546, 2017

[13] 서동희, "미국법상의 Discovery 제도의 도입 필요성", 법학연구, 제18호, p.808, 2005

[14] 이시윤, 新民事訴訟法, 박영사, p.529, 2017

[15] 이시윤, 新民事訴訟法, 박영사, p.529, 2017

[16] 김정환, 효율적인 증거개시·수집을 위한 제도 개선 방안에 관한 연구, 사법정책연구원, p.44, 2015

[17] 정동윤·유병현, 민사소송법, 제4판, 법문사, pp.592-593, 2014

[18] 법원행정처, 법원실무제요 민사소송(Ⅲ) 개정판, 사법발전재단, p.32, 2014

[19] 이시윤, 新民事訴訟法, 박영사, p.515, 2017

[20] 최승재, "지식재산(특허) 실효적 보호방안 - 실효적 손해배상을 위한 증거제도의 보완을 중심으로", 이슈페이퍼, 한국지식재산연구원, p.14, 2016.

[21] 서동희, "미국법상의 Discovery 제도의 도입 필요성", 법학연구, 제18호, pp.788-789, 2005

[22] 이시윤, 新民事訴訟法, 박영사, p.515, 2017

[23] 김정환, 효율적인 증거개시·수집을 위한 제도 개선 방안에 관한 연구, 사법정책연구원, p.50, 2015

[24] 이시윤, 新民事訴訟法, 박영사, p.515, 2017

[25] 조영선, "특허법 상 자료제출명령에 대한 검토", 법제연구, 제51호, p.156, 2016

[26] 이종민, "특허 침해소송과 손해배상소송에서 입증부담 완화를 위한 자료제출명령 제도", Vacuum Magazine, p.50, 2016. 6

[27] 조영선, "특허법 상 자료제출명령에 대한 검토", 법제연구, 제51호, p.163, 172, 2016

[28] 특허청 설명자료(2020. 9. 28.자)

[29] 특허법 일부개정법률안(김정호의원 대표발의, 의안번호 3170)

[30] 특허법 일부개정법률안(이수진의원 대표발의, 의안번호 4191)

[31] 조양준 기자, "외국기업이 소송 걸면 영업비밀 내주고 압수수색 받을 판", 서울경제, 2020. 9. 29.자 기사

[32] 특허청 설명자료(2020. 9. 28.자)

[33] 한국저작권위원회, 실행코드들 간의 유사성비교 및 감정방법에 관한 연구(2016년 SW감정 워킹그룹 최종보고서), 한국저작권위원회, pp.15-23, 2016

4. 소프트웨어 감정의 간이절차 활용 논의에 대한 검토*

김시열, 강윤수

1. 서론

'지연되는 정의는 정의가 아니다'는 법언과 같이, 우리 헌법은 신속한 재판을 받을 권리를 기본권으로 명시하고 있으며, 이에 따라 법원은 소송촉진의무를 부담하고 있다[1]. 그러나 현실에서는 장기간의 소송이 빈번하게 이루어짐으로 인하여 권리구제에 있어서 제도 외적 해결을 모색하는 현상까지 나타나는 등의 상황에 있어 문제로 지적된다.

소프트웨어에 대한 저작권 분쟁에 있어서도 이러한 현상은 동일하게 나타난다. 소프트웨어를 대상으로 저작권 문제를 쟁점으로 하는 소송에서는 감정이 많이 활용되고 있는데, 감정을 거치는 과정에서 장기간이 소요되고 있다는 점은 실무에서 비판의 대상이 되고 있다. 감정을 거치게 되는 경우 이 과정에서 상당한 기간이 소요될 뿐 아니라 구체적으로 그 소요기간의 예측이 쉽지 않다보니 신속한 재판 진행의 저해 요인으로 작용하게 되는 것이다. 이에 소프트웨어 저작권 분쟁을 대상으로 한 감정에 대해 실무 영역을 중심으로 오랫동안 절차적 개선이 요구되어 왔다.

이러한 요구 가운데 가장 많은 논의가 이루어진 것은 소프트웨어 감정 절

한국소프트웨어감정평가학회 논문지 제15권 제2호, 2019. 12.에 수록된 논문을 일부 보정한 것이다.

차에 간이절차를 마련하여 기존의 감정 체계를 이원적으로 운영하도록 하는 방안이었다. 간이절차를 활용함으로써 투입되는 자원의 양과 질을 조절하여 신속한 감정결과를 제공할 수 있다는 점이 그 이유이다. 이를 통하여 감정에 소요되는 시간을 단축하고 궁극적으로 재판의 신속한 진행에 도움이 될 수 있다는 것이다. 그러나 이러한 논의에 관하여 한편으로는 소프트웨어 감정을 거치게 되는 소송의 양 당사자 및 법관 등에 간이절차가 유익이 될 수 있는가 하는 의문이 제기되기도 한다. 기존 논의가 지나치게 공급자 시각에서 이루어진 것이 아닌가 하는 우려에 기인한 것이다.

이하에서는 현재까지 나타나고 있는 소프트웨어 감정에서의 간이절차 논의에 대해 살펴보고, 이들 논의가 신속한 재판을 구현하는데 적절한 방안으로 기능할 수 있을지 검토해보고자 한다.

2. 소프트웨어 감정과 신속성의 관계

2.1. 소프트웨어 감정 평가와 신속성

보통법 체계에서 분쟁에 따른 소송 진행 과정에서 사적 영역이 아닌, 중립적이고 공적인 전문가로서의 감정을 잘 활용하고 있지 않는 미국과 달리[2], 우리나라 민사소송법 및 형사소송법은 소송감정, 즉 법관의 명령에 의하여 공적인 신뢰성을 바탕으로 하는 감정제도를 마련하고 활발히 활용하고 있다. 우리나라 법체계에서 소송감정은 법원 또는 법관의 명에 의할 것, 특별한 학식·경험상의 법칙 또는 그 경험상의 법칙에 의거하는 사실판단의 보고일 것, 감정인은 소송에 있어 제3자에 해당할 것, 감정인은 자연인일 것이라는 요건이 충족되는 경우 활용이 가능하도록 되어 있다. 다만 자연인 요건과 관련하여 특정한 경우 법인 또는 단체에 예외적으로 감정을 촉탁할 수 있도록 되어 있다[3].

민사소송법 및 민사소송규칙에 따른 감정절차는 신청, 증거의 채부결정(감정사항 결정, 감정가능성 검토, 전제사실 확정 및 필요자료 제공), 감정인의 지정, 감정인에 대한 출석요구 등, 감정인신문 등, 감정인의 의견진술, 필요시 보충감정 및 재감정, 감정료 납입의 순서로 이루어진다. 소프트웨어 감정에서 이루어지는 통상의 감정서 작성은 상기 절차 가운데 감정인의 의견진술 단계에 해당한다[4].

이와 같은 감정 절차에 대해, 법원이 활용하고 있는 소프트웨어 감정에 관한 평가를 살펴보면 일단 공정성 요소를 중요한 평가 기준으로 삼고 있음을 알 수 있다[5]. 이는 어느 정도 결과에 대한 일반인적 인식을 통해서도 확인할 수 있는 다른 유형의 저작물과 달리 소프트웨어의 경우에는 법관이 그 내용에 대해 확인할 수 있는 지식을 갖추기 어렵다 보니 상대적으로 더 공정한 감정의 요구가 높은 것으로 이해된다. 한편, 반대로 기존의 소프트웨어 감정에 대한 평가에서 가장 아쉽다고 지적되는 것은 신속성 문제이다. 지난 실태조사 결과(2013년)의 평가요소(공정성, 전문성, 경제성, 신속성) 가운데 신속성에 대한 평가가 눈에 띄게 낮게 나타난 것을 확인할 수 있다. 더군다나 이 신속성 요소는 제도의 만족에 미치는 영향이 가장 높은 요소로 나타나기도 하였다[6]. 즉, 신속성 요소 자체의 중요성을 나타낸다고 해석하기 보다는 기존의 소프트웨어 감정을 활용하는 법원 입장에서 가장 개선이 필요하다고 인식하는 요소가 신속성이라는 의미이다.

2.2. 재판 과정에서의 감정 기간

실무적으로는 재판 과정에서 소프트웨어 감정을 진행하게 되는 경우, 다음 기일을 특정하여 확정하기 보다는 기일을 추후지정하는 방식으로 감정이 완료되는 때 까지 별다른 재판의 진행이 이루어지지 않도록 하고 있다. 다만 민사소송규칙은 기일의 추후지정에 대해서는 부정적인 태도를 갖는 것으로 보이며, 특별한 사정이 없는 한 다음 기일을 정하도록 하고 있다(제42조)[7].

구체적 사안에서 감정으로 인하여 소요되는 기간이 어느 정도인지는 사안에 따라 모두 상이할 수밖에 없다. 또한 이에 대한 유의미한 통계 역시 존재하지 않고 있다 보니 기간에 대한 실무적 인식은 다소 감각적·정황적 기준에 의존하는 경향이 있다고 볼 수 있다. 상당히 과거 통계이긴 하나(이 외의 관련 통계가 존재하지 않음) 2008년의 통계를 보면 소프트웨어에 대한 연간 평균 감정일이 비근무일을 제외한 39일(2007년 기준)에 이르는 것으로 나타난다[8]. 이러한 통계 수치는 평균적으로 2 ~ 3개월의 기간이 소요된다고 명시한 한국저작권위원회 홍보자료[9]의 기술과도 어느 정도 일치한다. 다만 이러한 통계는 다소 상당한 시간이 지난 것임에 비해 최근에는 관련된 통계가 나타나지 않아 현재 시점에서 소프트웨어 감정에 소요되는 정확한 기간을 확인하기 어렵다.

민사본안사건의 경우(2018년 기준) 1심 재판이 합의부는 평균 9.9개월 및 단독부는 평균 7.0개월이 소요[10]되는 현실을 고려할 때, 위와 같은 기간이 소요되는 감정은 일단 기간만으로 볼 때 상당한 비중을 차지하고 있는 것으로 볼 수 있다.

2.3. 장기간 소요의 원인

소프트웨어 감정의 진행이 장기간에 걸쳐 이루어지는 원인에 대하여 살펴보면, 크게 감정준비 과정에서의 원인과 감정수행 과정에서의 원인으로 구별할 수 있다.

첫째, 감정준비 과정에서의 원인으로 가장 대표적인 것은 비교대상의 특정이 원활하게 이루어지지 않는 경우이다. 현실적으로 감정대상을 비교에 용이하도록 효과적으로 확보한다는 것은 쉽지 않다. 이에 감정을 하고자 합의를 하더라도, 구체적인 감정대상을 확정하는데 소송 당사자 간 많은 공방이 이루어질 뿐 아니라 그에 소요되는 시간 역시 상당하다. 감정대상을 어떻게 정하느냐는 최종적인 감정결과에 직접적으로 영향을 주기 때문에 재판의 양 당사자 모두에게 중요한 과정이기 때문이다[11]. 그 이외의 원인으로는 감정사항에 대한 이견이 정리되지 않는다던지, 감정료 예납이 적기에 이루어지지 않는 경우 등의 원인을 들 수 있다.

둘째, 감정수행 과정에서의 원인으로 가장 대표적인 것은 통상 감정의 수행은 감정인이 감정을 위하여 시간을 전적으로 투입하는데 한계가 있다는 점을 들 수 있다. 소프트웨어 감정을 전문적이고 전적으로 수행하는 인력이 존재하지 않는다는 현실과 함께 설사 그러한 인력이 존재한다고 하더라도 특정의 사건만을 다루는 경우는 쉽게 존재하기 어렵기 때문이다. 결국 현재의 체계에서는 특정 감정 사안에 대해 집중적으로 우선하여 처리할 수는 없다 보니, 실제 감정 자체에 소요되는 시간보다 많은 여분의 시간이 요구될 수 밖에 없다. 그리고 실제 감정 사안이 복잡하거나 많은 과정을 거쳐야 하는 경우, 시스템의 설치가 요구되나 이에 대한 당사자 간 협조가 잘 이루어지지 않는 경우, 제출된 파일에 오류가 있어 감정 진행이 어려운 경우, 물리적으로 비교 과정 자체에 시간이 소요되는 경우 등과 같이 다양한 원인으로 인하여 소프트웨어 감정에 장기의 시간이 소요될 수 있다.

3. 감정의 간이절차 논의 분석

3.1. 간이절차 활용의 필요 이유

감정준비 과정에서의 원인 혹은 감정수행 과정에서의 원인 가운데 감정을 수행하는 실무 차원에서 개선할 수 있는 영역은 후자에 해당할 것이다. 다만, 감정 인력의 시간 투입이나 제출된 자료 등의 비협조로 인한 불완전 문제 등은 실무 차원의 의지만으로 해결하기 어려운 요인이다. 이러한 배경에서 감정 프로세스를 간이화하는 것은 실무적으로 시도해볼 수 있는 현실적 방안이 될 수 있다고 생각한다. 이는 단순히 감정 절차를 거치는데 필요한 절차적 차원의 논의가 아니라 구체적인 감정을 수행하는데 있어서 감정결과 도출을 위한 내부 프로세스를 어떻게 간이화하여 투입되는 자원과 시간을 줄여 적절히 배분할 수 있는가에 대한 논의라 볼 수 있다[12]. 실제 관련 논의 가운데 신속한 감정의 진행과 감정을 수행하는 인프라의 효율적 활용을 위하여 감정에 대한 간이절차를 마련하여 활용하자는 방안이 많이 제시되어 왔다.

감정의 간이절차에 대해 명확한 정의가 정립된 것은 아니나, 프로파일을 활용한 간이절차 측면에서는 "감정서의 주요내용을 감정의뢰인이 표준 프로파일에 맞춰 작성해서 제출하고, 감정인은 감정방법, 내용, 결과 등에 대해 검증하고 확인해 주는 형태를 의미"하는 것으로 정의되기도 한다[13]. 즉, 사전에 정해진 일정한 틀을 이용하여 소송 당사자의 비교·분석 등의 결과를 감정인이 확인하는 절차만을 대상으로 함으로써 감정에 소요되는 투입 자원과 시간을 줄일 수 있도록 한다는 것이다. 이러한 개념을 갖는 간이절차의 이점은 감정사건의 내용이 복잡하지 않고 난이도가 높지 않은 경우, 간이 절차를 거쳐 불필요한 자원을 활용하지 않을 수 있을 뿐 아니라 그로 인하여 신속한 감정결과의 도출을 도모할 수 있다는 점이 필요성에 관한 주요한 이유라 제시되고 있다.

3.2. 분쟁에서 간이절차 활용의 예

소송 등 분쟁을 해결하는 과정에서 신속한 문제해결과 경제적 낭비를 줄이는 등의 이유로 간이절차를 활용하는 사례가 다양한 분야에서 존재한다.

'민사 및 가사조정의 사무처리에 관한 예규' 제16조는 조정위원에 의한 사실조사를 규정하고 있다. 조정담당판사 또는 조정위원회는 동 규칙 제8조 제3항 규정에 의하여 건축사, 의사 등 전문가 조정위원에게 사실의 조사를 하게 한 경우 간이한 형식의 사실조사보고서의 제출을 요구할 수 있다. 이때 사실조사를 위하여 필요한 경우에는 당사자에게 미리 관련 서류를 제출하게 하여 조정위원으로 하여금 참고하게 할 수 있다(제1항). 이때 조정위원에게 지급할 사실조사비용은 사건 당 30만 원을 최고한도로 하며, 조정담당판사 또는 조정위원회가 상당하다고 인정하는 때에는 이를 증액할 수 있다(제2항). 사실조사 시 조정담당판사 또는 조정위원회는 조정위원에게 지급할 사실조사비용을 당사자 쌍방이 균분하여 예납할 것을 명하여야 한다. 다만 사정에 따라 예납할 금액의 비율을 다르게 정하거나 사실조사를 신청한 당사자 일방에게 전액을 예납할 것을 명할 수 있다(제3항). 그런데 이러한 간이절차로서의 감정은 현재 거의 활용되지 않고 있다. 그 이유는 첫째, 조기조정제도로 인하여 사건이 충분히 진행되기 전 조정으로 회부되는 경우가 많아 사실조사의 단계로 나아갈 필요가 없는 사건이 대다수이기 때문이다. 둘째, 현실적인 한계로서 감정을 수행하는 전문가에 지급되는 비용이 30만 원 선이어서 이러한 비용으로 전문적인 정보를 얻기 위한 정도의 감정을 수행하는데 어려움이 있다. 셋째, 설사 조정과정에서 간이감정이 진행되더라도 사안이 조정성립이 되지 않아 본안으로 진행될 때 그 감정결과가 증거능력을 갖는 것이 법적으로 보장되지 않는다는 점이다.

한편, 형사소송법 제286조의2에서 피고인이 공판정에서 공소사실에 대하여 자백한 때에 법원이 공소사실에 한하여 간이공판절차에 의하여 심판할 것을 결정할 수 있도록 규정하고 있다. 이어서 동법 제286조의3에서는 법원이 간이공판절차를 결정한 사건에 대하여 피고인의 자백이 신빙할 수 없다고 인정되거나 간이공판절차로 심판하는 것이 현저히 부당하다고 인정할 때에는 검사의 의견을 들어 그 결정을 취소하여야 하도록 규정한다. 간이공판절차는 경미범죄의 처리방안이라는 점에서 즉결심판절차나 약식명령절차와 비슷하지만, 검사가 정식으로 공소를 제기한 사건의 공판절차에서 그 심리의 신속을 꾀한다는 점에서 즉결심판이나 약식명령과 같은 특별절차에 의한 사건처리와는 그 성격이 다르다[14].

3.3. 감정 간이절차에 대한 기존 논의 구분

3.3.1. 유형1 : 전문가 협의 중심의 간이감정

간이절차를 만들기 위해서는 반드시 필요한 절차를 최소한의 자원투입만으로 가능하도록 설계하여야 하고 필수적인 요소가 아닌 절차는 이를 적정한 방법으로 제거하여야 가능하다는 점을 전제로 하는 유형이다. 현행 소프트웨어 감정 절차에서 감정결과를 도출하는데 있어서 필수적인 과정은 '감정서의 작성'과 '감정결과의 검증' 과정으로 볼 수 있다. 이에 기존의 절차를 두 과정을 중심으로 압축하여 운영하는 방법으로 구현이 가능하다. 즉, 특정 사안에서 감정의 쟁점이 매우 단순하고 그 난이도 등이 간단한 경우에는 그에 대한 전문가 집단의 논의를 거친 후에 논의를 통하여 도출된 사항을 내용으로 감정서 작성이 이루어지도록 하는 방식이다. 이때 감정서의 작성은 논의에 참여한 자 가운데 특정한 1인의 전문가에 의하는 것이 타당하다고 한다.

이 방식의 간이절차는 다음의 두 가지 요건을 충족함으로써 적절한 기능을 다할 수 있다.

첫째, 실질적인 감정이 이루어지는 과정인 전문가 집단의 논의가 상당히 깊은 수준에서 이루어져 충분한 검토가 이루어질 수 있도록 하여야 한다. 다만 감정을 위해서는 대상 분쟁사건에서 감정수행의 목적, 사실관계, 주요 쟁점, 법원 등에서 요구하는 사항 등이 모두 고려되어야 하는데 이러한 사항을 전문가 집단의 협의 단계에서 모두 파악한다는 것은 현실적으로 쉽지 않은 일이다. 따라서 누군가 기본적인 사항에 대하여 명확한 지식을 가지고 논의를 이끌어가야 하는 것이 필수적으로 요구된다. 현실적인 부분을 고려할 때 이러한 역할은 감정서의 작성을 담당하게 되는 전문가가 수행하는 것이 효과적이라 생각한다.

둘째, 실제 소프트웨어 감정을 수행하는 과정에서 상당한 시간이 소요되는 부분은 감정에 대한 내용을 분석하고 감정서를 작성하는 부분 이라고 하기보다는, 감정을 수행하기 위한 전제사실을 확정하고 시스템의 재현 등과 같은 부분에서 나타나는 경우가 많다. 따라서 간이절차를 통한 감정이 적절하게 운영되기 위해서는 이러한 감정 수행의 전제가 되는 부분의 제공이 양 소송 당사자로부터 얼마나 적절하게 이루어질 수 있도록 할 것인지가 중요한 요소로 작용한다. 소송 당사자에 관련 부분의 제공을 강제할 수는 없으므로 이를 적절히 협조하지 않은 당사자 일방에게 감정 결과의 도출 실패의 귀책을 묻도록 함으로써 적절한 협력을 유도할 수 있을 것으로 생각한다.

3.3.2. 유형2 : 감정 프로파일을 활용한 간이감정

감정 프로파일이란, 사실관계 및 증거를 규명하기 위하여 감정을 통하여 제시되는 요소들에 대한 독립적이고 정형화된 템플릿을 의미한다[15]. 이 방식은 감정에 많은 시간이 소요되는 이유를 앞에서와 같이 절차적인 면이 아닌 감정의 전체를 확정하는 과정에서 찾았다는 점이 특징이다. 즉, 감정을 하기 위하여 시스템을 셋팅 하거나 프로그램을 정렬하는 등의 제반노력을 감정인이 아니라 분쟁 당사자에게 부담시킴으로서 숙련자에 의한 신속한 감정의 준비가 이루어질 수 있도록 한 것이다. 감정을 신청하는 분쟁 당사자가 감정 프로파일을 작성하여 감정을 수행하는 자에게 제공하도록 하는 것이다. 한편 감정인 역시 당사자가 제출한 프로파일을 기초로 감정을 수행하기 위하여 구체화된 가이드라인을 활용하여야 한다. 이 가이드라인에는 분쟁의 당사자가 감정 프로파일 작성 시에 고려한 감정방법, 내용 및 결과에 대한 검증 절차가 정확하게 명시되어야 한다[16].

감정 프로파일은 '감정결과 작성 템플릿', '감정결과 작성 가이드라인', '감정결과서에 대한 검증결과서 작성 템플릿', '감정결과서 검증 가이드라인'으로 구성되는 것으로 본다. 감정신청인이 자체적인 감정을 '감정결과 작성 가이드라인'에 따라 수행하여 '감정결과 작성 템플릿'에 그 결과를 적시하여 제출하면, 감정인은 '감정결과서 검증 가이드라인'에 따라 '감정결과서에 대한 검증결과서 작성 템플릿'에 그 검토 결과를 제시하도록 하는 방안이다[17].

하지만 이 방법은 분쟁 당사자가 직접 감정 프로파일을 작성하여야 한다는 점으로 인하여 감정인이 쉽게 이를 검증할 수 있는 정도로 복잡하지 않은 사건에 한정되어야 한다는 한계를 갖는다. 그렇지 않으면 제출된 감정 프로파일을 검토하는 데에 상당한 시간과 노력이 투입될 수 밖에 없으므로, 사실상 감정인이 감정을 직접 수행하는 것과 차이를 갖기 어렵기 때문이다.

4. 기존 논의에서의 문제 검토

4.1. 간이 개념의 오해 문제

다른 제도에서의 활용 예를 참고하면, 간이(簡易)라는 용어는 어떠한 일의 품질에 영향을 주지 않는 것이 전제되어 있다고 할 수 있다. 즉, 간이절차를 시행함에 있어서 전제가 되어야 하는 점으로 가장 중요한 것은 간소화된 절차를 거친다고 하여 해당 절차의 목적이 되는 결과물의 품질이 달라서는 안된다는 점이다. 예를 들면, 간이계산서를 사용한다고 하더라도 계산서로서 역할을 할 수 있어야 하고, 서류의 간이신청절차를 따른다고 하더라도 발급되는 서류는 원래의 것과 동일하여야 한다.

일반적으로 간이절차는 특정한 결과(서류의 발급 등)를 위하여 요구되는 요건을 간략하게 하여 동일한 결과를 얻도록 하는 것이 본질이다. 하지만 소프트웨어 감정에서 논의되는 간이절차 모델과 같이 동일한 결과의 제공이 요건충족의 목적이 아니라 투입되는 요건의 종류, 양, 내용에 따라 상이한 결과가 도출될 수 밖에 없는 분야에 간이절차를 적용하는 것이 과연 적절한 것인지는 의문이다. 실제 감정을 수행함에 있어서 관련 분야의 전문가인 감정인이 상당한 시일을 거쳐 분석하고 검토한 감정의견의 품질이 다수의 전문가 집단의 단발적 논의에 기초하여 도출된 감정의견의 품질과 동일할 것이라고는 생각할 수 없다.

이 차이는 재판 등의 과정에서 사실확정을 위해 활용되는 감정 결과의 품질에 차이를 가져오게 되며, 서로 상이하게 나타나는 감정 결과는 결국 재판의 원활하고 신속한 해결을 도모하여야 한다는 요구에 부합하지 않는 결과를 초래하게 된다. 이 경우 법관의 자유심증에 따라 사실인정이 이루어지게 되나 그 과정에서 불필요한 시간이 소요되는 등의 문제를 낳는다. 또한 사실의 명확한 확정을 위하여 진행한 감정이 오히려 사실을 불확실하게 만드는 상황을 가져온다.

4.2. 간이절차를 통한 감정의 실익 문제

앞서 살펴본 간이절차 모델에서는 감정대상의 난이도가 낮고 그 양적인 규모가 그리 크지 않을 것을 전제한다. 당연히 난이도가 높고 양적으로 규모가 상당하다면 제시된 간이절차를 통하여 감정결과를 도출하는데 큰 어려움이 있기 때문이다. 그런데 이러한 전제를 굳이 간이절차가 아닌 일반적인 소프트웨어 감정 절차에 적용하게 되더라도 감정에 소요되는 시간이 그리 길지 않을 것이라는 점을 생각해볼 수 있다.

일반적인 소프트웨어 감정 절차를 거치더라도 간이절차를 통한 감정에 소요되는 시간의 정도가 크게 다르지 않다면, 간이절차를 통해 감정을 진행함으로써 발생하게 되는 낮은 신뢰도와 낮은 사실확정의 정도와 같은 한계를 굳이 감내할 실익을 찾기 어렵다고 본다.

민사조정에서 사실조사를 위한 감정의 사례에서 간이절차로서의 감정이 전적으로 일반적인 감정을 대체한다고 보기 보다는 조정을 통하여 합의하는 과정에서 이를 활용할 수 있는 정도의 결과를 도출하는 것으로 선을 긋고 있다는 점을 참고할 수 있다[18].

4.3. 신속성 해결 방식의 부적절성 문제

품질의 하락을 피할 수 없다면, 간이감정제도의 존재가 반드시 필요하다고 보기는 어렵다고 생각한다. 권리의 분쟁, 특히 하나의 재판결과가 기업 및 개인의 존망으로 직결되는 지금의 소프트웨어 감정 대상인 사건에 품질이 보장될 수 없는 간이절차를 이용하여 감정을 실시한다는 점은 오히려 소송의 효율을 떨어뜨리는 결과를 초래할 뿐이라 생각한다.

이러한 점을 고려할 때, 소프트웨어 감정에서 간이절차의 논의는 기존의 논의와 같이 '감정의 수행' 관점이 아니라 '감정의 접근' 관점에서 이루어져야 한다고 본다. 아울러 물리적으로 감정을 위해 투입되는 자원 및 시간을 줄이기 보다는 투입되는 자원과 시간의 효율을 높일 수 있는 방안을 모색하는 것이 보다 적절하다고 볼 수 있다. 즉, 생략을 통한 물리적 간소화가 아닌 감정의 프로세스 내에서 신속성을 저해하는 병목지점을 찾아내어 이를 개선함으로써 감정 프로세스 전반의 효율을 높이는 방안의 고민이 필요하다고 생각한다.

5. 결론

소프트웨어에 대한 저작권 분쟁에서 통상 감정절차를 거치는데 이 과정에서 상당한 기간이 소요되고 있는 점은 신속한 재판받을 권리를 구현함에 있어 장애로 지적된다. 이에 실무적으로 소프트웨어 감정 절차를 간이절차로 운영하고자 하는 논의가 오랜 기간 있어왔다. 기존의 논의는 주로 감정 절차에 투입되는 자원을 줄이는 방식에 따르고 있는데, 이러한 방식은 필연적으로 감정을 통하여 도출되는 결과에 차이를 가져올 수밖에 없다. 이에 간이절차의 본질적 성격 및 재판 과정에서 소프트웨어 감정의 역할을 중심으로 기존 논의되던 소프트웨어 감정의 간이절차 운영에 대해 검토하였다. 그 결과 기존의 간이절차 논의가 갖는 한계 등을 고려할 때 소프트웨어 감정에 있어서 간이절차의 확대는 다소 바람직하지 않다는 결론에 이르렀다. 오히려 신속한 감정을 위해서는 투입되는 자원을 줄여 감정결과의 제한성을 높이는 것 보다, 투입되는 자원을 늘리거나 절차의 효율을 높이는 방식을 통하여 적극적인 감정수행이 가능하게 하는 편이 타당할 것으로 판단한다.

참고문헌

[1] 이시윤, 신민사소송법, 제10판, 박영사, 2016, p.27

[2] 쉴라 재서너프, 법정에 선 과학, 동아시아, 2011, p.84

[3] 김시열, 저작물 감정제도의 효과 및 개선방안 연구, 한국저작권위원회, 2013, p.28

[4] 법원행정처, 법원실무제요 민사소송 II (개정판), 법원행정처, 2014, pp.157-166

[5] 김시열, 저작물 감정제도의 효과 및 개선방안 연구, 한국저작권위원회, 2013, p.127

[6] 김시열, 저작물 감정제도의 효과 및 개선방안 연구, 한국저작권위원회, 2013, pp.135-138

[7] 법원행정처, 법원실무제요 민사소송 II (개정판), 법원행정처, 2014, pp.131-132

[8] 컴퓨터프로그램보호위원회, "감정전문위원 간담회 발표자료", 2008. 2, p.7

[9] 한국저작권위원회, SW저작권 등 분쟁사건 감정사례집, 2009, p.15

[10] 대법원, 사법연감, 2018년도

[11] 김시열, 컴퓨터프로그램 저작권 유사도론, 세창출판사, 2018, p.245

[12] 황태정, 간이형사재판제도의 효율화 방안, 한국형사정책연구원, 2004, p.134

[13] 김형종, "속성(약식) 감정 서비스 제공을 위한 표준 감정 프로파일 개발 방안 연구", 2009 저작물 감정연구를 위한 워킹그룹 연구 결과보고서, 한국저작권위원회, 2009, p.114

[14] 김시열, 저작물 감정제도의 효과 및 개선방안 연구, 한국저작권위원회, 2013, p.179

[15] 김형종, "속성(약식) 감정 서비스 제공을 위한 표준 감정 프로파일 개발 방안 연구", 2009 저작물 감정연구를 위한 워킹그룹 연구 결과보고서, 한국저작권위원회, 2009, p.115

[16] 김형종, "속성(약식) 감정 서비스 제공을 위한 표준 감정 프로파일 개발 방안 연구", 2009 저작물 감정연구를 위한 워킹그룹 연구 결과보고서, 한국저작권위원회, 2009, p.116

[17] 김형종, "속성(약식) 감정 서비스 제공을 위한 표준 감정 프로파일 개발 방안 연구", 2009 저작물 감정연구를 위한 워킹그룹 연구 결과보고서, 한국저작권위원회, 2009, pp.117-118

[18] 윤재윤, "전문소송의 감정절차에 대하여 -건설감정의 표준절차를 중심으로-", 법조 제51권 제11호, 2002, p.241

5. 소프트웨어 감정 체계에 대한 거버넌스 관점에서의 고찰*

최재식, 김시열

1. 소프트웨어 감정 체계의 구조적 현황 및 정당성

1.1. 서설

소프트웨어 감정의 효율 및 효과를 극대화할 수 있는 방안으로 감정의 규모화 및 융합화는 오랫동안 제시되어오던 논의이다. 그런데 최근 제4차 산업혁명의 대두를 기화로 하여 거버넌스 관점에서 지식재산권 체계를 개편하자는 논의가 상당히 급증하고 있다[1]. 이러한 현상은 소프트웨어 감정의 제도적 개선이 과거 광의의 기술 프레임에서 다루어졌던 것을 행정적·조직적 관점 등 다양한 논의의 프레임으로 다룰 수 있게 하는 효과를 가져왔다고 생각한다.

특히 전문분야 분쟁의 확대는 문제 해결의 높은 곤란성을 지속적으로 강화시킨다. 이에 소프트웨어 감정 역시 그러한 어려움에 대한 지속적인 대응과 체계의 개선을 모색하여야 한다. 과거 다수의 규모화 추진이 실패한 경험이 많기는 하나, 새롭게 변화된 사회적 요구에 따라 최근 활발한 논의가 일고 있는 IP거버넌스 관점에서 소프트웨어 감정 체계 개선 문제를 생각해보는 것이 의미있는 이유이다.

* 한국소프트웨어감정평가학회 논문지 제13권 제1호, 2017. 6.에 수록된 논문을 일부 보정한 것이다.

1.2. SW감정의 구조와 거버넌스

재판 과정에서 활용되는 소프트웨어 감정은 그 내재적 특성상 다양한 전문지식이 요구되는 특징이 있다. `얼핏 볼 때는 소프트웨어에 관한 전문지식만을 필요로 한 것으로 생각할 수 있겠지만, 현대형 전문소송의 비중이 높아지고 감정에 대한 재판부의 의존이 심화될수록 점차 법관의 판단을 효과적으로 지원할 수 있는 다양한 전문지식이 융합적으로 요구되는 특징을 갖는다. 소프트웨어 감정에 관하여 과거 2000년대 초반에는 기술 분석에 대한 정보 제공이 주로 이루어졌는데 반하여, 점차 제공되는 기술 정보의 제공 결과를 법적으로 어떻게 해석할 것인지에 대한 판단이 요구되는 경향으로 변화하는 모습도 나타난다. 이러한 감정 수요자의 요구 변화는 단순히 특정 분야의 기술 분석을 중심으로 한 제도 운영에서 벗어나 이제는 소프트웨어 감정이 거버넌스[2]적 관점에서 운영체계 개편을 모색해야 할 필요성이 있는 이유라 할 수 있다.

소프트웨어 감정을 거버넌스 관점에서 논의하고자 한 시도는 과거에도 있었는데, 대표적인 것이 '소프트웨어 감정센터'의 설립에 관한 시도라 볼 수 있다. 소프트웨어 감정에 작용하는 복합적이고 다양한 전문지식과 인력, 그리고 콘텐츠 등을 효율적으로 관리하고 양질의 결과를 도출할 수 있는 행정체계를 구축하는 것을 목표로 한 작업이었기 때문이다.

2. IP거버넌스 논의의 현황 및 시사점

2.1. IP거버넌스 논의의 최근 현황

최근 우리나라의 정부조직이 소프트웨어 등 저작권 관련 행정과 산업재산권 관련 행정으로 분리되어 있는 상황에 대한 문제 제기가 이어지고 있다. 이른 바 지식재산 행정체계(이하 'IP거버넌스'라 함)에 대한 지적인데 학계뿐 아니라 산업계, 법조계는 물론 언론에서도 여러 부처에 분산된 지식재산 정책을 총괄 조정할 수 있는 컨트롤타워 설치 필요성에 대한 견해 [3]가 제기되고 있다.

특허, 상표, 디자인 등 산업재산권은 특허청, 저작권은 문화체육관광부로 크게 나누어 업무가 분산되어 있는데, 분산된 행정체계 하에서 지식재산권 전반을 아우르는 정책 조정 기능은 제대로 작동되고 있지 않는다는 문제점이 지적되고 있다. 소프트웨어 분야로 특허 보호대상을 확대하는 논의나 소프트웨어 특허를 구현한 프로그램의 온라인 전송 보호방법에 대해 특허청과 문화체육부가 견해를 달리 했던 점도 있었으며, 부처별 산하기관이 수행하고 있는 사업도 중복되는 것이 아닌가 하는 우려에서 나온 지적으로 보인다.

이와 더불어 우리나라의 지식재산 경쟁력 제고를 위해 2011년 지식재산 기본법이 제정되고, 이에 기초하여 대통령 소속의 국가지식재산위원회가 발족하였으나 사무국 성격의 지식재산전략기획단은 2013년부터 총리실에서 부처 단위로 소속이 변경되었으며, 관련 부처 파견 인력으로 기획단이 구성되고 인력 교체가 잦아 역할 수행에 한계가 있다는 지적[4]이 있었다.

국가지식재산정책과 관련하여 청와대 비서실의 여러 수석실에서 간간히 부분적으로 관심을 갖고 있으나, 지식재산 분야 고유의 관점이 아닌 해당 수석이 담당하고 있는 분야의 관점에서 지식재산정책을 고려하는 수준에 불과하여 중요하고 시급한 정책의 집행 · 조정에 이르지 못하고 있다. 예컨대 과학기술비서관실은 국가R&D 성과의 하나로써, 교육비서관은 기술지주회사의 활성화 방안으로써, 경제금융비서관은 기술금융의 대상으로써 각각 인식을 하고 정책적 고려를 하는 현실이다.

현행 지식재산 행정체계상으로는 행정부처는 분산형 조직으로 관련 정책이 중복관리되거나 관리의 사각에 있어 총괄·조정기능이 부족하고 대통령과 소통 부재 등에 의한 비효율이 존재하는 형국이어서 산적한 비효율성을 해결하고자 하는 정책기능의 통합, 총괄·조정기능의 강화 및 대통령 비서관 신설 등에 대한 논의가 이루어지고 있다. 즉, IP거버넌스 개선에 대한 다양한 의견들이 언론을 통해 나오고 있는데 이를 크게 3가지 안으로 정리할 수 있다. 첫째, 산업재산권과 저작권 정책기능, 지식재산전략기획단을 통합하여 가칭 지식재산처를 신설하고 국가지식재산위원회 기능을 강화하자는 것이다. 둘째, 산업재산권과 저작권 등 관련 정책기능과 함께 국가지식재산위원회를 가칭 지식재산부로 통합하자는 것이다. 마지막으로 과학기술 또는 중소벤처기업 정책과 지식재산정책 기능을 하나로 하는 대부처로 통합하자는 견해도 소개되고 있다. 이하에서는 이러한 개편에 대한 의견들을 각각 조화형, 집중형, 대부처 통합으로 나누어 간략히 살펴보고 마지막 소결에서 해외 사례 등을 참고하며 IP거버넌스 개선의 방향을 살펴본다.

2.2. IP거버넌스 개편 유형에 따른 논의

2.2.1. 조화형 개편

지식재산권 관련 정책 기능을 통합하여 관장하는 가칭 지식재산처를 신설하여 부처별로 분산된 정책 기능을 신설 부처로 이관하는 것이 핵심이었다. 국가지식재산위원회의 사무국을 지식재산처에 두어 파견 인력이 아닌 상시 인력이 해당 업무를 수행할 수 있도록 함으로써 자문위원회인 국가지식재산위원회가 실질적으로 기능할 수 있도록 하자는 것이다. 그리고 국정 최고 책임자인 대통령과 소통을 담당할 창구로 대통령 비서실에 이른 바 지식재산비서관을 신설하자는 것이다. 크게 이러한 3가지 측면에서의 개선을 통하여 지식재산권 정책이 국정의 핵심 어젠다로 추진되어 국가 경쟁력을 높일 수 있도록 하는 것이 IP거버넌스의 조화형 개편 주장의 핵심이다.

2.2.2. 집중형 개편

기존의 지식재산권 관련 업무를 통합하여 이를 수행하는 조직을 부(部) 단위로 확대 개편함으로써 명실상부한 지식재산권 주무부처로서 역할을 수행할 수 있도록 권한을 집중하자는 것이다. 특허청과 문화체육관광부는 물론 농림부의 지리적 표시 제도 등 지식재산 관련 여러 부처의 업무와 국가 지식재산위원회의 기능을 일괄 이전하여 통합 부처 신설을 주장한다. 통합 부처는 법령 제 · 개정권을 갖게 되고 해당 부의 장에 해당하는 장관은 국무 회의에 참석하는 국무위원이 되어 지식재산권 관련 정책입안, 자원배분은 물론 집행에 있어 일관성 있고 효율적인 업무수행이 가능해질 것으로 예상된다. 국가지식재산위원회와 지식재산처의 지식재산권 정책을 총괄 조율하고 국정 최고책임자인 대통령과 소통을 담당할 창구인 지식재산비서관을 신설하자는 견해에 있어서는 앞서 살펴본 조화형 개편 방향과 차이가 없다.

2.2.3. 대부처 통합 개편

과학기술정보통신부의 과학기술정책 또는 중소벤처기업부의 중소기업정 책과, 문화체육관광부의 저작권(소프트웨어 포함) 및 콘텐츠 정책, 특허청의 산업재산권 관련 정책 기능 등을 통합하여 부(部) 단위 조직을 신설하자는 견해이다. 과학기술정책과 융합하여 산업재산 및 콘텐츠 · 저작권 뿐만 아니라 국가지식재산위원회의 전략기획단을 통합하여 관련 지식재산정책을 총괄하자는 것이다.

2.3. 시사점

최근 초연결 시대 ICT 융합의 근간이 되는 소프트웨어 중요성 부각에도 불구하고 이에 상응하는 보호 및 활용 시스템이 미흡하다는 진단이 있다. 앞서 간단히 언급하였던 점과 유사하게, 국가지식재산위원회는 최근의 제2차 국가지식재산 기본계획 중 신기술·신산업 출현에 따른 IP 보호체계 정비가 필요하다고 보고 있다. 즉, 기술과 환경에 변화가 있지만 그 변화에 적절히 대응하기 어려운 점에 대해 검토해보아야 한다는 것이다. 이러한 국가지식재산위원회 안건의 보호체계 정비 필요성을 확대해보면, 그 검토 대상에는 지식재산 행정체계 역시 포함된다고 보는 것이 합리적일 것이다.

사실 2015년에 소프트웨어 특허를 구현한 프로그램의 온라인전송 보호 방법과 관련하여 논의가 있었으나 부처 간 이견을 보여 개선이 쉽지 않았던 사례에서 보듯이, 보호체계 정비 문제의 해결을 위한 행정체계 개편을 논의해야 한다. 이러한 논의에는 지식재산권 자체의 고유한 특성, 즉 융합적 특성을 고려할 필요가 있다. 융합적 성격이라는 지식재산권의 특수성 때문에 관련 정책이 적절하게 수립되려면, 부처별로 업무가 나누어진 현재의 분산형 행정체계보다는 집중형 행정체계를 구축하는 것이 적절할 수 있다. 물론 반론도 가능할 것이다. 분산형 행정체계의 단점으로 보이는 부분은 오해에서 비롯된 것이고, 부처 간 장벽을 낮추려는 별도의 노력을 통해서 해결할 수 있다는 것이 그것이다.

이러한 반론에 대해서도 포괄적으로 검토하고 적절한 대안을 찾으려면 우선 지식재산권을 산업재산권과 저작권으로 구분하여 별도의 부처가 관련 정책을 수립하여야 할 특수성이 우리나라에 있는지 먼저 면밀히 살펴보아야 할 것이다. 다만, 분산형 행정체계를 선택할 특수성이 있다는 주장은 결론에 있어 현재의 행정체계를 채택하여 현상유지 하자는 주장과 동일하기 때문에, 이를 강조하는 별도의 목소리가 크게 부각되지 않는 것 같다.

미국은 특허청(USPTO)이 특허·상표뿐만 아니라 저작권까지 포함한 일원화된 지식재산 행정체계 보유하고 있다. 특허·상표·저작권 등 지식재산 분야의 법률안을 작성하여 의회에 제안하고, 지식재산권 대외협력과 통상협상을 총괄하고 있다. 그리고 대통령 직속으로 지식재산집행조정관(장관급)을 두어 연방정부 차원의 강력한 지식재산 보호지침이 미 대통령과 지식재산집행조정관에 의해 수립되어 관련 기관 연석회의를 통해 각 행정부처로 전파하는 등 지식재산 보호·집행 정책을 총괄하고 있다.

영국 역시 이미 10년 전인 2007년도에 특허청(UKPO)을 지식재산청(UKIPO)으로 확대·개편하고, 특허·상표·저작권 정책을 포괄하도록 하여 지식재산 행정을 일원화하고 있다. 캐나다, 러시아, 싱가포르, 스위스 등도 지식재산 관련 핵심 행정기능을 하나의 기관에서 담당하는 일원화된 지식재산 행정체계로 운영하고 있다.

한편, 일본은 우리나라와 비슷하게 특허청과 문화청 그리고 농림수산성 등에서 산업재산권과 저작권 그리고 식물신품종 등 관련 분야별로 정책 수립 및 집행을 담당하고 있다. 그러나 총리직속의 '지적재산전략본부'에서 일본의 지식재산정책에 대한 계획을 수립하고, 총괄조정 등의 역할을 수행하고 있다.

요컨대, 미국의 경우는 일원화된 행정체계에 대통령직속의 강력한 집행기능을 담당하는 지식재산집행조정관 체계를 구축하고 있고, 일본은 권리별 분산된 정책 및 집행구조와 강력한 총괄·조정 기능을 잘 조화하여 실질적 일원화된 지식재산 행정체계를 보유하고 있다.

반면 우리나라의 경우, 구조적으로는 일본과 유사하나 강력한 총괄·조정 기능의 부재로 인해 일원화된 체계라 보기엔 어려움이 있다. 그리고 지식재산비서관 부재로 대통령과의 소통이 미약하고 국가지식재산위원회의 역할과 지식재산전략기획단의 기능이 약하다는 것이 단점으로 지적되고 있다.

정부가 행정조직을 갖추고 필요에 따라 적절하게 개편을 함으로써 이루려는 목적은 크게 정책적 성과와 관리적 효율이라는 두 가지 측면을 생각해 볼 수 있다. 이 중 정책적 성과와 관련되는 항목으로는 국가차원의 전략수립 가능성과 정책조정기능이 있는데, 국가차원의 전략수립 가능성을 우선하여 고려한다면 산업재산권정책과 저작권 정책 등을 총괄하도록 하고 지식재산위원회의 사무국 기능을 포함하는 장관급의 가칭 지식재산처를 신설하는 것이 타당하다는 논의가 중론이다.

결국 최근 IP거버넌스 논의의 핵심은 집중화와 융합화를 통한 효율성을 극대화하는 것으로 생각할 수 있다. 이러한 흐름은 소프트웨어 감정에도 유의미하게 시사하는 바가 있다. 지금까지는 구조화를 통한 전문성보다는 개개 전문가에 기댄 전문성을 기초로 각 요소 간 단절성을 크게 나타낸 것이 소프트웨어 감정 체계의 특징이라 할 수 있었다. 그런데 점차 시장이 요구하는 제도는 개별적 전문성이 구조화되고 이 구조화된 전문성이 유기적으로 작용하여 높은 정도의 효율성을 나타내며 분쟁해결을 도모하기 위한 것이라는 점을 고려해야 할 것이다.

3. 해외의 감정 관련 제도 사례

3.1. Amicus Curiae (미국)[6]

법원은 신청 또는 직권으로 소송 결과에 대하여 사실상의 의해관계가 없는 자(단체), 기타 소송상 쟁점에 관하여 의미있는 조언을 행할 수 있는 제3자를 Amicus Curiae로 지정하여 의견청취 후 이를 재판에 반영할 수 있다.

Amicus Curiae는 필요한 의견서를 제출 · 조사수행 · 증거자료 수집 등의 사항을 법원의 명령에 의하여 수행하며, 그 결과를 받아들일지 여부는 법원의 재량에 속하게 된다. Amicus Curiae의 의견서는 그 자체가 증거로 활용되는 것은 아니나 당사자의 이의가 없는 경우에는 그 내용이 소송상 다툼 없는 사실로 정리될 수가 있다.

Amicus Curiae의 자격은 제한이 없는 것이 원칙이나 법원이 직권으로 Amicus Curiae를 지정하는 경우에는 당해 쟁점에 관하여 공신력 있는 의견을 제시할 수 있는 전문가 협회나 연구기관을 선정하는 것이 보통이다. 특히 특허소송에서는 기술내용 파악, 특허청구항 해석, 권리범위 등의 침해성립 여부를 둘러싸고 Amicus Curiae를 상당한 정도로 활용하여 그 의견서를 참고하고 있는 것이 현실이다.

비영리단체인 IPO(Intellectual Property Owner Association) 등이 지식재산권 소송에서 대표적인 Amicus Curiae 역할을 수행하는 기관이다.

3.2. Master (미국)[7]

마스터(Master)란 법원에 의하여 판단의 조력자로서 특별한 사안의 해결 및 조사를 하도록 하는 자연인을 의미하며, 연방민사절차규칙(Federal Rules of Civil Procedure) Rule 53에서 규정하고 있는 일종의 준사법적 기구의 성격을 갖는다[8].

연방민사절차규칙 Rule 53에는 상당한 이유가 있거나 혹은 예외적인 상황 하에서 제한적으로 마스터를 활용할 수 있음이 명시되어 있다. 자문위원회(Advisory Committee)에 따르면, 판사가 법정에서 자신의 주된 임무를 충실히 수행하여야 한다는 점을 강조하면서 마스터의 임명은 반드시 예외적으로 이루어져야 한다고 제시하고 있다. 그러나 사안에 따라 판사 개인이 능력을 갖추지 못한 전문적이고 특수한 사안에 대한 문제는 해당 분야의 전문성을 갖춘 자에 의하여 해결하도록 하는 것이 시간과 자원의 효율성이라는 측면에서 필요한 상황도 존재한다. 예를 들어 마스터는 복잡한 기술적 정보를 분류하거나 판결 또는 조정의 집행 기타 소송관련 명령의 이행을 감독하는 데 매우 유용한 도움을 제공할 수 있다는 것이다.

마스터의 활용은 판사의 자유재량이며[9], 마스터는 증거의 강제, 취합, 기록에 관하여 법관과 동일한 권한을 가지는데, 다른 별도의 규정이 없는 한 제출된 증거의 결정, 제시 방법 등을 결정할 상당한 재량권을 가진다. 또한 마스터는 해당 사안에 대한 사실관계를 발견하여 법원에 보고서 또는 주문을 제출하며, 가능한 구체적이고 명확한 이유와 근거를 함께 제시하여야 한다. 마스터는 의무를 수행함에 있어 연방민사절차규칙 Rule 53에 따라 법원 또는 당사자 일방과 의사교환을 하는 것이 금지된다. 판사의 자격상실(제척사유)과 관련한 명문의 규정은 마스터에게도 동일하게 적용되지만, 마스터는 판사와 동일하지는 않으므로 당사자들이 마스터에게 발생 할 수 있는 잠재적 부적격사유에 대하여 포기할 것을 합의 하는 경우에는 마스터의 지위가 유지될 수도 있다. 법원은 마스터의 보고서, 주문 또는 추천서 등을 새로이 검토하여 채택, 확정, 수정 또는 거절 할 수 있다. 이때 법원은 사전에 분쟁당사자에게 이를 공지하고 의견청취를 하여야 한다.

마스터는 ① Consent Master, ② Trial Master, ③ Pretrial and Post Trial Master세 유형으로 분류될 수 있다. 연방민사절차규칙 Rule 53에 따르면 마스터는 위의 세 가지 유형, 즉 각 마스터를 사용하는 목적의 범위에서만 활용할 수 있다고 규정하고 있다. 이들 중에서 SW감정과 유사한 역할을 수행하는 것으로 볼 수 있는 유형으로는 Trial Master를 들 수 있다. 연방민사절차규칙 Rule 53은 (1) 예외적인 상황이거나 (2) 회계업무의 이행 또는 난해한 손해의 산정 문제를 해결하기 위해 법원이 마스터를 임명하여 재판절차 내에서 활용하는 것을 허용하고 있으며, 이 역할을 하는 자를 Trial Master라 한다. 여기서 재판절차는 재판 자체 뿐 아니라 그 밖의 공격과 방어에 관한 본안에 대한 예비심리(evidentiary hearing)를 포함하며, 사전금지청구심리와 복잡한 손해의 산정을 위한 심리를 포함한다[10]. Trial Master는 당사자의 합의 없이 재판절차의 이행을 위해 법원이 마스터를 임명하는 것으로 규칙에 따라 예외적인 상황에서만 정당화될 수 있다. 그 밖에도 법원은 복잡한 손해의 산정이나 회계에 관련한 판결에서는 해당 사건의 진실을 발견하기 위해 마스터에게 맡길 수 있다. 이러한 사안의 경우 당사자의 합의나 예외적인 상황이라는 요건을 충족시키지 않아도 임명할 수 있다.

3.3. 전문가 자문 (미국)

법관은 전문가의 조력을 통하여 기술내용의 이해, 청구항 해석 등에 상당한 영향을 받고 있는데, 이를 위하여 중립전문가(neutral expert)를 지정하여 이러한 점에 대한 조언을 얻을 수 있다. 특히 기술적 내용의 이해를 보조하기 위하여 기술자문가(technical advisor)의 조력을 받을 수 있으며, 조력의 내용은 비공개로 이루어진다. 중립전문가의 의견은 증거로 활용될 수 있으나, 기술자문가의 의견은 그 자체가 증거로 활용되지 못한다는 차이가 있다.

3.4. 지식재산권 사법감정센터 (중국)[11]

중국은 지식재산권 소송에서 법원을 직접적으로 지원하기 위한 사법감정센터를 운영하고 있으며[12], 중대한 분쟁의 경우 사법감정을 이용하는 비율이 70-80%에 달한다[13]. 중국은 1차 법원개혁요강(1999, 人民法院五

年改革纲要) 시 사법감정 체계의 확장을 추진한 이후, 2차 법원개혁요강 (2005, 人民法院第二個五年改革綱要)에서 공적감정의 기능을 충실화하였다[14]. 이후 2014년 북경 및 상해 등에서 지식재산권 법원이 설립되면서, 지식재산권 사법감정센터 역시 활발하게 설립[15]되는 등 제도적 확장이 이루어진 것이다.

이에 각 지방에서 설치한 지식재산권 사법감정센터 이외에 중국판권보호 중심 등과 같은 전문 공공기관[16]에서 지식재산권에 대한 사법감정을 활발히 수행하고 있다[17]. 중국판권보호중심에서는 소프트웨어 감정제도를 자체적으로 운영하고 있고, 법원에 근거로 제공하지만, 개인이나 기업이 감정을 의뢰 할 수는 없고, 법원에서 관련 사안이 있는 경우에 법원에서 의뢰하도록 되어 있다. 우리나라 저작권법 제119조에 의한 감정제도와 상당히 유사한 운영형태를 갖는 것으로 보인다.

구체적인 사법감정사항으로는 ⅰ) 특허, 상표, 디자인, 저작권 등 지식재산권이 선행권리 및 피침해대상과 유사한지 여부, ⅱ) 특허권에서 발명의 신규성 및 진보성 등 인정여부, ⅲ) 이미 획득한 지식재산권의 유효성에 대한 평가, ⅳ) 소프트웨어 소스코드 간 동일성 여부, ⅴ) 기술정보 및 경영정보 등이 영업비밀에 해당하는지 여부 등이 이루어진다.

3.5. 시사점

해외 주요 사례를 살펴보면, 미국의 경우 사법부가 중심이 되어 전문적 사안을 판단하기 위한 제도의 형태로 구성되어 있으며, 중국의 경우 사법부 외의 국가적 노력을 통하는 형태로 제도가 구성되어 있음을 알 수 있는데, 우리나라와 기본적으로 같은 태도를 갖는다고 볼 수 있다. 물론 중국 이외에 유럽 등의 경우도 미국과 같은 태도를 취하면서 사법부의 영역 안에서 감정과 같은 영역이 이루어지고 있다. 즉, 별도의 전문조직을 운영하는 형태의 제도는 중국을 제외하면 우리나라의 저작권법에서의 사례 정도가 특별한 형태라 할 수 있다. 다만, 중국의 사례는 존재로서 의의가 있으나 구체적인 통계 및 운영 사례 등을 확인하기 어렵다는 점에서 참고하기에는 한계가 있다. 다만 사법개혁의 과정에서 감정에 대해 왜 규모화를 추진하였는지, 또한 왜 집중화를 하였는지 등에 대해서는 생각해볼 필요가 있다.

소프트웨어 감정은 점차 다양한 영역의 전문성을 필요요소화 하는 경향이 심화되며, 각 요소 간 정보의 교류가 요구되는 등의 현상이 가속화되고 있다. 이에 소프트웨어 감정은 이전까지의 개별단위 요소별로 작용으로 이루어지는 것 보다, 유기적 총체로서의 개념을 바탕으로 한 운영체계로 변화하는 것이 필요하다고 생각한다. 이러한 변화를 통하여 보다 사안의 효율적 · 효과적 해결과 더불어 운영기관의 존재의 의의가 유의미하게 나타날 수 있다고 본다.

4. 결론

고유의 특성상 소프트웨어 감정은 IP거버넌스 논의의 한 분야로 다루는 것이 필요하다고 생각했다. 몇 년 전부터 사법부 역시 감정제도와 같이 법관의 판단을 보완할 수 있는 제도에 대해 실질적인 정비를 강화하고 있다. 지난 2016년 개정된 민사소송법의 감정절차 관련 규정의 변화는 이러한 흐름을 잘 보여준다. 전문소송이 확대되면서 이러한 분쟁을 효과적으로 해결하기 위해 감정 등의 제도를 정비하는데 관심을 기울이기 시작한 것이다. 한편, 최근에는 한국지식재산연구원에도 소프트웨어 감정을 비롯하여 지식재산권과 관련한 다양한 법원의 촉탁감정을 수행할 수 있도록 감정센터가 설치된 바 있다. 그럼에도 불구하고 소프트웨어 감정 분야는 이와 같은 제도 정비 부분에 있어서는 다소 소홀하였음을 부인할 수 없다. 이에 최근 일련의 변화와 논의를 충분히 고려하여 체계 개선을 위한 담론 형성과 정책적 결단이 필요한 시기라 생각한다.

참고문헌

[1] "강력한 지식재산 거버넌스 '지식재산처' 신설해야"(2017.4.13.자 연합뉴스 기사), "4차산업혁명 대비 지식재산부 신설해야"(2017.3.9.자 디지털타임스 기사), "대한민국 새출발, 거버넌스 혁신"(2017.3.27.자 전자신문 기사) 등

[2] governance(거버넌스)는 사회 내 다양한 기관이 자율성을 지니면서 함께 국정운영에 참여하는 변화 통치 방식을 말하며, steer(키를 잡다, 조종하다)를 뜻하는 그리스어 kubernáo에서 나온 단어이다. 거버넌스의 의미는 분야별로 조금씩 상이한데, 통상 지역사회에서부터 국제사회에 이르기까지 여러 공공조직에 의한 행정서비스 공급체계의 복합적 기능에 중점을 두는 포괄적인 개념으로 파악될 수 있으며 통치 · 지배라는 의미보다는 경영의 뉘앙스가 강하다. 다음백과 참조

[3] 지식재산 전담부처를 신설해 여러 부처에 분산되어 있는 지식재산 정책을 조율하여 추진해야 한다는 중앙일보(2017.2.13.) 컬럼 등을 참조

[4] "지식재산위원회는 상황이 더 심각…(중략)… 위원회의 사무처 역할을 하는 지식재산전략기획단의 핵심 보직인 지식재산정책관은 최근 1년 새 네 번이나 바뀌었"다는 한국경제(2016.10.18.) 지적 등을 참조

[5] 국가지식재산위원회의 제19차 위원회 안건 중 2017년도 지식재산 시행계획(안) 참조

[6] Amicus Curiae 제도에 관한 자세한 내용은, 김시열 · 김민정, "법정조언자 제도와 소프트웨어감정 제도의 비교 연구", 한국소프트웨어감정평가학회 논문지 제14권 2호, 2018; 김시열, 산업재산권 분야 공적감정제도 도입의 주요문제, 한국지식재산연구원 심층분석보고서, 2016; 조영선, "미국의 특허소송절차에 대한 고찰 – 법관의 기술이해를 중심으로", 법조, 2004, 271-274면 참조

[7] Master 제도에 관하여는, 김시열, 전게보고서(2013), 72-74면을 참조. 이하 본 제도에 대해 자세한 사항은 동 보고서 참조

[8] 본래는 'special master'로 불리었으나 2003년 이후 부터는 기존의 소송상 수행 역할보다 확장된 업무를 수행하게 되면서 보다 일반적인 용어인 'master'라 지칭하게 되었다.

[9] 연방민사절차규칙 Rule 53은 당사자들의 합의에 의해 정해지는 마스터를 인정하고 있기도 하는데, 이를 Consent Master라 한다.

[10] '재판절차' 외에 그 밖에 다른 활동사이의 구분이 명확한 것은 아니기 때문에 법원
은 가능한 이를 구분하여야 하고, trial master의 임명을 위에서 예외적 상황 등의
이유를 명확히 하여야 한다.

[11] 지식재산권 사법감정센터 제도에 관하여는, 김시열, 산업재산권 분야 공적감정제
도 도입의 주요문제, 한국지식재산연구원 심층분석보고서, 2016 참조

[12] http://baike.baidu.com/link?url=q8lpMkoFJ3IJTc3KMnKH6e3qnjXp6mjo
cte3YJzYQi IYHxJdPJhHWxaD3Ijd1gPpaDGwM81lUx-uHZ9JKWiWva

[13] 한국지식재산연구원 지식재산동향, "중국 상하이시, 지식재산권 사법감정센터 설
립", 2015-04호, 2015

[14] 조영남, 중국의 사법제도 개혁 연구 - 법원을 중심으로, 경제ㆍ인문사회연구회,
2011, 48-60면 참조

[15] 2015년 1월 4일에는 상하이시에서 지식재산권 단지 내에 지식재산권 사법감정센
터를 설립한 바 있다.

[16] 电子一所知识产权司法鉴定中心(工信部), 知识产权司法鉴定所(工信部), 洲科
技知识产权司法鉴定中心(北京京), 重庆邮电大学司法鉴定中心, 西南政法大学
司法鉴定中心 등이 있다.

[17] 대표적으로 중국 공업정보화부(工信部)에서 설치한 지식재산권사법감정소(知识产
权司法鉴定所, CSIP)는 특허사안, 저작권 및 판권사안, 상표사안, 영업비밀사안
등에 대해 사법감정을 수행하고, 그 결과를 법원 및 수사기관에 제공하고 있다.
http://www.csipsfjd.org.cn 참조

(사)한국소프트웨어감정평가학회 소개

 (사)한국소프트웨어감정평가학회는 저작권 등 지식재산권을 통한 우리 나라 소프트웨어 산업 발전의 초석을 마련하기 위하여 2003년 창립되었 습니다.

 소프트웨어 분야, 정보통신 분야, 법률 분야 등 다양한 분야의 전문가 들이 소프트웨어와 관련한 저작권 침해 문제 대응을 주제로 활발한 연구 를 수행 하고 있습니다. 연 2회의 정기학술대회(2020년 기준 33회 개최) 와 논문지(KCI등재후보지) 발간, 그리고 수시로 진행하는 연구회 모임을 통해 다양한 연구 성과를 공유할 수 있도록 하고 있습니다.

 특히 소프트웨어 관련 분쟁에 대하여 법원에서 요청하는 감정을 오랫 동안 수행하고 있음으로써 상당한 실무적 전문성을 갖추고 있습니다. 아 울러 저작권 등의 지식재산권 분야 뿐 아니라 소프트웨어 완성도(기성 고), 소프트웨어 개발가치 산정 등의 다양한 분야 역시 연구의 대상으로 삼고 있으며, 동시에 이 분야에 대한 법원의 감정도 활발히 수행하고 있 습니다. 감정 수행과 관련하여서는 본 학회의 소프트웨어감정위원회에서 담당하고 있습니다.

- 학회 홈페이지 : http://i3.or.kr
- 대표 메일주소 : ksavs2015@gmail.com

저자 소개

강성욱
• 아이티노매즈 과장 (공학석사)
• 前 KISA DDoS 사이버대피소 운영

강윤수
• 숭실대학교 대학원 글로벌법률학과 석사과정
• 한국소프트웨어감정평가학회 간사

고정욱
• 前 카르타 (공학석사)
• 스마트건설 관리 웹서비스 Frint-end 부분 개발

김규식
• KT 융합기술원 연구원 (공학석사)
• 前 ㈜엘에스웨어 SW연구소 연구원

김도현
• 제주대학교 컴퓨터공학전공 교수 (공학박사)
• 대한전자공학회 컴퓨터소사이어티 부회장
• 한국소프트웨어감정평가학회 이사
• 前 국방과학연구소 전산망연구실 연구원

김동진
• 금융보안원 대리 (공학박사)

김시열
- 한국지식재산연구원 부연구위원 (법학박사)
- 법원감정인(SW, IPR 분야), 한국저작권위원회 저작권감정인
- 前 한국저작권위원회
- 前 국가지식재산위원회 전문위원

김현하
- 소프토피아(주) 기술이사
- 한양대학교 겸임교수

도경구
- 한양대학교 ERICA 소프트웨어학부 교수 (공학박사)
- 한국저작권위원회 감정전문위원
- 前 한국소프트웨어감정평가학회 회장

모지환
- 한양대학교 대학원 컴퓨터공학과 석사과정

문정오
- 한국도박문제관리센터 주임 (공학사)

박성우
- KAIST 전산학부 석사과정

백승찬

- ㈜엘에스웨어 선임연구원 (공학석사)

신동명

- ㈜엘에스웨어 연구소장 (공학박사)
- 前 한국저작권위원회 팀장
- 前 한국정보보호진흥원 선임연구원

우진운

- 단국대학교 소프트웨어학과 교수 (공학박사)
- 前 국토개발연구원 연구원
- 前 대한항공 전산실 사원

유장희

- 한국전자통신연구원 책임연구원 (공학박사)
- 과학기술연합대학원대학교 ICT전공 전임교수
- 한국저작권위원회 감정전문위원, 경찰청 과학수사자문위원
- 前 국가지식재산위원회 전문위원

이규대

- 공주대학교 정보통신공학부 교수 (공학박사)
- 미국 조지아텍 교환교수
- 한국저작권위원회 저작권감정인
- 前 한국소프트웨어감정평가학회 회장

이예슬
• ㈜엘에스웨어 선임연구원 (공학석사)

이제형
• 한양대학교 대학원 컴퓨터공학과 석박사통합과정

전병태
• 국립한경대학교 컴퓨터공학 교수 (공학박사)
• 한국저작권위원회 감정전문위원
• 한국지식정보학회(KKITS) 논문지편집위원
• 前 한국전자통신연구원 책임연구원

정연서
• 한국전자통신연구원 책임연구원 (공학박사)
• 한국저작권위원회 저작권감정인
• 한국소프트웨어감정평가학회 부회장

조성제
• 단국대학교 소프트웨어학과 교수 (공학박사)
• SW중심대학사업단 SW산학협력센터 센터장
• 前 미국 Univ. of California, Irvine 객원연구원

조용준
- ㈜엘에스웨어 수석연구원 (박사수료)
- 일본학술진흥원(JSPS) 특별연구원
- TTA 국제표준화 전문가

최재식
- 한국지식재산연구원 연구기획실장 (공학박사/변호사)
- 前 삼성전자 책임연구원

홍성문
- 한양대학교 대학원 컴퓨터공학과 박사과정

발행일	2021년 5월 31일
발행인	노소영
저자	(사)한국소프트웨어감정평가학회
발행처	도서출판 마지원
등록번호	제2017-000080호
주소	서울시 강서구 마곡중앙5로1길20
전화	(031)855.7995
팩스	(02)2602.7995
홈페이지	www.majiwon.co.kr